alchemist ....

用對方法富足資產・聽好故事富足人生

投資守則第1條

有錢人都在用的聰明買進法，
找對「護城河」的價值投資策略！

RULE #1
The Simple Strategy for Successful Investing in Only 15 Minutes a Week!

PHIL TOWN

菲爾・湯恩――著　龐元媛――譯

目次

序言　就是要賺錢！……………………………004

Chapter 01	投資的迷思……………………………014
Chapter 02	第一守則與四個 M……………………034
Chapter 03	買的是企業而非股票……………………040
Chapter 04	找出護城河……………………………054
Chapter 05	關鍵的五大數字…………………………065
Chapter 06	計算五大數字……………………………094
Chapter 07	下注在騎師上……………………………110
Chapter 08	要有安全邊際……………………………130
Chapter 09	計算標價……………………………143
Chapter 10	找對時機賣……………………………169
Chapter 11	拿回獲利主動權…………………………183
Chapter 12	三項技術分析工具………………………192

| Chapter 13 | 一步一步來⋯⋯⋯⋯⋯⋯⋯⋯⋯⋯⋯211

| Chapter 14 | 移除絆腳石⋯⋯⋯⋯⋯⋯⋯⋯⋯⋯⋯240

| Chapter 15 | 開始你的第一守則投資⋯⋯⋯⋯⋯⋯⋯253

| Chapter 16 | 疑難問答集⋯⋯⋯⋯⋯⋯⋯⋯⋯⋯266

| Chapter 17 | 用守則強化 401k 績效⋯⋯⋯⋯⋯⋯⋯285

致謝⋯⋯⋯⋯⋯⋯⋯⋯306

名詞解釋⋯⋯⋯⋯⋯⋯⋯⋯309

| 序言 |

就是要賺錢！

改變想法，就能改變自己的世界。

──諾曼・樊尚・皮爾（Norman Vincent Peale，1898-1993，美國牧師）

這是一本簡易指南，教你如何在股市賺到至少15%、甚至更高的報酬，而且幾乎零風險。事實就是，這套第一守則投資法，並不會因股市的上下波動而有所改變，我最終會在這本書裡證明給你看。

如今，第一守則投資法十分重要，原因很多。其中最不重要的原因，是嬰兒潮世代將於二十年後退休[1]，但他們目前為退休所準備的存款，平均大約是5萬美元（約163萬新臺幣）。他們**認為**需要100萬美元（約3270萬新臺幣）才能退休，卻不可能達到這個目標。而那些更年輕的世代，在還債、存錢上都很不容易，更遑論奢想自行在市場上投資了。如果只投資報酬率約4%的低風險政府公債[2]，那退休後的壓力鐵定很大。另一方面，要想達到15%的報酬率，光憑**用猜的**來投資（也就是投資人常說的「投機」），則注定要虧損。第一守則投資法能解決這種問題，讓你兼顧高報酬與低風險。你可以比你原先規劃的早好幾年退休，投入的本金也遠低於你想像。

---

1 編註：原書出版於2006年，當時美國嬰兒潮世代最末一批約為四十五歲。
2 編註：美國公債的殖利率自2008年後，一度遠低於4%（尤其是短債）。直到2022年底後才重回4%左右。

這套守則並不是我發明的，是由美國哥倫比亞大學的經濟學家班傑明‧葛拉漢（Benjamin Graham）首創。後來大家更為熟悉的，則是葛拉漢的學生，同時也是全球最成功的職業投資人，華倫‧巴菲特（Warren Buffett），在奉行這項守則。巴菲特說過：「投資只有兩條守則。第一守則是不要賠錢……第二守則是不要忘記第一守則。」

　　我之所以寫這本書、談這套投資守則，正是因為我**不是**巴菲特，也不是葛拉漢。如果非得是天才，才能運用這投資守則，那又何必寫這本書？我跟你一樣都是尋常人，我喜歡簡單易懂的東西，沒讀過商學院，也不曾在華爾街工作。我是歷經社會大學的千錘百煉，才知道這投資守則有多重要。如果投資可以不必擔心賠錢，難道你不想自己試試？

　　這問題的答案顯然是「會」，所以我才會每年受邀與至少五十萬人分享一件事：實踐投資第一守則有多簡單。我曾在彼得‧洛伊（Peter Lowe）的巨型巡迴演說「積極向上」（Get Motivated!），暢談投資的第一守則。他對我的介紹詞，是「全美教最多人投資的人」。我在巡迴演說期間，與前紐約市長朱利安尼（Rudy Giuliani）、前美國總統柯林頓（Bill Clinton）、老布希（George H. W. Bush）、福特（Gerald Ford）、卡特（Jimmy Carter）、前英國首相柴契爾夫人（Margaret Thatcher）、前美國國務卿鮑威爾（Colin Powell）、前蘇聯總統戈巴契夫（Mikhail Gorbachev），以及美國的弗蘭克斯將軍（General Tommy Franks）同臺，向兩百多萬人介紹投資守則。現在，總算要說給你聽了。

　　在還不知曉投資第一守則、也還沒開始巡迴演說時，我做的多半是吃苦受累的工作，不敢奢望會有買豪宅、砸大錢環遊世界的一天。我挖過水溝、洗過出租設備、在加油站幫人加油；也開過卡車、收拾過餐廳的桌子、操作機器製作腿部支架等。我高中課業表現平平，努力了四次才讀完大學。我在美國陸軍服役將近四年，其中兩年是在特種部隊（也就是俗稱的綠扁帽）服役，還有四個月在越南服役。

1972年3月1日，我結束了在越南服役的日子，回到美國。在軍中的最後一天，我穿著制服，戴著綠扁帽，得意洋洋走過西雅圖的西雅圖－塔科馬國際機場（SeaTac Airport）。沒想到一個男人跑過來向我吐口水，然後又逕自跑了。我離開美國太久，不知道美國人有多討厭我的身分，無法忍受我派駐海外去做的事。為國效力多年後，我當沒幾天平民，就發現很多人認為我一定是個傻瓜（甚至更糟），才會這樣甘冒生命危險。

　　我感覺自己到處找不到工作，最終好不容易當上河川嚮導。在加州、猶他州和愛達荷州做了幾年導遊，後來又到了大峽谷。那時我的頭髮已經跟一般人一樣長了，我穿著黑色皮衣，留著山羊鬍，住在亞利桑納州弗拉格斯塔夫（Flagstaff）附近森林的圓錐形帳篷裡，騎著一臺震天價響的黑色哈雷機車到處嚇唬人。我跟華爾街還有投資界是八竿子打不著。我依舊以勞動為生，只是活得自信多了。

　　我的人生在1980年才有所改變。那年我帶著外展學校（Outward Bound）的一群董事，到大峽谷玩兩個禮拜。外展學校的教育理念，是安排各年齡層的學員，到各種環境接受挑戰，通常是踏上野外探險之旅，學員們藉此漸漸領悟團隊合作、領導、創造更美好的世界、自我發現等等。既然外展學校要求學員自己動手做，我們決定，也要這群董事一切自己來。我們沒有划船帶他們渡河，而是安排他們搭乘小筏，自己划槳。七天後，我們到達大峽谷最險惡的水晶急流（Crystal Rapid）。每秒有八萬立方英尺的水量撞上花崗岩壁，轉彎九十度，再向下奔騰三十五英尺。鄰近岩壁、地形落差與如此大的水流，形成一處循環往復的翻滾流（也就是知名的「大坑」〔the Hole〕）。我去過大峽谷這麼多次，從沒靠近過大坑，我認識的唯一靠近過大坑的人……呃，差點小命不保。他身上有嚴重撕裂傷，背都差點斷了。我們每次都是開著船，從大坑右側遠遠溜過去。但我們這次是靠划槳，我需要船上的人幫我把船划到河的右側。一開始還很順利，我們沿著右側漂流。但當我要他們划向右側河岸時，小筏不但無力前

進，反而越來越靠近大坑。「快划！用力划！這攸關你們的命！」

然而我們只是不斷後退，離大坑越來越近。我告訴他們要拚命划，**我的命**也全靠他們了。這話唯一的效果，就是搞得他們把槳划得彼此打架。船員們上氣不接下氣，而小筏還在倒退。現在唯一的辦法，就是把船調轉方向，直直撞向大坑。這樣一來，也許我們之中只會死上**幾個**。就在此時，我注意到岩壁與大坑之間，還有一道細細的交界，我扯開嗓門大吼，壓過急流的聲響，要船員們使出最大的力氣，朝大坑上緣划去。我那時想，也許我們可以乘著岩壁下的水流過去。成功機率非常渺茫，我腦海裡一時閃過我們撞上崖壁、最後都溺死在大坑裡的畫面。也許他們也想到了這一幕，不然就是終於恍然大悟，一旦陷入大坑，大家就嗚呼哀哉了。總之，小筏在他們奮力划行下突然飛了起來，我們就這樣滑過大坑的邊緣。每個人都望著那大開的漩渦好一會兒，彷彿一群老鼠看向洗衣機裡頭。直到現在，我還是不明白，那天我們究竟是怎麼划過這道急流的。我們正好落在岩壁與大坑之間，那道細細的交界，既沒撞上岩壁，也沒陷入坑裡，就這樣到了另一端，甚至連身上都沒沾濕。真是太刺激了。我們上了岸，有個人吐了出來，我則是忙著向碰巧一同出行的公司老闆解釋著，我帶著他的六位貴賓快樂出遊，卻在鬼門關上轉了一圈，可這件事真不能完全怪我。

那天晚上，船上其中一員給我一個大大的擁抱，眼裡滿是感激，對我說道：「你救了我的命，我真不知該怎麼報答你。」我不敢告訴他，其實我差點害死他。這位先生，姑且稱他「狼先生」好了，因為他的姓氏大致就是「狼」的意思。他是位白手起家的富豪。我聽他說著感謝我的話，想當然地以為他會打賞我一些錢，來感謝我的「救命之恩」。沒想到他竟說起那「授人以魚，不如授人以漁」的老掉牙故事。就是給別人一條魚，只夠這人吃一天；教他捕魚，他一生都能吃飽……我根本沒在聽。他要魚就拿去，我只要錢。但他鐵了心要教我投資，哪怕我完全沒興趣，根本不想學，他也要教。

那天晚上，我們坐在營火邊。他問我，我的收入是多少？我說，每年的泛舟季節能賺 4000 美元，剩下的六個月就靠失業補助。他聽了這話倒是安靜了幾天，但後來還是堅持要教我投資，這就激起了我的好奇心，終於開始學習。我借了 1000 美元，五年後，我也成了富豪。那時的我已全盤通曉我所謂「第一守則投資法」的基礎。當時的我並不知道，原來這套投資守則已經存在了八十年，而且全球最高明的投資專家，都奉行這個守則。我只知道，照著守則做確實能賺到錢。我寫這本書，就是要把守則傳授給你。

是，致富的方法很多。你練就全壘打的本事，也許就有大聯盟球隊找你簽約。你也可以發明下一款暴紅的小玩意，買彩券中頭獎，或是雕琢自己的演技，成為好萊塢最賺錢的巨星。這些都是致富的途徑，但像你我這樣的人，真的做得到嗎？相比之下，學習第一守則投資法可就簡單多了。我就是這麼做的。用不著多聰明也能學會，因為實在很簡單。

大多數美國人都困在共同基金裡，投資績效頂多只能隨市場起起伏伏。為了分散風險，他們也會分散投資。他們打算長期持有。專家叫他們幹嘛，他們都照做。問題是，碰到市場下修，他們還是損失慘重。想想以下的例子：道瓊工業平均指數，也就是股市起伏的重要指標，在 1906 年時達到一百點，到了 1942 年還是一百點。換句話說，你在 1906 至 1942 年之間的任何時間，分散買進幾檔股票，那你的投資報酬率會是零，甚至更糟（很有可能會更糟）。三十六年啊。這一抱可真久。市場從 1942 至 1965 年一路上漲，二十二年來，投資人的複合報酬率，是非常美妙的 11%（不包含股利）。但道瓊工業指數後來達到一千點，而且接下來一連十八年都沒能突破，直到 1983 年才突破。然後市場再度起飛，十七年來從一千點漲至一萬一千點。現在又開始持平盤整了。顯然（至少在我們業餘人士看來），市場先是一飛沖天，價格被嚴重高估，然後再盤整二三十年。如果你還沒注意到，那我這就告訴你，關鍵字在於**幾十年**。

市場除了盤整之外，當然也可能有其他的走向。我寫這段文字的時

候，美國總統正在重整社會安全制度，要將 2 兆美元的資金，交還給勞工，讓勞工自行投資[3]。他若能如願，這筆資金就會流入共同基金，市場也會應聲上漲。會上漲一陣子。然後嬰兒潮世代會開始退休，也許會領走他們的幾兆美元，市場就會重挫到 2002 年的水準。有些人認為，到時候中國與印度市場會很強勁，美國企業的獲利仍會增加，所以股價會有所支撐。但**你**真的敢賭嗎？局面如此混亂，像你我這樣的尋常小散戶，該怎麼做？我們只有一種投資方法，就是在當今的市場，實踐投資第一守則。

巴菲特會依據市場的變動，調整他的投資原則。我也因為市場在過去二十年來受到的三大影響，必須將第一守則的投資原則加以擴大。這三大影響分別是：（一）法人資金的影響，例如共同基金、退休基金、銀行基金、保險基金。（二）效率市場假說（Efficient Market Theory）的影響（我後面會解釋），以及（三）網際網路與個人電腦問世，從此一般人也能以低廉的成本取得資訊，妥善運用。

第一守則之所以誕生，是在任何人透過電腦，都能使用投資工具的年代，一項經過驗證有效的投資策略，遇到市場監管的結果。史上頭一回，即使是一天沒有八小時能鉅細靡遺研究市場的小人物，也能實踐第一守則。只要善用你電腦裡的現有工具，每週只需十五分鐘，就能運用投資第一守則大舉獲利。你有許多固有的優勢，包括你所知道的，你能得到的資訊，以及你進出市場的速度有多快。這些優勢加起來，就有機會打敗所謂的專家。如果你擅長購物，總能買到物美價廉的商品，那你一定能學會概念相通的第一守則。

你看了這本書就會知道，科技、金錢，以及策略的匯聚，引發了你我這樣的小投資人最需要的投資革命。

---

[3] 編註：時任美國總統是小布希（George W. Bush），其任內積極推行減稅政策以穩固經濟成長。直到次貸危機爆發以前，當時的美國股市的確呈現顯著成長。

> 第一守則要是真有這麼好，為什麼大家現在才知道？因為現在是史上頭一回，任何人只要運用電腦裡的工具，每週只需幾分鐘，就能實踐第一守則。

我希望你看完這本書，能重拾對投資的信心。只要你願意相信第一守則，我就會告訴你如何創造理財的奇蹟。需要的只是一點點信心，一點點練習，還有一點點努力。如果你已經對市場絕望，我會重新訓練你。如果你是投資新手，即使完全沒有理財經驗，只想開始投資零風險、又保證能帶給你財務安全的工具，那我會訓練你。

無論你是投資老手還是新手，都要摒棄過時且錯誤的象牙塔理論。斷開你的共同基金，還有那些經理人。這樣做就能告別平庸，學會憑藉自己的力量，打開通往真正財富的大門。

> 《蘋果橘子經濟學》（Freakonomics）作者李維特（Levitt）與杜伯納（Dubner）在書中說得很清楚，網際網路為所有人帶來了什麼：不僅能取得先前的機密資訊，還能運用這些資訊為自己牟利。他們寫道：「資訊就是網際網路的貨幣。網際網路作為一種媒介，能將資訊從某些人手上，以極快速度傳送給沒有這些資訊的人……與專家面對面交流，反而可能使資訊不對稱的問題更嚴重，專家會運用資訊優勢，讓我們覺得自己很愚蠢、冒失、粗鄙，或是卑微。在這樣的狀況，網際網路就顯得格外實用。」在投資界，猜猜是誰刻意囤積資訊，害我們覺得自己很蠢、需要依賴他們提供的資訊？答對了，就是所謂的專家，也就是許許多多（但並非每一個）理財經理人、經紀商，以及理財規劃師。

你知道我為什麼這麼興奮嗎？想像一下，假設全世界的高中生都懂得第一守則，在十五歲那年開始投資，以每年複合報酬率20%逐漸累積。年輕人每年用1000美元買進績優企業，等到六十五歲退休，就累積了超

過 4500 萬美元的退休金。這代表他們在職業生涯可以盡情追求自己的志趣，不必擔心退休以後的事情。他們可以當企業家、老師、軍人、太空人、科學家、消防員、藝術家以及傳教士。想做哪一行都行，因為他們知道，自己在五十幾歲時，就能早早積累出一筆財富。而我更興奮的是，我這一代，也就是嬰兒潮世代，可以享有富足的退休生活，因為懂得投資那些報酬率高、自己也樂於投資的企業，不必擔心會失去辛苦賺來的血汗錢。第一守則適合每個人，無論年齡、財富、智商或社會地位。只要懂得善加運用，此生就再也不必為錢煩惱。我知道你已經做好準備，我們這就開始。

想要成為遵循第一守則的投資人，首先要懂得基本的算術。一開始可能會覺得很困難，但其實不會比你在學校學新東西難，只是需要一點時間，慢慢適應自己看到的，以及所做的事情。相信我，我對數學也有恐懼症，而且我討厭所有複雜的東西。我想請你假裝自己回到小學四年級，要學乘法表的時候。你習慣了處理數字，熟悉了尋常的算術，就會像計算二乘二一樣容易。等到你看完這本書，就會懂得如何辨識規律，運用第一守則投資，就會像第二本能一樣容易。

> 第一投資守則有個比較不為人知的好處，是只需要少少的投資本金，就能累積豐厚的退休金。舉個例子，假設你退休之時，已經存了 30 萬美元（不包括住宅等等），然後按照大多數專業人士的建議，將這 30 萬美元大半用來買進債券，每年的平均收益約為 1.5 萬美元。每個月大概是 1300 美元（如果選擇分期攤提，那收益還會再高一些）。根本不夠維持中產階級的生活。所以理財規劃師才會建議你，要準備十倍於現在收入的資金。這代表很多人需要存 100 萬美元左右。對大多數人來說，那可是天文數字。選擇投資穩健的債券，每年大概有 5 萬美元的收益。然而依循第一守則的投資人，只要準備 30 萬美元的資金，年年都能有 5 萬美元（平均每月約 4000 美元）的收益！光憑這項好處，你就該選

011

> 擇第一守則。之所以能有如此高的收益，是因為第一守則投資人有 15% 的年化投資報酬率。眼下嬰兒潮世代的人，很少人能有把握在未來十五年裡擁有 100 萬美元的資產。至於那些有把握往後能有 100 萬美元的人……嗯，只要依循第一守則，投入 100 萬美元的本金，每月就不光只是 4000 美元，而是能滾出 1.2 萬美元左右的收益。擁有百萬資產，每月又有 1.2 萬美元收益，自然就能安心享受百萬富翁的退休生活了。

我在這本書提到的很多例子，都跟數字有關，例如股價、成長率、每股獲利等等。數字的作用是解釋概念，告訴你如何運用第一守則投資。這些數字是 2005 年中期，甚至更早的數字，所以大概跟你現在看到、所面對的最新實際數字有所差距。所以在你學習的過程中，不必太在意這些，就把書中的數字當成範例就好。

為了盡量便於學習，也簡化計算方式，我設計了一個可以與這本書並用的網站。這本書會經常提及這個網站 ruleoneinvesting.com[4]，你可能會想先熟悉這個網站，再開始閱讀這本書。網站裡有很多種計算機，也有連結能通往值得信賴的理財網站。不過想熟悉第一守則的要領，絕大多數該參考的資訊還是在這本書。網站對我來說，比較像是跟各位互動的黑板，各位想互動就可以上這個網站。你可以上這個網站，運用我的工具，測試你的第一守則投資法。

每當我鼓勵別人要相信自己能學有所成，就常會說起我幾年前在研討會認識的一位女士的故事。我就稱她為茱莉好了。茱莉二十年來都是全職媽媽；在此之前，則是高中的美術老師。她討厭數學，從來沒跟數字打過交道，連家裡的帳單都沒處理過。但她看見我也是講師之一的研討會廣告，感到好奇。她報名研討會後不過幾個月，處理起數字已經得心應手，

---

[4] 編註：原文作 www.ruleoneinvestor.com，其相關功能已轉移至正文現址。

遲早會成為第一守則投資大師。她的丈夫原本打理家裡所有的投資與財務，後來不得不交棒。自從茱莉接管他們家的投資組合，區區幾個月，資產就從 4.5 萬美元，一路躍升至超過 7.2 萬美元，報酬率足足有 60%。在此同時，茱莉丈夫的 401k 退休金帳戶原本有 5 萬美元，在這幾個月也增加了 462 美元。像茱莉這樣的人能弄懂數字，你也可以。

即使你個性獨立，不想用網站上的計算機節省時間，還是希望你能造訪這個網站，試試我提供的工具，這些工具的作用跟 Excel 完全一樣。要有信心，你越習慣第一守則思維，就越會「習慣成自然」。到最後，網站對你來說的最大用途，是蒐集財經數據、使用線上市場工具，以及獲取最新資訊。你在我的網站上，也可以只看我發表的新資訊，或是參考其他線上資源。

> 本書出現的名詞，我都會盡量解釋清楚，但你若遇到不懂的名詞，又想搞懂，可以參閱這本書最後的名詞解釋。

如果你需要找人討論，可以到網站上寄電子郵件給我。只要是常見的問題，我都會公開貼出答案。

> 這本書出現的數據來自許多不同的來源。各網站計算的方式稍有不同，所以你在書中看到的數據，不見得與你在網路上看到的相同。我寫書盡量使用最新數據，但企業也會修正獲利、預測等等的數據。因此我必須提醒大家，書中出現的所有具體數字，都應該當作範例參考就好。不要當成投資決策的依據。也不要捨不得花兩分鐘上網查詢最新數據！

| 第一章 |

投資的迷思

所謂專家，就是一路避開小錯，卻奔向大錯的人。
——班傑明‧史托伯格（Benjamin Stolberg，1891-1951，美國記者）

低風險投資的標竿，是十年期美國政府公債。在我寫這段文字的時候，報酬率大約是4%。只投資十年期美國政府公債，保證會有4%的報酬率。這樣投資唯一的問題，尤其是對於無數即將退休的嬰兒潮世代而言，是在報酬率為4%的情況下，投資本金要十八年才能翻倍。而且十八年後，就算通膨率只有2-3%，大多數的獲利也會被上漲的物價吃掉，所以你的購買力只比十八年前稍微高一點。儘管如此，投資人還是砸下數十億美元，買進這種報酬率4%的債券。

到底為什麼會有人買報酬率幾乎跟不上通膨率、而且財富幾乎毫無實質增長的債券？因為幾乎每個人都認為，想要高報酬，就要承受很高的風險。而且比起無法過著寬裕的退休生活，他們覺得為了追求高報酬而虧損比較可怕。

其實，想要高報酬，並不見得要承擔很高的風險。我這就解釋給你聽。

高報酬不見得要高風險

我在亞利桑納州鳳凰城美西航空球場（America West Arena）演講的

時候，問現場觀眾：「現場有幾位今天是開車過來的？」大多數觀眾舉手。「好，幾乎每個人都是開車過來的。那現場有幾位是冒著**天大**的風險開車過來的？」有幾位舉手。絲毫不信的我又問了一次：「你們真冒著天大風險開車過來？你們要嘛根本沒冒風險，單純搞笑；要嘛就是你們這群舉手的人根本不會開車，我們終於知道鳳凰城的交通問題出在哪兒了。對吧？」大家都笑了。「好，所以開車來這裡沒那麼可怕。可是現在想像一下，你要來這裡，只是開車的不是**你**，而是你十一歲的侄子。這樣算不算冒著天大的風險？」大家笑著點頭稱是。「路程是一樣的，都是從甲地到乙地。只是換了一個不會開車的人開車，原本算是安全的路程，就變成冒著天大的風險。」

你通往財富自由的道路，也是這麼一回事。做自己不懂的事，一路上就會走得很慢，不然就是很危險。所以很多人才會覺得，求快（追求高報酬率）是很危險的，這是因為他們不懂理財，在理財的路上不知該怎麼開車，而不是因為求快就一定會有危險。做自己不懂的事，才會危險。第一守則的精髓，就是搞懂該怎麼理財，有了把握再去投資，**才不會賠錢！**

你看到這裡大概會想：「那共同基金呢？那我們知道的那些將風險最小化、報酬最大化的方法呢？」各位啊，我實在不想告訴大家壞消息，但實話告訴各位：投資共同基金，風險比依循第一守則高太多了。從很多角度來看，投資共同基金就像把你的車鑰匙，交給那位十一歲的侄兒。

共同基金的騙局

如果你持有以超越大盤為目標的共同基金，也希望你的基金經理人，能幫你賺到豐厚的退休金，那你很有可能上了超級大當。受騙上當的不是只有你，還有一億投資人與你同病相憐。《財星》雜誌（*Fortune*）報導，從 1985 年至今，只有 4% 的基金經理人的績效，超越標準普爾 500 指數，

而且超越的幅度也不大。換句話說，幾乎沒有一位基金經理人，能做到你付錢希望他們能做到的事：打敗大盤。在輝煌的 1980 年代與 90 年代，沒人注意到這個重要的事實，因為股市飆漲的幅度高達兩位數，你的基金經理人也搭上順風車。但好日子已經結束，投資人也漸漸發現，自己的基金經理人簡直無用。這種想法並不新奇。

幾年前，華倫・巴菲特談起基金經理人，說過這麼一段話：「其他領域的專業人士，例如牙醫，對外行人很有貢獻。但聘請專業基金經理人，卻只是**白花錢**。」關鍵字是白花錢。但你是怎麼做的？你把辛苦賺來的血汗錢交給基金經理人，指望他能創造 15%、甚至更高的報酬，好比你在 1990 年代賺到的報酬。為什麼會這樣？因為你不想自行投資，因為你相信整個金融服務業的說法，以為自己沒有能力投資。

拜託，清醒一點。共同基金從 2000 至 2003 年，淨值下跌了一半。要虧損 50% 的本金，你大可自己來，用不著專業人士幫忙。在 1996 年，甚至還有人聘請一隻黑猩猩，跟紐約最厲害的基金經理人對決。這隻猴子連續兩年獲勝。我有一天在洛杉磯，把這個故事說給一群觀眾聽，箭頭塘體育場（Arrowhead Pond）[5] 上層座位的某位觀眾大喊：「那隻黑猩猩叫什麼名字？」由此可見，有些人就是不願意自己打理投資。

彼得・林區（Peter Lynch）是少數投資績效能打敗大盤，又能在大盤反攻之前脫身的基金經理人之一。他在著作《彼得林區：選股戰略》（*One Up on Wall Street*）寫道，業餘投資人擁有「許多固有優勢，只要好好運用，投資績效就能超越市場與專家。」換句話說，你應該自己投資。但你沒有這樣做，因為整個金融服務業大肆宣傳三個投資的迷思，即使他們長期績效不佳，也照樣能吸引客戶。

---

5 編註：現名本田中心（Honda Center）。

三個投資迷思

迷思一：你必須是投資專家，才能管理投資

我想破除的第一個迷思，是「要很專業，也要有很多時間，才能打理投資」。投資要是很難學會，或是要很久才能拿到決策所需的資訊，那確實是這樣沒錯。但我會證明給你看，雖說金融服務業希望我們這樣想，但事實並非如此。金融服務業只要能繼續讓你認為你沒有能力自行投資，就能賺進無數手續費與費用。

網際網路改變了一切。以前一年要花5萬美元才能使用的工具，現在一天不用2美元。以前一個禮拜需要花費五十小時使用，現在一天只需幾分鐘。而且現在的網際網路工具，比你的基金經理人僅僅幾年前使用的工具更正確、更及時，也更好用。你只需要在別人的指導之下，稍微花點時間學習。但不必去找你的經紀商、理財規劃師或顧問、註冊會計師（CPA），或是基金經理人，問你該不該自己投資。你知道**他們**會怎麼說，想必會說「這是我的作用啊，有我在你就不必操心了」。這個嘛，你是該操心。而且應該要很操心。投資的是你的錢，而且天底下只有你自己才會在乎這筆錢的下落。

即使像吉姆‧克瑞莫（Jim Cramer）這樣的專業人士，即使他站在你這邊，鼓勵你自行投資，也不見得清楚身為散戶投資人是怎麼一回事。他就像金融業的頂尖人士，也是常春藤盟校高材生，聰明絕頂，喜歡整天玩股票，生活是投資，呼吸也是投資。他無法體會像你我這樣，在某個地方一點一滴累積，希望自己有一天能存夠退休金的人的心情。在這些人眼裡，投資就是一場遊戲。是場認真的遊戲，但終究還是遊戲。吉姆是交易員，也喜歡投機。如果照他的方法投資，你每星期至少要花五至十小時，而且是拿你輸不起的錢，玩一場非常危險的遊戲，去跟那些非常有錢、非常聰明、也非常有鬥志如吉姆這樣的人，來進行對決。

你要是覺得你有勝算，那就儘管去玩。要是贏了，我由衷佩服。你比我們這些人聰明多了。至於包括我在內的其他人，一定有另一條路可以走。大多數的人沒辦法一個禮拜挪出五小時投資。面對現實，我們要養育子女，要有自己的人生，還要忙自己的工作，時間已經不夠用。我們也不想耗一堆時間盯盤，不想當殺進殺出的當沖客。那樣的生活有何樂趣可言？我們只想找能賺進高報酬、不會有虧損的風險、也不必花很多時間的投資工具。

第一守則是最適合我們的投資法。

迷思二：你無法打敗市場

是，過去二十年來，96% 的共同基金經理人，確實都無法打敗市場。可是你又不是基金經理人，要論斷你的表現，也不是看你能不能打敗市場。要判斷你的理財能力，應該是看你在七十五歲時，能不能過著寬裕的生活。你不需要在意能否打敗市場。如果市場下跌 50%，基金經理人幫你投資只虧損 40%，那他是打敗了市場，但你覺得這是好事嗎？依循第一守則的投資人，要的是年複合報酬率至少 15%。只要能達到，我們就不管市場的表現。反正我們退休以後會很有錢。以這個標準來看，第一守則投資人……嗯，最厲害。

無法打敗市場的迷思，是由普林斯頓大學的柏頓・墨基爾（Burton Malkiel）教授等人，於 1970 年代首創。墨基爾教授做了許多研究，宣稱能證明誰都無法打敗市場（我們在之後還會深入探討墨基爾的理論，現在是為了破除這個迷思，不得不先談到他）。他的著作《漫步華爾街》（*A Random Walk Down Wall Street*）至今仍然暢銷。他影響了一個世代的商學院教授，他們集體認同所謂的效率市場假說（EMT）。效率市場假說主張，所有的市場（尤其是股票市場）都有效率，也就是說價格會反映價值。在股市裡，市場的起伏取決於理性的投資人在每一刻，針對會影響他們投資

項目的事件所做出的反應。效率市場假說認為，市場**極有**效率，所以一家企業的所有資訊，已經反映在每一刻的股價中。換句話說，無論在任何時刻，企業的股價就等於價值。

如果相信效率市場假說的那群教授所言為真，那就不可能會有價值被低估的股票，也不可能買到太貴的股票。為什麼？因為股價永遠等於企業的價值。所以市場上不會有便宜可撿，也不會有高價的垃圾。相信效率市場假說的人認為，正因如此，所以幾乎沒有哪個基金經理人能打敗市場。基金經理人都是聰明人，如果說沒有任何一位能長期打敗市場，那就代表市場的價格一定是最正確合理的。

但確實有人長期打敗市場。這本書的重點，就是要告訴你如何打敗市場。你很快就會發現，效率市場假說根本大錯特錯。

> 1984 年，華倫・巴菲特在哥倫比亞大學商學院演講。他說，他看好至少二十位投資人能創造高報酬。結果這二十位投資人全都遠遠超過報酬率 15% 的目標，而且不只二十年如此。這些投資人全都來自同一個投資學院，也就是巴菲特所說的「葛拉漢與多德學院」，因為他們全都是葛拉漢教授、多德教授、巴菲特，或是仿效巴菲特的人的學生。就好比我向我的老師學習，你向我學習一樣。（班傑明・葛拉漢是巴菲特在哥倫比亞大學的老師，大衛・多德〔David Dodd〕是哥倫比亞大學商學院的另一位教授。）這些投資人八十年來的年複合報酬率，是每年 18-33% 不等。巴菲特想向哥倫比亞大學的學生強調的，是他知道，能長期達到每年 15% 報酬率的人**都有一個共同點**。都是從第一守則開始。

在 2000 至 2003 年股市崩盤後，有些非常優質的企業股價崩跌 90%，墨基爾教授接受訪問（我們之後會在第八章看到）並坦言「市場通常很有效率……但有時也會很瘋狂。」身為一名學者，他這番話已幾乎是撤回自

己提出的理論。喔，市場很有效率，但有時也沒效率。真夠好笑的，不過我覺得這就是巴菲特與葛拉漢八十年來一直在說的。巴菲特打趣道，他希望商學院繼續培養相信效率市場假說的基金經理人，這樣一來，他便能繼續向這些腦筋不清楚的基金經理人，買進他們估價太低的企業，並把他們估價過高的企業賣給他們。

第 18 頁的圖表顯示了，過去幾十年來，第一守則投資人、標準普爾 500 指數，以及道瓊工業平均指數的績效比較。

迷思三：將風險降至最低的最佳辦法，是分散投資並（長期）持有

分散投資，長期持有。誰都知道這是投資股市最穩當的方法，對吧？但話說回來，世人也曾都以為地球是平的。其實從 1905 至 1942 年的三十七年間，從 1965 至 1983 的十八年間，以及從 2000 至 2005 年，長期分散投資的報酬率會是零。那可是過去一百年的六十年。如果你知道如何投資，也就是你了解第一守則，也能找到股價有吸引力的優質企業，那你就**不必**分散投資五十檔股票，也不需要投資指數型基金，只需集中投資你了解的幾家企業就好。在那幾位大人物，也就是控制市場的基金經理人，他們恐懼的時候你就買進，等到他們貪婪時你再賣出。是不是不可思議？（你如果不懂我的意思，我保證你看完這本書就會懂。）

如今市場上超過 80% 的資金，都是由基金經理人（退休基金、銀行基金、保險基金，以及共同基金）投資。我在序言裡說過，這些叫做「法人資金」。17 兆美元的資金中，有超過 14 兆是由這些大人物管理。換句話說，基金經理人**就是**市場，他們斥鉅資買進一檔股票，這檔股票的股價就會上漲。他們把資金撤出，股價就會下跌。他們對市場的影響極大，若是突然決定賣出，就會引發大規模崩盤。了解這一點，是運用第一守則的關鍵：基金經理人控制了市場上幾乎每一檔股票的股價，但他們想退出市場，卻無法輕易退出。你和我就不一樣，我們可以迅速進出市場。我們在

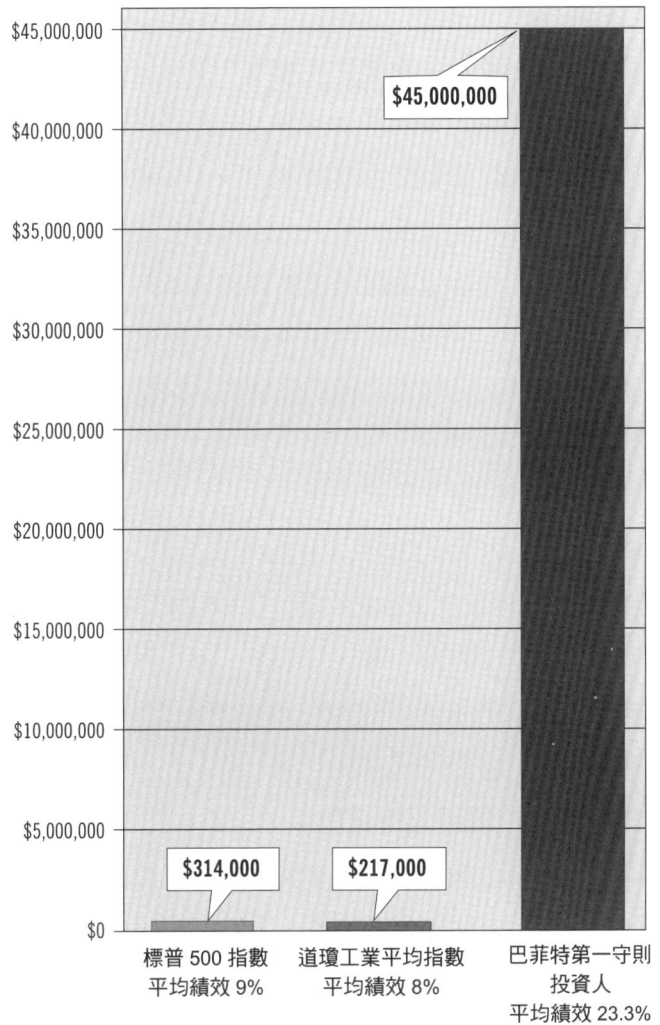

▶ 這就是依循第一守則的投資人，與市場上最受歡迎指數的績效比較。你可能覺得這張圖表有誤或者誇大了，其實不然。依循第一守則的投資人，績效遠勝過標準普爾 500 指數，以及道瓊工業平均指數，而且長期如此。正是複利成長的魔力，造就了 8-9% 年化報酬率、與略高於 23% 的年化報酬率之間的巨大差距。

乍看之下，兩者的差距似乎不該那麼明顯。23% 只是 8% 的三倍左右，看了難免會以為，金額也該是三倍。但複利成長並非線性的，而是呈幾何級數。會複利成長的，也不只是投資本金的報酬，還包括累積獲利的報酬（也就是所謂的「利滾利」）。23% 的報酬率，每年能製造更多獲利，而這些獲利又有 23% 的報酬率。如此不斷增加，幾年後就呈現爆發式成長，遠超過 8% 的複合報酬率。很威對吧？

第十一章,會詳細研究這個道理。

嬰兒潮世代的資金先是湧入市場,推動市場上漲,那有朝一日他們陸續退休,從市場撤出資金,會發生什麼事?萬一發生其他事件,導致資金從市場撤出,會如何呢?共同基金的淨值若是下跌,投資人就會更快賣出基金單位,最後市場就會像自由落體般崩跌。諷刺的是,長期持有分散投資的共同基金,理論上能降低風險,然而實際上在這個市場,卻反而**增加**風險。在這個市場,無論金融服務業的銷售人員如何吹噓,就是沒有所謂的「平衡型投資組合」,能降低你所承擔的市場風險。這個市場要是崩盤,那玩這些遊戲的基金經理人,他們能做的,只是在即將沉沒的鐵達尼號上,把甲板上的椅子排好。

如果你覺得在現代經濟,不可能發生股市全面崩跌的事情,那你該再想想。這種事情十年前(1997年)才在日本發生過,日本股市從1992至2002年,下跌85%。至今仍未復甦。而且日本的嬰兒潮世代,大概比美國的大十歲(政治與經濟因素,導致日本在二次世界大戰開戰前出現嬰兒潮)。如果美國股市重挫85%,道瓊工業指數會是一千五百點。1930年代就發生過這種事情。也有可能再發生。

分散投資導致你的戰場太過分散,在保證你能得到市場報酬率的同時,也就意味著,影響了整個市場的事情也勢必影響你。可以買進的優質企業,顯然有幾百家,但你若是要工作、要照顧家庭,也不想跟電腦綁在一起,那你的時間應該只夠關注幾家企業。若你買進各家公司的股票,又沒有時時關注,那就難免違反第一守則,整體報酬率也會下降。

我們身為依循第一守則的投資人,會從市場各產業版塊,精選幾家優質企業買進。所以雖然沒有像共同基金經理人那樣同時「分散投資」幾十家,甚至幾百家企業,我們的投資組合也依然涵蓋不同類型的企業。但你能買進多少家企業,取決於你有多少資金可以投資,我會告訴你合適的比例。

適合從事分散投資的，是有三十年可以投資、完全不想學習如何投資、每年報酬率能有 8% 就很開心、退休之後能維持基本生活就很滿足的人。我們的目標，則是找到優質企業，以最佳價格買進，然後交給市場，讓市場的價格會反映出企業該有的價值。我們在幾週後，幾個月後，或是幾年後，會遠比現在富有。這是我們追求的目標。要想達到這樣的目標，就不能再做被整個金融服務業欺騙的無知投資人，而是要做睿智的第一守則投資人。不當獵物，而是要智取掠食者。

> 我爸在 1960 年代中期，建議我買進分散投資的共同基金。我投資了 600 美元，然後就忘了這件事。十八年後，我的投資部位價值 400 美元。想像一下，假設 1960 年代中期的我是四十五歲，投資金額是 6 萬美元，而不是 600 美元。那十八年後，六十三歲的我發現自己的 6 萬美元變成 4 萬美元，離我的退休目標 24 萬美元還很遠很遠，那該有多傷心呢？我寫這本書的目的，就是要讓大家避開財務黑洞。

平均成本法並不能保護你

平均成本法（DCA）嚴格說並不算是迷思，但很多人問我這個，我也常常要向人解釋，平均成本法並非如人們所想的救命符。平均成本法是基金經理人與經紀商最喜歡的行銷工具，就是無論股票或基金的價格為何，每個月都花費同樣的金額加以買進。舉個例子，不管每股價格多少，你每個月固定花 100 美元買進微軟股票。如果股價下跌，你的錢就能買進更多股數。股價要是上漲，你的錢能買進的股數就較少。平均成本法的目的，是降低每股的平均成本，盡量壓低投資風險。

用這種方法保護自己，有兩個很大的問題：（一）在長期盤整或下跌的市場，用平均成本法投資，那跟「買進並長期持有」沒有區別。（二）

平均成本法要想奏效，**無論如何，每個月都要投資相同的金額**。所以在1929至1930年的超大熊市，10萬美元的股票價值只剩1萬美元，你還是要願意買進。在2000至2002年的網際網路泡沫，科技股指數下跌85%，你也要願意一路攤平到谷底。首先，這種方法假設了你在經濟衰退或蕭條期間，還能保有工作，也有閒錢買股票。其次，這種方法也假設了你即使損失慘重，還是願意砸大錢繼續投資。依循第一守則的投資人，並不相信平均成本法，而是知道優質企業的價值，趁其價值被低估時買進。換句話說，正如我後面會談到的，我們是以五毛錢的價格，買進價值一塊錢的東西，如此不斷重複。我們不會拿十塊錢去買價值一塊錢的東西，同時還期待著也許有朝一日能有攤平的機會，以便宜的價格買進同一檔股票，來彌補自己現在的揮霍。

> 以平均成本法投資一檔追蹤道瓊工業指數的基金，從1905至1942年，你的報酬率會是1%，而買進並長期持有的報酬率，則是0%。從1965至1983年，你的報酬率不至於落到0%，但也只有2%。從2000至2005年，報酬率也不會落到0%，而是3%。換句話說，在過去一百年的大半時間裡，與其以平均成本法投資一檔追蹤道瓊工業指數的基金，不如乾脆買進一檔政府公債，放著不管就好。

依循第一守則的投資人，追求的是15%的報酬率，所以必須擺棄在任何市場，都無法達成這個最低標準的投資策略。過去一百年來，平均成本法在幾個盤整市場的報酬率，連政府公債的利率都不如，所以不會是符合第一守則的實用策略。

說實話，金融服務業會在乎你的錢，唯一的原因是無論能不能幫你賺錢，他們都能賺進手續費與相關費用。他們不斷推廣三個投資迷思，大肆鼓吹平均成本法，就是希望你我能把錢交給經理人。他們最不希望

的，就是你自行投資還能獲利。他們希望你認為，自行投資只會賠錢。他們希望你因為怕賠錢，就一直把錢交給他們打理，哪怕你比他們更有可能實現高報酬。

三個迷思 vs. 第一守則

迷思	第一守則
投資很難，也太花時間。	投資很簡單，一個禮拜頂多只需要你十五分鐘的時間。
你不可能打敗市場。	你可以利用市場上經常出現的估價錯誤，獲得 15% 以上的報酬率。
分散投資，買進並長期持有。	要以五毛錢的價格買進價值一塊錢的東西，日後再以一塊錢賣出。不斷重複，直到你非常有錢為止。

第一守則 vs. 房地產投資

好，假設你不相信投資的迷思，但你相信「投資房地產比投資股票理想」的迷思。接下來我就要破除你的這種迷思。如果你認為房地產能開槓桿，報酬率遠高於投資股票，因此更適合初學者投資，那你可就要再好好想想了。

這是很多人都有的觀念，卻大錯特錯。我擁有過很多房地產，從社區大樓、大農場、公寓、商用不動產到獨棟住宅。我曾買進熱門地段的房地產，例如加州德爾馬（Del Mar）與懷俄明州的傑克遜洞；也曾買進冷門地段，例如愛荷華州的費爾菲爾德（Fairfield）。如果要比較房地產投資與股票投資的報酬率，我們可以把最熱門的房地產市場，與最厲害的第一守則投資人拿來比較。但在這裡還是將一般的房地產市場，與一般的第一守則投資人拿來相比，會更為合理。

房地產市場三十年來的年成長率若能有 4%，就算是不錯。對第一守

則投資人來說，15%的報酬率算是不錯。是，傑克遜洞與德爾馬的房地產，三十年來每年增值10%（大幅上漲）。是，經驗豐富的第一守則投資人，三十年來每年都有25%的投資報酬率。但這些都是例外，而非常態。

> 投資報酬率（Return on Investment，簡稱 ROI）說穿了，就是你在一筆投資裡所得到的報酬，亦即你在某段時間裡投入與得到的錢，也許是獲利，也許是虧損。它通常以年度百分比的方式呈現。舉個例子，你投資100美元買進一檔股票，一年後變成150美元，那你的投資報酬率就是50%。嚴格來說，投資報酬率的計算方式，是獲利除以投資總額。（額外趣聞：投資報酬率與投入資本報酬率〔Return On Invested Capital，簡稱 ROIC〕稍有不同，投入資本報酬率的計算方式較為複雜，對於投入的金額與獲利的金額，有嚴格的定義。你很快就會學到，因為它是判斷企業體質的絕佳指標。）

我們這就看看，現在投資房地產5萬美元，與依據第一守則、以5萬美元投資股票的差異。股市與房地產市場，未來十五年可能完全不會上漲，所以如此比較特別有意思！（倘若真是這樣，那下面的房地產例子，會顯得超級樂觀！）

來看看數字：我們買下25萬美元的房屋，頭期款5萬美元，其餘的是固定利率6%，三十年的房屋貸款。每月還款金額是1200美元，但我們以1200美元出租，用於支付貸款。不過，我們還是要支付保險費、維護費、廣告費，以及稅金。

另一方面，假設我們收租穩定，從未空租，而且每年還能漲4%的租金。到了第九年，租金已經上漲到足以支付一切開銷。從第九到第十三年，都是淨現金流。然後我們把房子賣掉。此時房子的價值已是81.1萬美元，而且沒有負債。而且我們歷年收到的租金，也做了妥善的投資，報酬率跟

整個房子的報酬率一樣，大約是每年 10%，所以額外的獲利是 23 萬美元。總報酬等於 104.1 萬美元。三十年的複合投資報酬率，是 10.6%。這堪稱佳績，只是我還沒扣除管理與維護的費用，但我想這部分我們應該都會親力親為就是了。要搞定這些很傷腦筋，而且要得到這些獲利也並不容易。我們要做很多事情（且滿心期待），才能拿到 11% 的報酬率。儘管如此，我們還是先把這數字拿來，跟第一守則至少 15% 的報酬率做比較。

首先，我們按照第一守則投資，幾乎**沒有管理責任**，這是一大優勢。我們每個禮拜只需要花十五分鐘，僅此而已。當然我們也必須知道，該怎麼依照第一守則投資，但在你知道它的好處後，就會發現這比投資房地產更容易學會。我們拿 5 萬美元，以理想的價格買進一家優質企業（應該說企業的**一部分**，也就是股份）。等到價格不具吸引力，我們再賣出，買進另一檔股票。如此連續三十年，平均投資報酬率為 15%。（如同上述房地產的例子，我們的獲利還不需繳稅。在這個情況，我們是透過稅負減免的個人退休金帳戶〔IRA〕來買賣，後面會再介紹。）三十年後，我的投資價值 330 萬美元。三十年來的複合投資報酬率，是 15%。雖然只比買賣房地產高出 4%，但我的銀行帳戶裡多了 200 萬美元。

好處不只這些。我們再來比較你六十歲退休的時候，這兩種投資的績效。如果你投資的是房地產，那此時的你拿 120 萬美元，買進一檔利率 5% 的優質債券，每月收取 5000 元的利息。稅後每月 4000 元。換算成現在的幣值，就「高達」1650 美元。憑這點錢過活，不如祈禱社會安全局還沒倒閉，好讓你申請補助。或者，你要繼續維護你的房地產，跟房客打交道，還要修理馬桶。房租就是你的收入：大約每月 3800 美元。唯一的另一種選擇，就是再開槓桿，買更多房地產，但這就不叫退休享清福了，對吧？

如果你是依照第一守則投資，每個星期其實不難抽出十五分鐘來打理你的投資，那你就能繼續將 330 萬美元用於投資，獲得 15% 的報酬率，每年就拿 15% 的增值過日子。翻成白話文：你每個月可領大約 4 萬美元。

> 至少你現在知道了真相：擁有房地產是很好，房地產也很值錢，但報酬率完全比不上第一守則所能帶來穩定的 **15%** 報酬率。我的建議是：以理想價格買進優質企業的股票，退休後就能有帝王般的享受。

我沒有打錯字。當然這 4 萬美元還需繳稅，所以每個月實拿是 3 萬美元，換算成現在的幣值，只有 1.2 萬美元。你覺得退休後以現在的幣值計算，是每月 1.2 萬美元可以度日，還是每月 1650 美元可以度日？

所以我是這樣看的：你可以永遠不研究投資守則，只投資房地產，下半輩子靠房地產的收益度日。或者，你也可以按照第一守則來投資。

何必研究第一守則？

我強調多少次都不為過：你該研究投資守則的第一個原因，是你能擁有 15% 以上的年化報酬率，而且風險很低。你與家人的生活，會因此永遠改變。你投資房地產，投資共同基金，或是瞎猜選股，都不會有這樣的成績。第二個原因是，你按照投資守則投資，初始投入的金額大小，幾乎完全不重要。反正二十年後，你都能享受優渥的退休生活。看看這張表：

初始投資金額	每月儲蓄（帳戶新增）	二十年後的金額	二十年後的每年收益
$1,000	$300	$470,000	$70,000
$10,000	$300	$650,000	$97,000
$50,000	$300	$1450,000	$215,000

就像我們剛才將第一守則的報酬率，與房地產報酬率相比，如果你從現在開始只投資 1000 美元，二十年後每年即可享有每月 7 萬美元的退休收入，你會不會想知道該怎麼做？我們先前提過，這是有可能實現的，你

只要投資二十年，二十年後只花用投資報酬，不動本金。現在投資 1000 美元，二十年後的本金將近 50 萬美元。而且你繼續每年獲利 15%，一年就有 7 萬美元的生活費，完全不需動用那 50 萬美元的本金。你現在投資 5 萬美元，二十年後你的本金會是 145 萬美元，你每年就有 21.5 萬美元（15%）的獲利可用於生活。想想看，你能享有什麼樣的退休生活？關鍵在於，在最初的二十年（以及往後），你將每年 15% 甚至更高的獲利再投入，就會得到更高的報酬。即使你覺得自己距離預定退休的日子不到二十年，但只要按照投資守則去做，還是可以累積不小的金額。這筆錢在你退休後，仍然可以繼續為你效勞。

道格與蘇珊‧康奈利的例子

我們看看在真實世界，按照第一守則投資是怎麼一回事。

2003 年，道格與蘇珊‧康奈利是一對年近五旬的夫妻，有兩個就讀高中的子女。夫妻倆人的年收入，加起來大約是 6 萬美元。道格是一家小企業的銷售員，蘇珊是私立學校的老師。他們聽過我的勵志演說，決心要學習第一守則。

他們之所以想自行投資，原因很簡單，他們若是希望退休後能有好日子過，就非得自行投資不可。他們的個人退休金帳戶現在只有 2 萬美元，不過等到他們退休的時候，20 萬美元的住宅的房貸應該已經付清了。他們覺得每年可以將稅前的 5000 美元，投入個人退休金帳戶。問題來了：他們知道，若是將那 2 萬美元，再加上每年 5000 美元，用來買一檔利率 4% 的債券。等到二十年後退休，只有 19 萬美元能支應生活。個人退休金帳戶裡的 19 萬美元，以報酬率 4% 計算，每個月的稅前收入大約是 650 美元。再加上社會福利，以及貸款已經付清的房子，他們覺得應該可以勉強度日，但無法擁有想要的人生。他們希望想旅行就旅行，想上館子就上館

子,還能有輛不會拋錨的車。道格喜歡打高爾夫,那可不便宜。蘇珊喜歡偶爾到紐約看場百老匯表演。不過,一張百老匯的票要 100 美元,晚餐一個人要 100 美元,住旅館每晚也要 250 美元。她知道,以每個月 650 美元的稅前收入,是負擔不起的。

他們夫妻更重視的,是負擔得起醫療費用。他們知道醫療費用越來越昂貴,保險也不是樣樣都給付。他們看見《新聞週刊》(Newsweek)的一篇文章,受訪的退休人士表示,自己每個月還要自掏腰包 600 美元,支付商業醫療保險以及健保方案不給付的醫療費用。康奈利夫婦不希望萬一身體有個三長兩短,就造成兒女的負擔,自己也落得失去一切,或者不得不在政府經營的療養院度過餘生。他們知道,自己需要更多的錢。

他們計算過後,覺得第一守則投資法值得一試:如果按照第一守則投資,他們的個人退休金帳戶每年能有 15% 的報酬率,而且無須繳稅,二十年後他們的個人退休金帳戶就能有 84 萬美元,而不是 19 萬美元。其次,他們退休後還能繼續投資,84 萬美元還能以 15% 的報酬率繼續累積。每個月稅前就可以有超過 1.05 萬美元的生活費,再加上社會福利,也不必動用 84 萬美元的本金。這比債券的 650 美元的收益好太多了。他們認為應該好好學習第一守則,才能邁向更好的人生。

退休策略	2005 年退休資金	2025 年退休資金	2025 年社會福利之外的收入
打「安全」牌	$20,000 加上每年 $5,000	$190,000	每年 $7,700
第一守則	$20,000 加上每年 $5,000	$840,000	每年 $126,000

用錢賺錢的力量

在複利成長的作用下，不只本金會產生投資報酬，投資報酬也會產生投資報酬。因此，道格與蘇珊得以退休的日子，不僅遠比自己想像中來得早，退休後的生活，也會遠比自己想像中安逸。（想想之前提到的，每年以 8-9% 累積，與每年以 23% 累積的差異。）這就是長期「錢滾錢」的方式。舉個例子：你投資 1000 美元，投資報酬率是每年 10%。一年之後，你的投資價值 1100 美元。到了第二年，不只是你的本金 1000 美元，你的獲利 100 美元，也能有 10% 的投資報酬率。所以總額會變成 1210 美元，以此類推。你讓投資的本金以每年 10% 的報酬率逐年累積，五十年後，1000 美元就會變成 117391 美元……只是到那時候，你已經與世長辭了。所以我們要稍微加快速度。想加快速度，就需要更理想的投資報酬率。

我們之所以採用第一守則作為基本的投資哲學，是因為我們了解，想要讓投資的本金以一年 15%、甚至更高的報酬率累積，先決條件是不能虧損，而且是永遠不能虧損。股價下跌 50%，就必須再上漲 100% 才能打平。股價下跌 80%，就必須再上漲 400% 才能打平。甲骨文（Oracle）的股價在 2000 年是 40 美元，後來跌至 10 美元。這可是 80% 的跌幅。要想打平，必須先從 10 美元上漲一倍至 20 美元，再從 20 美元再上漲一倍至 40 美元。那可是 400% 的漲幅啊！想一想。一個市場如果要上漲 400%，例如道瓊工業平均指數，就必須從一萬點升至四萬點。那需要至少三十年！在這三十年間，你的投資組合始終慘不忍睹，每年至少 15% 的報酬率也是遙不可及。

我們暫時先回頭看看道格與蘇珊・康奈利夫婦，但這一次我們假設，只有蘇珊了解第一守則，而且他們夫婦各有一個投資組合（這對夫婦很固執，各有自己的投資方法，也不想把錢混在一起）。我們也假設，夫妻二人各有 2 萬美元可投資，每年還有 5000 美元可投資，就像上述的例子一

樣。以每年 15% 的投資報酬率，投資十年之後，道格遇到股市崩跌，損失了一半的錢。蘇珊依照第一守則投資，並沒有損失一半的錢。她將第一守則傳授給道格，從第十年末開始，夫妻兩人每年都能獲利 15%。二十年後，道格有 42 萬美元，蘇珊有 84 萬美元。這表示道格一年有 6.3 萬美元的生活費，蘇珊每年則有 12.6 萬美元，可以過上寬裕的生活。道格才違反第一守則一次，二十年後他與蘇珊每年的收入，就會永遠相差 6.3 萬美元。

與這個故事相比，成千上萬、曾與我分享投資慘劇的學生們，他們的親身經歷才叫悽慘。舉個例子，我在德州演講時認識了羅伯特。他在他所信任的幾位老闆大力勸說下，用所有的退休金投資安隆（Enron）股票。我在課堂上拿出證據，證明安隆內部知情人士一邊鼓吹員工持有自家股票、自己卻一邊倒貨時，他生氣到還得暫時到走廊去冷靜一下，不然就要砸東西了。這種憤怒非常真實，是好不容易累積了財富，卻眼睜睜看見財富因自己的無知而被奪走，嚴重的情緒問題於是全面爆發，顯露在外。課堂上每一個人，都從羅伯特的憤怒與痛苦，看見自己的寫照。

另一位先生，就稱他克里斯好了。他對我說，他在 1990 年投資大約 5 萬美元，到了 2000 年累積超過 100 萬美元。之後這筆錢全數賠光，原因很簡單，他相信市場終將反彈，經紀商也一直勸他「攤平」，也就是持續買進正在下跌的股票，一旦反彈就能賺大錢。但他始終沒等到反彈，錢也輸光了。他拿了 1000 美元重頭再來，現在他知道，雖說市場長期還是看漲，但他也等不了那麼長。

這些人值得敬佩。遭受慘痛的打擊還能站起來。我們縱然佩服他們的勇氣與堅持，但說實話，這種慘痛的經歷還是能免則免。我覺得最好一開始就學習第一守則，避免犯下這樣的錯誤。

跌倒七次，爬起來八次。（七転び八起き）

——日本諺語

> 如果你從未買過股票，不知該如何開設經紀商帳戶，也不知道什麼是個人退休金帳戶，那也別擔心。我會在第十五章帶你走過整個流程。首先，希望你要熟習第一守則投資法，然後我們再解決這些小問題，塑造好的開始。

複合報酬率的力量可以是助力，也可以是阻力。至於會是哪一種，要看你懂不懂得投資不會害你賠錢的企業。做到這一點，你的複合投資報酬率才會為正，也才會高到足以改變你的人生。幾乎任何一種正向的複合報酬率，都會讓你富有，剩下的就只是時間的問題。顯然正向複合報酬率越高，你致富的速度就越快，只要不違反第一守則就好。

可以把它想成桌遊，你的棋子走到某個格子，就必須回到原點重來。大多數的法人（共同基金）投資組合就是死在這裡。這些大人物，也就是你的共同基金經理人，在某個時候都會走到那個格子。身為小小投資人的你，應該要知道如何避開會害你回到原點的那一格。只要不被打回原點，你就能擁有**豐厚**的財富。

想想這個問題：如果你每個禮拜只要花十五分鐘投資，而且風險比投資共同基金還低，十至二十年後就能退休，你會不會想知道該怎麼做？我猜答案是熱情的「是」。我們這就來看看第一守則具體的操作方法，請仔細聽好囉！

| 第二章 |

第一守則與四個 M

導致失敗的方法有很多種……而成功的方法可能只有一種。
—— 亞里斯多德（384-322 B.C.，古代的第一守則投資人），
摘自《尼各馬可倫理學》（*Nichomachean Ethics*）

有些事情是不會變的，第一守則就是其中之一。第一守則是近百年來絕佳的投資策略，放眼未來百年依舊如此。依循第一守則的投資人，認為企業的股票有一定的價值，耐心等待股價歷經市場波動，出現理想價格。以下，就是第一守則的幾個大原則。

第一守則簡述

首先要知道，第一守則其實就是「不能虧損」，但在實務上的意思，是在有把握地投資。這個「把握」來源於：**以理想的價格，買進優質企業的股票**。請謹記：

以理想價格買進優質企業，就能讓你賺到錢。

「**理想**」企業的定義，有三個簡單的條件，往後的章節會深入討論。第一，**理想**代表這家企業對你來說是有**意義**的：你對這家企業足夠了解，有能力的話你想把它全權買下，擁有它讓你感到自豪，而且這家企業也與

你的價值觀相符。在第二個層面，**理想**的意思是，企業符合幾項財力與可預測性的標準，尤其是要有所謂的**護城河**。第三，企業必須有**好的**管理。如果你不懂何謂「護城河」、何謂「好的管理」，那也別擔心。我會向你細細說明什麼是護城河、如何辨識護城河，以及如何判斷管理是好是壞。我會告訴你企業需要符合哪些標準，才稱得上「理想」。

然而，光企業本身符合理想是不夠的。我們還要以理想的價格，買進這家企業的股票。所謂「理想的價格」，意思是我買進這家企業的股票，可以有很大的**安全邊際**。對我來說，理想的安全邊際，是以五毛錢買進價值一塊錢的東西。所以，只要我知道了企業的價值，我就想半價買進。很顯然，只要這樣做，往後就能發大財。

判斷企業的價值，要嘛很容易，要嘛不可能。「理想」的企業，當然就是可預測的。企業如果可預測，我們就能判斷它的價值。企業如果不可預測，我們就不可能知道它的價值。我會告訴你怎樣找到可預測、也因此可判斷價值的企業，也會告訴你怎樣快速計算企業的價值。第一守則投資法說穿了，就是四個明確的步驟：

一、找到理想的企業。
二、了解這家企業的價值。
三、以一半的價格買進。
四、重複上述步驟，直到自己非常富有。

看起來很簡單。那為什麼不是每個人都這樣做？對於這個問題，巴菲特的答案是：「我覺得很神奇，用五毛錢買一塊錢這個構想，大家要嘛是立刻欣然接受，要嘛就是全然不買單。這就像打疫苗。我發覺一個人如果不馬上接種，那你就算勸他好幾年，拿紀錄給他看，他也還是不肯接種。他們就是不能理解這個概念，就這麼簡單。」

我剛開始了解第一守則投資法的時候，第一個發現的真理是：

一個東西的價格，不見得總是等於其價值。

舉個例子，我想買一輛新車，還沒走進經銷商，就很清楚新車的價值。我知道新車的標價，也知道售價的範圍，通常會低於標價。我不打算按照標價購買。但要是我不知道新車的價值怎麼辦？經銷商即使以遠高於實際價值的價格、以遠高於標價的價格賣給我，我也無能為力。一輛賓士汽車的價值或標價若是 10 萬美元，我卻以 20 萬美元購買，有朝一日我賣掉這輛車，我就會嚴重虧損。但我若能以 5 萬美元買下，日後賣出就能**賺錢**。買股票（亦即購買企業）也是同樣的道理，只是少了車窗上貼的標價。我們必須自行判斷標價，然後以低於標價的價格買進。

第一守則說穿了，就是聰明購物。

如果你喜歡等到大特價，商品售價遠低於實際價值時再出手購買（比如你知道那臺平面電視價值 5000 美元，但你能以 2500 美元買下），那你已經具備精明的第一守則投資人的條件。你只需要了解如何判斷理想企業的價值，等待市場出現能便宜買進的好時機。

如果我們不會指望汽車的定價永遠合理，又為何要指望股票的定價永遠合理？

企業與汽車，以及其他可銷售商品，有一個重要的差異：企業的「標價」，取決於企業往後能為自己的股東，創造多少現金盈餘。遵守第一守則的投資人，能迅速判斷企業未來能產生多少現金盈餘，進而估計企業的「標價」。接下來我也會告訴你要如何做到這點。

企業的「標價」就是企業的價值，與它在市場上的售價無關。你只要

知道如何計算企業的「標價」，投資就會有把握，也就能依循第一守則。

四個 M

你在思考如何找到價格具吸引力的理想企業的過程中，最好想想我剛才提到的，還有我說的「四個 M」：**意義**（meaning）、**護城河**（moat）、**管理**（management），以及**安全邊際**（margin of safety）。你也許還不是很了解這四個詞，不過我們會逐一詳細介紹。這四個詞就像路標，指引你走上投資獲利之路，也能讓你想起投資路上從頭（你起初考慮要投資某家企業）到尾（你決定拿辛苦賺來的錢，買進這家企業的股票），這過程中的每個步驟。

想要了解四個 M 的精髓，關鍵在於把它們轉化為你「評估企業能否投資」所必須思考的問題（接下來的幾章就會告訴你，要如何按部就班回答這些問題）。

一、這家企業對你來說可有**意義**？
二、這家企業可有廣大的**護城河**？
三、這家企業可有優質的**管理**？
四、這家企業可有大大的**安全邊際**？

如果這四個問題，你都能無條件回答大大的**有**，那你就知道，這家企業是你想買進的。這些問題還有幾項要求：

第一個問題：「這家企業對你來說可有**意義**？」意思是說除非你願意讓這家企業，成為你們家未來百年唯一的經濟支柱，否則不要買進。換句話說，你最好知道你買的是什麼樣的企業，因為要是它倒閉，你們全家都要餓死。而且你也必須把自己當成是這家企業唯一的所有人。換句話說，

你最好知道這家企業的作為,也要能接受這家企業奉行的價值觀。

第二個問題:「這家企業可有廣大的**護城河**?」意思是這家企業必須能抵禦競爭對手的攻擊,就像要抵禦打算洗劫城堡的敵軍。換句話說,你最好能正確預測這家企業的長期遠景。

第三個問題:「這家企業可有優質的**管理**?」意思是你要有把握,經營這家企業的人,是把企業當成他們家未來百年唯一的經濟支柱。換句話說,你最好有把握,他們不會為了眼前的利益而害你吃虧。

第四個問題:「這家企業可有大大的**安全邊際**?」意思是你知道這家企業的價值,而且能便宜買進。換句話說,你最好能以夠低的價格,買進這家企業,即使一開始就買錯了,日後賣出也不至於虧損。

> **確實有機會能以好的價格,買進理想的企業,這樣的機會真的存在,只要你願意做功課,告別共同基金。**

剛開始學習投資的人,可能會覺得這些問題很難回答,直覺反應會是「我不知道」,乾脆從此不再自行投資。但我有好消息要告訴大家。第一,以前要回答這些問題很花時間,但現在只要用對工具,很快就能回答。第二,你只需要找到幾家能投資的企業,就可以有一陣子不必再忙碌。選定了企業,只要持續觀察,讓錢自動流入即可。我會教你如何使用這些工具,你就能時時觀察你投資的企業,即使在投資路上犯了幾個錯,或是市場開始出現預料之外的怪現象,你也不會虧損。

如果你已經覺得有點吃力,那就深呼吸一下吧。本書的重點,是要幫助你無論評估哪一家企業,都能回答這四個問題,好讓你有信心自行投資。請有點耐心。即使現在感覺不太可能,但你終將駕輕就熟,並妥善運用這四個 M 的思考角度。你會從第一守則的角度,看待整個投資界。

持續做的事情之所以越發容易,不是因為事情本身變簡單,而是因為

我們做事的能力有所進步。

——拉爾夫・沃爾多・愛默生（Ralph Waldo Emerson）

接下來，我們就要來仔細談談這四個 M 了。

| 第三章 |

買的是企業而非股票

> 侵略軍能被抵抗，時機成熟的想法卻勢不可擋。
> ——雨果（1802-1885），《罪惡史》（*Histoire d'un crime*），1852

第一個 M 的問題，也就是「**這家企業對你來說可有意義？**」牽涉到另外兩個問題：（一）你想擁有整家企業嗎？以及（二）你對這家企業了解的程度，到了能擁有整家企業且能順利經營嗎？

在找尋理想企業的過程中，我會告訴自己：「菲爾，如果你買了它，你就會擁有該企業的全部及其所衍生的一切。」即使我只買進這家企業的區區幾股，我還是會對自己說這句話。這段真言很值得背誦，我一背誦，就能讓我從企業主的角度思考，而不是從股票投資人的角度思考。這就是順利運用第一守則投資法的關鍵。

買進能讓你自豪的企業

如果我們把買進的企業視為事業，而不只是投機炒股，那我們就和它形同一體了。我希望它是我的私有物。我希望我投資的企業能讓我感到自豪。這是我們決定要投資什麼的重要起點。我們投資一家企業，等於投票支持這家企業繼續做生意，無論這生意是什麼。例如我們買進可口可樂，等於默默支持這家企業，也等於表示喜歡可口可樂的產品，希望可口可樂

的經商方式能大為普及。我們買進的企業，若是在第三世界設廠，剝削當地的童工，那我們也等於支持剝削童工。也許你覺得無所謂，但這裡要表達的重點，是你投資的企業應該要讓你感到自豪。我們的選票也許左右不了選舉結果，但身為企業的股東，我們的意見很有影響力。如果說我們決定投資某家企業，能影響這個世界運作的方式，那我們就該審慎決定。

依循第一守則投資，也要了解自己的是非觀，才能做出你能認同的投資決策。這並不能保證你的投資絕不會虧損。買進符合你的價值觀的企業，也不代表就會賺大錢。這只代表，世上的偽君子已經夠多了，何必跟他們同流合汙？你如果覺得某樣東西會危害世界，就別投資與這個東西相關的企業。用你的錢支持你認同的東西，要知道，這是你的選擇。

> 投資，是我們做的最有道德感、也是最重要的事情之一。如果我們是少數的幸運兒，能有閒錢投資，那就要謹慎運用這筆閒錢。這筆閒錢可能會影響我們的子女所面臨的世界。

我寫這本書，不是要告訴大家該投資什麼。我也希望大家能了解這一點。我寫這本書，是希望大家知道怎樣找到值得投資的企業，由大家自行選擇五至十家你最喜歡的企業。你可以把投資想像成在土地上播種。想像你要怎麼收穫，先怎麼栽。投資也要如此。

而投資每一家企業，都要注意所謂的雙十法則。

雙十法則

> **除非願意持有十年，否則這家企業我連十分鐘都不願持有。**

雙十法則只是一種思考投資的方式。其實你往後會發現，我們可能今天買進一家企業的股票，一個月後賣出，三個月後再買進，幾星期後又賣出。我們買進自己**願意**持有十年的企業，並不代表就能一再買進、賣出。

雙十法則之所以應該遵守，是因為能大大提升我們的投資紀律。

大多數投資人認為，隨著股票市場起起落落，他們的某些投資部位會虧損。所以，為了降低整體虧損的風險，他們會分散投資。然而，沒有哪個企業主，會在看到自己手上幾家企業賠錢時，還如此漫不經心，彷彿這是正常現象。天底下有哪個企業主會為了「降低風險」，選擇另外再買五家企業？這不是瘋了嗎？他這家企業的風險太高，那再把錢分散去買另外五家企業，原本這家企業的風險就會**降低**嗎？他這一家企業的風險太高，那他就該賣掉，另尋一家他比較了解的企業。依照雙十法則投資，我們就會記得自己「願意」持有這家企業多久，所以會以長期投資的角度思考。

我們按照第一守則投資，只會持有少數幾家企業。既然如此，就一定要確認這幾家企業沒問題，不會害我們賠錢。

我們有餘裕可以耐心等待，直到找到價格合理的理想企業，而且我們養成了習慣，除非確定不會賠錢，否則絕不輕易投資。一家企業如果確實理想，我們買進的價格也確實便宜，那我們就知道：這筆投資能夠獲利。

但你應該買進什麼樣的企業？你我應該投資同類型的企業嗎？你我是同類型的人嗎？我們喜愛、理解的東西相同嗎？顯然每個人都是獨特的，各有各的才能。我做導遊時帶著遊河的每一個人，都有自己獨特的特質。我們的不同是有意義的。按照自己的性情行事，也包括按照自己的性情**投資**。所以你該投資什麼樣的企業？那就是你理解的企業。這些企業，通常能反映出你的個人特質。

了解你的企業

我一再強調的觀念，就是第一守則投資法的目標，是有把握再投資，就不會虧損。我們要是**不懂**自己投資的企業，那唯一能確定的，就是我們不知道這家企業往後會如何。既然不知道往後會如何，又怎麼可能知道這家企業現在的價值？顯然我們必須了解這家企業，才能判斷這家企業的未來，進而推斷現在的價值。同樣明顯的是，自己本來就很熟悉的企業，比自己從未聽過的企業，要好懂得多了。所以我們要尋找理想企業，首先要知道我們本來就了解哪些類型的企業。

你大概想知道，對於一家企業，你應該理解到什麼樣的**程度**？舉個例子，假設你真的很喜歡穀麥片，最喜歡的品牌是奇瑞爾（Cheerios），知道它是由通用磨坊（General Mills）生產，而且這家公司從來沒讓你失望，那你真能算是**了解**通用磨坊嗎？還是你應該細細了解奇瑞爾穀麥片幕後的製造與零售過程？你需不需要知道供應鏈、包裝製造的流程、勞力成本、行銷與廣告，以及產品是如何爭取到上架空間？這些都是好問題，但遠遠超出我所謂「了解你的企業」的範圍。**意義**只是第一步。所以如果你喜歡奇瑞爾穀麥片，也欣賞生產這款穀麥片的通用磨坊，那就已經完成了第一個 M 了。等你確認完其他三個 M，你對這家企業的了解已經夠深，就足以做出符合第一守則的投資決策。

你需要知道多少，才算完成第一個 M？其實不用知道很多。只要能讓自己放心就好。不需要特地去研究很多資訊。不需要知道行銷、產品日後的配送管道之類的複雜資訊，只要知道你喜歡他們經營的生意，也認為他們往後還會繼續稱霸業界。等到你完成四個 M，掌握的資訊就已夠多，投資也就能有把握。而且你在後面會看到，我們還有工具，就算犯錯也能全身而退。從第一守則的角度看，所謂意義，只是了解一家企業

> 是做什麼的,又是如何做的,只要足以讓你願意投資這家企業,而且願意持有百年左右即可。巴菲特先生曾引用《聖經・馬太福音》第六章第二十一節:「因為你的財寶在那裡,你的心也在那裡。」

我剛開始投資時,唯一能確定的,是我無法區分出好企業與爛企業。而我第一個領悟的道理,是我對企業的了解,原來遠比我想像得多。

我們來做一個簡短的練習:畫出三個在中間相交的圓圈。在第一個圓圈寫上「熱愛」。第二個圓圈寫上「才能」。第三個圓圈寫上「金錢」。(我要感謝作家、管理學家吉姆・柯林斯〔Jim Collins〕首創三個圓圈的概念。他運用這三個圓圈評估企業,尤其是那些從「良好」進階到「頂尖」的企業。)

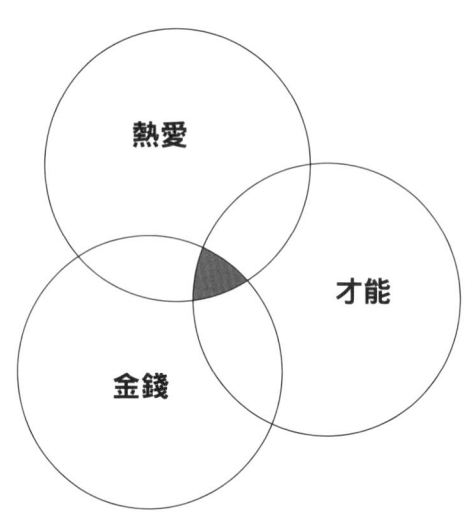

在第一個圓圈,寫上你由衷熱愛的每一件事情,也就是你只要有錢有閒,就會喜歡做、或是會去做的事。在第二個圓圈,寫上你擅長的所有事情,也就是你拿手的事,無論專業還是業餘皆可。在第三個圓圈,寫上讓你賺錢或是花錢的項目。

> 請你思考這三個問題：
>
> 一、你喜歡做什麼？職業與業餘皆可。
> 二、你最擅長的是什麼？
> 三、你如何賺錢，又把錢花在什麼事情上？
>
> 依據你自己的答案，尤其是在這三個問題一再出現的答案，就能開始選擇最適合你的理想企業。

舉例來說，如果我在剛開始投資時做這個練習，我會寫我喜歡當河川嚮導。我擅長當個河川嚮導。我也靠當河川嚮導賺錢。就這麼簡單。我看見三個圓圈都有「河川嚮導」，突然就會發現，我很容易搞懂河川旅遊的行業。我也很容易就會發現，河川旅遊的事業，與非洲遊獵事業、甚至郵輪事業都很類似。河川旅遊事業也許與迪士尼樂園、魔術山樂園（Magic Mountain）之類的高人氣主題樂園有關。

在這三個圓圈裡，你要找的，是不只出現在一個圓圈的答案。這個答案代表一個產品、一個產業，或是某種事業。會出現在兩個、甚至三個圓圈裡的答案，八成就是你遠比大多數人都要了解的東西。這個東西也許對你有意義，自然也就是值得你研究的產業。

打開雅虎網站，點選「財經」，再點選「產業」，再點選「產業指數」[6]。你會發現，世界上幾乎每一家企業，都可以歸類為這十二個種類，又稱「板塊」（sector）的其中一種。（這是要引導你思考，你想買進什麼樣的企業，

---

6 編註：書中提到的雅虎財經與 MSN 財經網站已幾經改版，從介面到提供的服務內容，可能都有所不同，使用時還請以現行版本為準。雅虎財經現行產業板塊網址為 https://finance.yahoo.com/sectors/。如想參考臺股之板塊（類股），可至 https://tw.stock.yahoo.com/sector-index。

我們等一下才會學到技術分析。了解第一守則投資法的所有訣竅後,一開始會花很多時間在這些網站上尋找企業,之後再套用整個第一守則投資法。)

產業板塊	Sector
基礎原物料	Basic Materials
資本財	Capital Goods
企業集團	Conglomerates
非必須消費品	Consumer Cyclical
必須消費品	Consumer Non-Cyclical
能源	Energy
金融	Financial
醫療	Healthcare
服務	Services
科技	Technology
運輸	Transportation
公用事業	Utilities

這份雅虎的產業板塊列表,並不是**標準**列表。其實也沒有所謂的標準板塊列表。各數據公司列出的板塊都不一樣,有些會合併某些板塊,有些則會分拆某些板塊。各數據公司有各自的歸類方式,不過製作出的板塊列表還是大同小異。第十三章會詳細介紹如何尋找適合投資的板塊。

歸類為同一個板塊的產業,彼此之間非常類似。冒險旅遊業也屬於某個板塊,但究竟是哪個板塊?只要勇於動動滑鼠,就能揭曉答案。冒險旅遊也許跟服務板塊有關,你可以試試看。只要點選「服務」,網站就會顯示一堆與服務有關的產業(見右頁列表)。

從這裡開始,只要你發揮常識即可搞定。看看網頁左側的列表,看看哪一個產業包括冒險旅遊產業。休閒活動業怎麼樣?點選這個,就會再出現第48頁的列表:

板塊 > 服務廣告	Sectors > Services
點選標題以分類。	Click on column heading to sort
說明	Description
板塊：服務	Sector: Services
廣播與有線電視	Advertising
企業服務	Broadcasting & Cable TV
賭場與博奕	Business Services
通訊服務	Casinos & Gaming
旅館與汽車旅館	Communications Services
電影	Hotels & Motels
個人服務	Motion Pictures
印刷與出版	Personal Services
印刷服務	Printing & Publishing
房地產交易	Printing Services
休閒活動	Real Estate Operations
租賃	Recreational Activities
餐飲	Rental & Leasing
零售（服飾）	Restaurants
零售（商品目錄商店與郵購）	Retail (Apparel)
零售（百貨公司與廉價商店）	Retail (Catalog & Mail Order)
零售（藥店）	Retail (Department & Discount)
零售（雜貨）	Retail (Drugs)
零售（家居裝修）	Retail (Grocery)
零售（特製品）	Retail (Home Improvement)
零售（科技）	Retail (Specialty)
學校	Retail (Technology)
保全系統與服務	Schools
廢棄物管理服務	Security Systems & Services
	Waste Management Services

047

Sectors > Services	
Click on column heading to sort.	

Description

Sector: Services

Industry: Recreational Activities (More Info)

All-American SportPark, I (AASP.OB)	Football Equities, Inc. (FBLQ.PK)
American Classic Voyages (AMCVQ.PK)	Fortune Diversified Indus (FDVI.OB)
American Skiing Company (AESK.OB)	GameTech International (GMTC)
AMF Bowling, Inc. (AMBWQ.PK)	GWIN, Inc. (GWNI.OB)
Bally Total Fitness Holdi (BFT)	Int'l Thoroughbred Breede (ITGB.PK)
Blockbuster Inc. (BBI)	International Speedway (ISCA)
Bowl America Incorporated (BWLA)	Intra-Asia Entertainment (IRAE.OB)
Bull Run Corporation (BULL.PK)	Life Time Fitness, Inc. (LTM)
Call Now, Inc. (CLNWE.OB)	Littlefield Corporation (LTFD.OB)
Canterbury Park Holding C (ECP)	Magnum Sports & Entertain (MAGZ.PK)
Carnival Corporation (CCL)	Malibu Enter. Worldwide (MBEW.PK)
Carnival plc (ADR) (CUK)	Millennium Sports Mgmt. (MSPT.PK)
Cedar Fair, L.P. (FUN)	Movie Gallery, Inc. (MOVI)
Championship Auto Racing (CPNT.PK)	Netflix, Inc. (NFLX)
Commodore Holdings Ltd. (CCLNQ.PK)	Pacific Systems Control T (PFSY.PK)
Dale Jarrett Racing Adven (DJRT.OB)	Physical Spa & Fitness (PFIT.OB)
Diamondhead Casino (DHCC.OB)	Renaissance Entertainment (FAIR.PK)
Diversicon Holdings Corp. (DVSH.PK)	Royal Caribbean Cruises L (RCL)
Dover Motorsports, Inc. (DVD)	Royal Olympic Cruise Line (ROCLF.PK)
eCom eCom.com, Inc. (ECEC.PK)	Six Flags, Inc. (PKS)
Entertainment Technologie (ETPI.PK)	Skyline Multimedia Entert (SKYL.PK)
Equus Gaming Company L.P. (EQUUS.PK)	Speedway Motorsports, Inc (TRK)
Family Golf Centers, Inc. (FGCIQ.PK)	Sports Club Company (SCY)
First National Entertain. (FNAT.PK)	Tix Corp. (TIXC.OB)
	Vail Resorts, Inc. (MTN)
	VCG Holding Corp. (PTT)
	Video City, Inc. (VDCY.PK)
	Warner Music Group Corp. (WMG)
	West Coast Entertainment (WCEC.PK)
	World Wrestling Entertain (WWE)

嗯，以上這些公司，有哪一家看起來像冒險旅遊公司？有！美國經典郵輪（American Classic Voyages，現已停業）、嘉年華集團（Carnival Corporation）、皇家加勒比（Royal Caribbean）以及韋爾渡假村（Vail Resorts）應該都算。不過列表上還有其他很有意思的企業：我在百視達（Blockbuster，現已停業）租影片，也在網飛（Netflix）看DVD。我也去過六旗樂園（Six Flags）好幾次。就這樣，曾是河川嚮導的我，找到了幾

家我也熟悉的企業！在峽谷裡的那些日子，當乘船遊客們都睡著以後，我們幾個嚮導有時會在黑暗中坐著，聊聊有朝一日如果自己也能坐船遊覽，讓別人划船、搬運設備、料理三餐、收拾排泄物，那該有多好。而遊河與遊海有許多地方相同。

我還能挑選些什麼？我喜歡做的事情、喜歡買的東西，幾乎都與某個板塊、某個產業的某個企業有關。

要是我覺得自己還算了解生產戶外設備的企業，我也能在「休閒產品」產業列表找到他們。大約有一百家企業，生產雪上摩托車、摩托車、高爾夫球桿、機動船以及滑雪板之類的產品。我在「服飾」分類，也注意到其他幾家企業。我曾購買哥倫比亞運動服飾與閃銀的戶外設備，他們的快乾短褲還有滑雪板固定器都不錯。就這樣，光是憑我在軍中服役、做嚮導、玩滑雪板、騎摩托車，以及身為一般消費者的經驗，就找出十七家我可能有興趣投資的企業。我把這些企業的代號輸入表格（見本頁下方）。

我在1980年代研究產業時可沒這麼容易，要花更多時間，因為我得在公共圖書館翻閱厚厚幾大冊的資料。最終我還是能達成同樣的目標，列出幾家我只要稍做功課，就能大概了解透徹的企業。如今你要研究就更容易了。只要思考你擅長什麼，喜歡什麼，如何賺錢、花錢這三個問題，就能立刻找出你已經很了解的幾十家企業。有了這份列表，你就可以開始挑選。

從我當河川嚮導的時期：	
ZQK	閃銀（Quicksilver）
COLM	哥倫比亞運動服飾（Columbia Sportswear）
HDI	哈雷（Harley-Davidson）
HED	海德體育用品（Head Sport）
BUD	安海斯－布希（Anheuser-Busch）
IDR	內西渡假村（Intrawest）

MTN	韋爾渡假村（Vail Resorts）
BKS	巴諾書店（Barnes & Noble）
BGFVE	Big 5 運動用品（Big Five Sporting Goods）
CAB	坎貝拉（Cabela's）
從我經常消費的地方：	
WFMI	全食超市（Whole Foods Market）
WMT	沃爾瑪（Wal-Mart）
WAG	沃爾格林（Walgreens）
SBUX	星巴克（Starbucks）
OSI	澳美客牛排館（Outback Steakhouse）
從我在特種部隊服役的時期：	
SWB	史密斯威森（Smith & Wesson）
RGR	儒格（Ruger，全稱 Sturm, Ruger & Company）

你只要稍微有些閱歷，曾經購買產品與服務，做過一兩份工作，那你應該知道許多企業。要找到對你來說有意義的企業，其實沒那麼困難。看看巴菲特投資的企業：汽水、速食、糖果、刮鬍刀、遊樂園、電視、報紙、銀行、住房拖車、家具店、鑽石店……你熟悉的企業其實多得很。應該說家數太多，你還需要仔細分析，以第一守則來評估，以縮小範圍。

> 遵循第一守則的投資人，沒有把握是不會出手的。沒有灰色地帶。他們要嘛就是絕對了解這家企業，要嘛就是絕對不了解。在這本書裡，你會看見我多次提醒你，要了解你考慮投資的企業。因為當你按照第一守則來投資，你就等同於整間企業的企業主，而讓企業主垮臺最快的方法，莫過於不了解自己即將買進的企業。

學員凱西的三個圓圈

我鼓勵每一位學員畫出自己的三個圓圈，看看結果會是什麼。我的一位學員完成這項練習後，她自己看了都覺得意外，三個圓圈裡竟然能出現這麼多企業。她的結果如下：

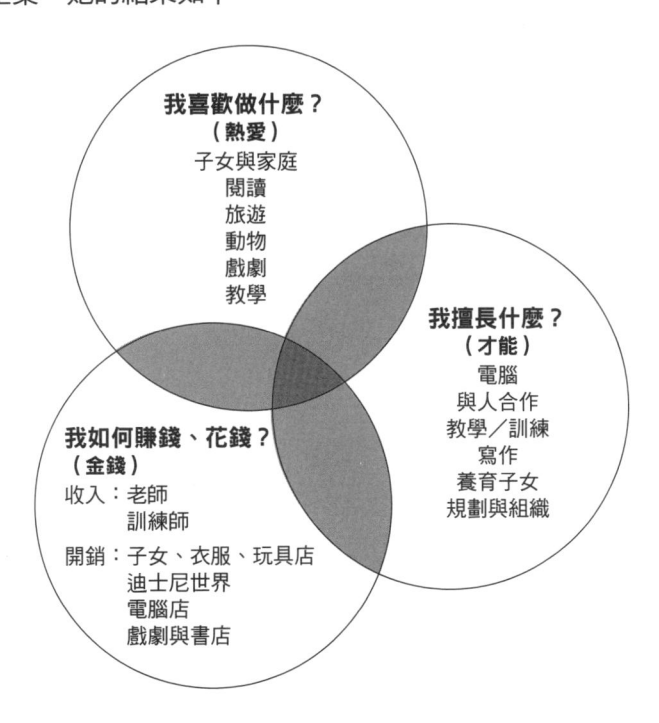

我喜歡做什麼？
（熱愛）
子女與家庭
閱讀
旅遊
動物
戲劇
教學

我擅長什麼？
（才能）
電腦
與人合作
教學／訓練
寫作
養育子女
規劃與組織

我如何賺錢、花錢？
（金錢）
收入：老師
　　　訓練師
開銷：子女、衣服、玩具店
　　　迪士尼世界
　　　電腦店
　　　戲劇與書店

凱西立刻發現，三個圓圈裡都出現教學與子女，而訓練、電腦以及戲劇，則同時出現在兩個圓圈裡。這五項興趣與八個產業有關：

興趣	產業
教學與訓練	教育與訓練 出版
子女	服飾店 商品目錄商店 玩具店
電腦	個人電腦 應用程式軟體
戲劇	電影製作：戲劇

> 這八個產業涵蓋三百多家企業，凱西身為母親，同時也是老師，很熟悉這些產業的企業，因此研究起來應該不費力。

等到你開始實踐第一守則，你會漸漸發現，市場的哪些領域是你了解的，哪些又是你應該避開的。（你也會發現你想探索、想了解的領域，進而去做必要的研究。）但有的時候，你只能靠自行摸索來了解。也許你至少有過一次這樣的經驗：你自以為很了解某企業或產業，結果你一投資，它就倒閉，最後讓你感覺自己被甩了一巴掌。我可曾有過誤解某個產業、結果損失慘重的經驗？當然有，而且這都是我學習歷程的一部分。

那次是我投資一家電腦公司。這家公司有的是人才、資金，還有一位青史留名的領導者（史蒂夫・賈伯斯）。那是 1985 年，賈伯斯離開蘋果，要打造一個遠勝 Windows 與蘋果的作業系統，他稱之為 NeXT。他鼓勵像我這樣的投資人直接投資 NeXT，或是投資 NeXT 電腦搭載軟體的開發商。我當時也打算投資軟體公司，因此接觸不少程式設計師與電腦玩家。我自以為很懂電腦界，而且我認識的每一位程式設計師，都說 NeXT 電腦是最適合開發商的平臺，也是最佳作業系統。最漂亮的機器，最炫的新玩意，NeXT 電腦應有盡有，唯一的問題是與微軟 Windows 並不相容。與此同時，微軟的產品仍然稱霸業界。微軟的地位，說穿了就是無可動搖。

如果你在 1988 至 1991 年曾參加過電腦排版展，那你應該看過非常獨特的 NeXT 灰階顯示器。然而，這款顯示器到了 1993 年卻幾乎絕跡。我損失了 500 萬美元，但與曾競選美國總統的企業家羅斯・裴洛（Ross Perot）、卡內基梅隆大學、史丹福大學以及康柏電腦這幾位投資人的損失相比，簡直不值一提。我承認，這筆投資從一開始就不太符合第一守則，因為無論是 NeXT 還是軟體公司，都缺乏能通過全數四個 M 檢驗的實績。但當時的我急著要上車，何況有賈伯斯這種等級的人物號召，當然就……

這次經驗帶給我兩個寶貴的教訓：（一）缺乏實績、未來難以預測

的企業，本就有很大的風險；以及（二）別碰你不懂的企業。巴菲特都承認他不投資微軟，是因為不懂電腦科技，那我幹嘛投資一款全新電腦的軟體？當時的我年少無知，以為違反守則也不會有事。現在的我年長懂事……呃，至少年長是確定的，我希望你不要犯我曾經犯的錯。

投資的第一步，是尋找你覺得你了解的企業，再研究這些企業的數據。盡量別聽內心那些自大又情緒化的聲音，以免被帶偏方向。第一守則非常簡單明瞭，導致很多人以為自己可以輕易改良它。但如果你真這麼做了，那等著你的就是虧損。

尋找你覺得你了解的企業，不一定要使用網際網路。只要想想你經常去哪裡購物，又經常買些什麼，以此為起點，就不難找到你了解的企業。例如你可能不了解複雜的製鞋業，但你如果只穿耐吉（Nike）的鞋子，經常購買耐吉的服飾（正好也喜歡你所接觸到的耐吉的一切），那就是個好的起點。看看你的信用卡帳單還有支票簿，了解自己的錢都花到哪裡去。想一想：「投資什麼樣的企業，會讓我感到自豪？」我覺得只要你還在生活、還在工作，應該就能找出至少十五家你了解的企業。

接下來，真正的功課要開始了。你必須了解這些企業有沒有**護城河**。

> 等到你依據這本書教你的每個步驟，找出幾家符合第一守則各項標準的理想企業，你就有了一份觀察清單。清單上列出的企業，你每週只需花十五分鐘觀察即可。

| 第四章 |

找出護城河

沒人規定你一定要學習……也沒人規定你一定能活下去。
——愛德華茲・戴明（W. Edwards Deming, 1900-1993，美國物理學家）

第二個 M 的問題：這家企業可有廣大的護城河？

你要買下一家企業的股票（抱持的是「我要買下整家企業」的心態，因為你了解這家企業，也會因為持有這家企業而感到自豪），首先要知道的，是這家企業的未來能否預測。你當然會想投資前景看好的企業，也就是未來還會持續成長幾十年的。但如果你不敢斷定它前景看好，那這家企業的未來就不可預測，而遵守第一守則投資法的你，不會買進一家前景不明的企業。

這一章首先要告訴你，如何**判斷**一家企業能否成功，是否至少在未來二十年，都能持續有好的表現。一家企業必須擁有持久的競爭優勢，或是巴菲特先生說的「恆久的競爭優勢，能抵禦攻擊，正如保護城堡的護城河」，才能在未來二十年穩定發展。換句話說，我們要投資的企業，必須擁有寬寬大大、無法輕易跨越去攻打城堡的護城河。我們希望有堅實的屏障，能抵禦想分一杯羹的競爭對手。

值得投資的成功企業，必須擁有寬寬大大的護城河，
因為有寬廣護城河的企業，

未來二十年的發展，會遠比沒有護城河的企業穩定。

有些讀者可能已經熟悉護城河的概念，但我還是建議你繼續看下去，再次了解這個概念有多重要。首先我會概略介紹護城河的特質，接著再告訴你從哪些財務數字，可以「看出」企業有一道大大的護城河。

什麼是護城河？

護城河的概念非常簡單。如果產業看起來沒什麼門檻，那大概就沒有護城河。如果看起來很難進入也很難成功，那大概就具備寬寬的護城河。

舉個例子，在我小時候，我們家在奧勒岡州有一處小農場，裡面有一棵櫻桃樹。我要進入櫻桃產業，只需要爬上櫻桃樹摘櫻桃，請祖父帶我到櫻桃收集站，那邊的人會將我的收成秤重，隨機取樣測量，再付錢給我。就這麼簡單。我要進入櫻桃產業，完全沒有任何障礙。之所以沒有障礙，是因為雜貨店的人，並不是很在意櫻桃來自哪個農場。櫻桃是大宗商品，所以一個農場生產的櫻桃，跟另一個農場生產的差不多。販賣大宗商品的企業沒有護城河。你持有一家大宗商品企業，面對競爭對手時就毫無抵禦能力。競爭對手想攻占你的城堡，你也沒什麼辦法能阻擋。只要他們種出比你便宜的櫻桃，你就等著倒閉。我們不想要沒有護城河的企業，因為超難賺錢。隨便問一個開農場、藥局、熟食店、加油站或T恤店的人就知道了。這些生意要賺錢都很難，因為他們本質上都是這樣的商品事業。

我要是退出櫻桃產業，轉而與可口可樂、百事可樂競爭，會如何呢？這兩家企業好像賺很多錢。但你覺得困不困難呢？假設我還有一棵神奇的樹，會長出一罐罐的可樂，滋味跟正版的一模一樣。那我可不可以採收可樂，拿到店裡去便宜賣掉，跟可口可樂競爭？不行。店家冰箱的空間是有限的，已經被可口可樂與百事可樂占滿，因為顧客到店裡就是指名要買這

兩個品牌的可樂。顧客之所以會買這兩個品牌，是因為這兩個品牌整天在電視上打廣告。店家不需要花一毛錢的廣告費（而且有些店家如果只販售這兩種品牌的可樂，或是陳列在顯眼位置，還會拿到豐厚的獎金）。所以說，店家怎麼會想浪費能用來陳列這兩家品牌的寶貴空間，轉而用來陳列我那沒沒無名的可樂呢？答案是：當然不會，他們半點空間都不會給。

那我要怎麼賣我的可樂？如果我難以回答這個問題，那顯然，可口可樂與百事可樂就有著一道寬寬的護城河，像我這樣的競爭對手，很難跨越雷池一步，去攻占他們的城堡。就算我家的樹能長出免費的可樂，大概還是沒有店家願意賣我的可樂。

對於企業主來說，擁有寬廣的護城河，就代表競爭對手很難取勝。可口可樂的售價遠高於一般的可樂，但想買可口可樂的人不會在乎。一般的可樂即使降價，也無法與可口可樂競爭，這就代表可口可樂擁有寬廣的護城河。你要想與 eBay 競爭也很困難，因為 eBay 擁有世上最大的線上拍賣市場。吉列有大批死忠粉絲，所以也不容易被打敗。迪士尼、箭牌（Wrigley）與蘋果也是如此。

擁有寬廣護城河的企業，還有一個更驚人的好處，就是能跟上通貨膨脹。換句話說，可以因為成本變高而提高售價。可口可樂、吉列刮鬍刀、星巴克大杯那堤，現在的價格都比以前高，但大家還是會買。

並不是只有產品受歡迎，才代表有護城河。很多人討厭微軟，但還是使用 Windows，因為 Windows 搭載的軟體太多，不得不用。（還記不記得我的 NeXT 故事？我和跟我一樣投資 NeXT 的人，都無法跨越微軟的護城河，攻擊微軟的城堡。）Linux 這樣的競爭對手，可以（免費）贈送作業系統，卻還是無法撼動微軟的市占率。改換作業系統實在太痛苦，很多人望而卻步。小鎮的鎮民，也許不喜歡本地的沃爾瑪影響到鄰居五金店的生意，卻還是會在沃爾瑪買榔頭，因為價格便宜到難以抗拒。沃爾瑪的價格就是它的護城河。

> 遵守第一守則的企業，永遠不受通貨膨脹影響。這就是圍繞城堡的護城河的作用：能抵禦通貨膨脹以及競爭對手的影響。擁有護城河的企業，不會受到通貨膨脹影響，因為經商成本一旦上漲，他們也會調漲價格。擁有寬廣護城河的企業，也就是符合第一守則的企業，可以調漲價格，因為他們在市場有壟斷地位。壟斷的意思，就是能隨意漲價。

護城河也可以是其他企業無法仿效的商業機密。可口可樂除了有品牌這個護城河外，廣受歡迎的口味也是商業機密，他們自己都難以突破。可口可樂也曾經推出新配方，名為新可口可樂，結果營收重挫。大家喜歡的還是將近一百年來的原版可口可樂。別的公司要是能模仿，早就模仿了。但模仿也追不上原版。你想喝可口可樂，就只要買可口可樂。就算能百分之百複製可口可樂的配方，也還要與這家企業的品牌以及全球通路競爭。真是固若金湯的護城河。

製藥巨擘輝瑞（Pfizer）的護城河，則是藥品的專利。這可是有法律保護的護城河。英特爾（Intel）的護城河，在於多年製造晶片的經驗。你必須聘請英特爾的員工，才能得到他們的知識。

太平洋瓦電公司（PG&E）之類的公用事業公司，則是用政府法令保護自己。這家公司在營業範圍內，是唯一有權供電的公用事業公司，所以具有壟斷地位。在美國加州想要用電，就必須向太平洋瓦電公司購買，不然就得自己想辦法發電。公用事業就像收費橋。想順利渡河就必須付費，不然就得自己造船。這種收費橋企業，多半是政府製造的獨占權，但也不見得一定是。大多數的廣告公司與媒體公司，都是收費橋公司。你想在華盛頓特區的報紙登廣告，大概就會在《華盛頓郵報》（*Washington Post*）刊登，那就必須付費給這家報社。時代華納（Time Warner）是一家收費橋公

司。Google 也是。

企業擁有護城河，等於擁有一種恆久的優勢，競爭對手難以撼動其地位。擁有護城河的企業，不見得擁有標準的「獨占權」（意思是獨家控制市場的某個區域），但一定是業界數一數二的知名企業。

五大護城河

類型	定義	舉例
品牌	你願意花更多錢購買產品，因為你信任這個品牌	可口可樂、吉列、迪士尼、麥當勞、百事可樂、耐吉、百威（Budweiser）、哈雷
機密	企業擁有專利或商業機密，直接與其競爭要嘛違法，要嘛極為困難	輝瑞、3M、英特爾
收費	企業獨家控制市場，所以能向需要產品或服務的人收取「費用」	媒體公司、公用事業、廣告公司
改換	一家企業已經成為你的生活的一部分，改換並不划算	ADP、Paychex、布洛克稅務公司（H&R Block）、微軟
價格	企業可以將產品價格壓低到無人能競爭	沃爾瑪、好市多、萬能衛浴（Bed Bath & Beyond）、家得寶（Home Depot）、目標百貨（Target）

第一守則投資人之所以那麼喜歡護城河，是因為擁有護城河的企業，其未來較容易判斷。與必須面臨削價競爭的企業相比，擁有五大護城河的其中一種、甚至不只一種的企業，無論是生存還是成長都容易多了。因為我們身為第一守則投資人，會把自己買進的企業，當成全家人未來百年唯一的收入來源，所以我們要確定它擁有護城河。

能持久的護城河

如果你是一家很想防範外敵入侵的企業，那你的護城河也一定要能**持**

久。要記得，你我都需要這家企業繼續經營二十年，所以產品與產業能否持久非常重要。企業需要做的，不只是生產優質產品而已。可口可樂的競爭優勢已經存在一百年。競爭優勢之所以能延續，是因為公司將可口可樂機密的糖漿配方，當成公司的命脈保護，也的確是命脈。但可口可樂公司也會保護銷售通路，與百事可樂爭搶每一個零售據點。這種種作為，都能保護可口可樂的護城河，但可口可樂要是放鬆戒備，無法保護自家的護城河，百事可樂的大軍總有一天會長驅直入，直搗可口可樂的大本營。

微軟多年來不斷提升技術，迎合消費者與企業日新月異的需求，藉此保護自己的護城河。微軟並沒有以為依靠過時無用的技術，就能立於不敗之地。就在我寫下這段文字的同時，比爾・蓋茲正因Google而頭痛不已，因為Google的搜尋引擎正在繞過他的護城河。他是該擔心，因為Google已經想出辦法，既能賺大錢，又不必向網站使用者收費，而且消費者也不需要改用其他電腦或是作業系統。Google是以Linux為基礎，所以完全不需使用微軟的產品。Google的護城河，在於智慧搜尋的巨大領先優勢。蓋茲正在思考如何跨越這道護城河，才能摧毀競爭對手。這是**機密**護城河，也已經變成**品牌**護城河。Google能否善加操作與消費者的關係，好讓以後再也沒人想用Windows？在某些科技圈子，這是很重要的問題。所以大戰還在激烈進行。微軟的護城河能持久嗎？Google的呢？

> 一家企業並不是一定要具備幾種護城河，才值得投資，不過你應該會發現，企業的護城河越寬，越有可能具備幾種護城河。舉個例子，可口可樂與微軟除了品牌形象良好之外，也具備其他類型的護城河。你不必特地費心去計算一家企業有幾條護城河，而是應該找出它最難跨越的那條護城河，也要確認這家企業能長年保有這條護城河。

你想要一臺堅實、狂野、能吸引職業摩托車手欽佩目光的摩托車，

那只能選擇哈雷。你騎著別家廠牌，參加一年一度的斯特吉斯（Sturgis）與戴通納（Daytona）大型車聚，只會慘敗。哈雷的車主花錢購買的，是哈雷摩托車的外型、聲音、質感與特性。沒有第二種選擇。哈雷摩托車已經存在數十年，未來數十年還會屹立不搖。但在 1970 年代，這家企業面臨來自日本的激烈競爭。本田（Honda）砸下重本與哈雷競爭。從技術層面看，本田生產的摩托車品質較佳，而且價格遠低於哈雷。但本田摩托車的聲音不像哈雷，騎起來不像哈雷那樣狂野，也無法像哈雷一樣吸引欽羨的目光。可想而知，本田摩托車雖然看起來幾乎跟哈雷一模一樣，但摩托車騎士始終不覺得本田是哈雷。現在的日本人還會將哈雷摩托車進口到日本，因為與國內生產的摩托車很不一樣。大家想要的是哈雷，要買的也是哈雷。哈雷的護城河，來自哈雷的獨特性，公司也以專利、律師團以及行銷，來捍衛自家地盤。哈雷找到了可永續的品牌護城河，那就是哈雷的外觀、聲音與質感。我們能否斷定，二十年後哈雷還在？

擁有寬廣且持久的護城河的企業，倒閉的機率遠低於沒有這樣護城河的企業，其長期獲利也容易預測得多。因此，選擇擁有可持久之護城河的企業，是較為穩妥的投資。

> 很多投資人犯的錯誤，是以為股價以及股價的漲跌，與企業和對手之間的競爭有關，用我的話說，就是與企業的護城河有多寬廣有關。舉個例子，過去七年來，百事可樂的股價表現，遠遠超越可口可樂。但是要記住，我們買的不是股票，而是企業。既然要買企業，就一定要知道股價會受很多因素影響，而這些因素，往往與公司是否優質、護城河是否寬廣無關。
>
> 有個很好的例子（請參閱第 63 頁圖表）：百事可樂在 1998 年的價值是每股 44 美元，可口可樂是每股 42 美元（我們在第九章會詳細探討如何判斷價值，也就是企業的標價）。在市場上，百事可樂的實際股價是每

股30美元，比公司價值大約低30%。而可口可樂的實際股價是每股90美元，比公司價值高出約200%。後來可口可樂的市場價格下跌，百事可樂的市場價格上漲。想不到吧！

要知道，從一家企業的護城河，能判斷的是這家企業是否還能經營二十年，而不是我們現在應該以怎樣的價格買進。護城河很大的企業，價格往往被嚴重高估，所以也可能像世界末日般崩跌。不過一家企業如果真有超大護城河，那幾乎可以保證其明天會比今天更燦爛。我們第一守則投資人，指望的當然就是這個「明天」：買進價值被眾人低估的股票，從中得到的升值報酬。

剛接觸到第一守則的人，有時會認為：擁有廣大護城河的企業，其價格通常遠高於其價值；所以這些企業的價格，也會永遠遠高於其價值。不是這樣的。絕對不是這樣。如果是這樣，那你我必須趕在其他人尚未注意到之前，就先找到有寬廣護城河的企業，才能享有大大的安全邊際。我不知道你有沒有這種本事，但我沒那麼聰明，沒辦法總是如此。我只要一直照著有用的辦法去做就好：找到顯然有寬廣護城河的企業，等到這些企業的價格遠低於其價值時，就加以買進。

你如果在1980年買進可口可樂股票，那二十五年後，也就是2005年，報酬率會是12%。你在1980年買進百事可樂，你的投資報酬率也會是12%。所以這兩家企業的產品、品牌護城河，以及市場的長期複合報酬率幾乎一模一樣。但看看股價表，就能看出明顯差異。報酬率其實是一樣的，但看起來確實是百事可樂表現更好。其實這是因為可口可樂的價值在1990年代末被嚴重高估，後來又被市場重新估價。

我們該做的，是找到顯然具有寬廣護城河的企業，在市場嚴重低估其價值時買進，在市場嚴重高估其價值時賣出。要是反其道而行，也就是在可口可樂價值40美元的時候，以90元買進，這可不是個好主意。我們要的反而是以90元賣出。這些擁有寬廣護城河、價值被高估的企業，

> 是會崩跌的,所以我們有機會以很好的價格把它買回來,等十幾二十年後,其價值再度被高估時賣出。但要做到這點,就要對護城河有信心。

如果僅憑直覺判斷,那想了解企業是否有護城河並不容易。第一守則投資人不靠猜測,而是靠觀察五個數字來找出護城河。這五個數字就像對準著企業的放大鏡,讓我們能看清企業的體質,也了解究竟能不能將他們歸類為理想企業。

五大數字

一家企業如果具備五大護城河的至少一條,就會顯示在五大數字之中。這五大數字足以證明護城河的存在。企業要是沒有護城河,這五個數字也不會理想。如果你看到的五大數字都不理想,那我可以向你保證,要預測這家企業的未來恐怕很難。這家企業可能並不像你以為的那樣擁有護城河,或是有美好的未來。這五大數字實在太重要,我**絕對不會**買進一家五大數字不漂亮的企業。這五大數字是:

一、投入資本報酬率(ROIC)
二、營收成長率
三、每股盈餘(EPS)成長率
四、每股淨值(BVPS)成長率
五、自由現金流量(FCF)成長率

這五大數字在過去十年來,每年都應該**大於或等於** 10%。

可口可樂公司

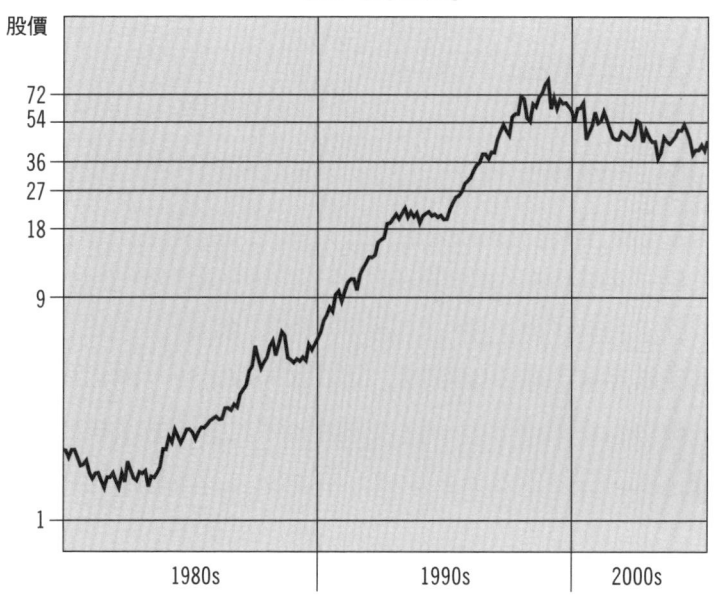

▶ 你投資可口可樂，二十五年來的複合投資報酬率是 12%。

百事公司

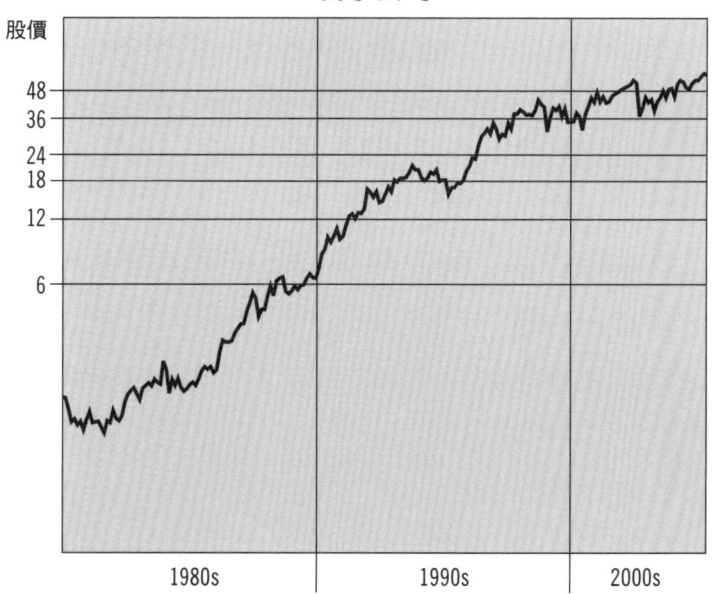

▶ 你投資百事可樂，二十五年來的複合投資報酬率是 12%。

投入資本報酬率（ROIC、ROC、ROI）	十年來每年大於或等於 10%
營收成長率	十年來每年大於或等於 10%
每股盈餘（EPS）成長率	十年來每年大於或等於 10%
每股淨值（BVPS）成長率	十年來每年大於或等於 10%
自由現金流量（FCF）成長率	十年來每年大於或等於 10%

　　雅虎財經（Yahoo! Finance）、MSN 財經（MSN Money）之類的財經網站，提供多家企業的數百種數據，但這五大數字有時卻必須付費才能看到。這五大數字對於第一守則投資人來說非常重要，所以我要逐步教你如何運用**免費**資訊，計算這些重要的成長率數據。這會是第六章的主題。但首先，我們在下一章要先探討，從這五大數字中能看出些什麼，又要如何憑藉這五大數字，看出企業是否有寬廣的護城河。習慣這些數字要花些時間，所以要有耐心。你是否還記得在小學一年級時，要學會二加二等於四有多辛苦？好吧，也許對你來說沒那麼辛苦，但一開始確實需要用手指來計算。認識這五大數字，比學算術容易得多，因為有電腦與計算機幫我們的忙。

| 第五章 |

關鍵的五大數字

> 人類極為討厭動腦，即使知識很容易取得，
> 大多數的人依舊寧願無知，也不想稍微付出一點努力來獲取知識。
> ——山繆・詹森（Samuel Johnson, 1709-1784，英國詩人），引用自包斯威爾（James Boswell）著作《詹森傳》（*Life of Samuel Johnson*）

就算我們以為判斷企業有無護城河很容易，也不代表我們就能告一段落，轉而研究企業的管理（也就是第三個 M）。首先我們必須探討五大數字，**確認**企業的體質。我要判斷企業能否帶給我每年至少 15% 的報酬率，就會看這五大數字。換句話說，這五大數字是重要指標，能用來判斷企業在未來是否穩定，能否達成預期的報酬率。我們也會稍微看看負債。我覺得企業的負債並不算是五大數字，但我們確認過五大數字沒問題之後，還是要看看債務數字（五大數字若很漂亮，那通常債務數字也會很漂亮）。

要記住：這五大數字在過去十年來，每年都應該**大於或等於** 10%。我們也該看看五年以及一年的數字，與十年的數字相比，確定企業的業績並沒有減緩。但你如果想儘早學會評估企業的方法，想盡量減少觀察的數據，那一開始也可以只看十年平均值，只要它超過 10% 那就進入下一步。

我們這就看看五大數字的含意。現在先不用在意如何計算，先了解它們的含意，如何計算就等稍後再來研究。

065

投入資本報酬率（ROIC）

投入資本報酬率（ROIC）是企業每年投資自己的現金的報酬率。舉個例子，假設你家的孩子們拿200美元，開了一個賣檸檬水的攤子。他們的「投入資本」是200美元。一週後，孩子們拿著300美元回家，扣除200美元的用品、薪資，以及在影印店印製傳單的費用，獲利是100美元。投入資本報酬率，就是獲利除以投入資本。這個例子的投入資本報酬率很驚人，100美元除以200美元，就是50%。僅僅一個禮拜就能有這麼高的報酬率。相較之下，若是將200美元存在銀行，年利率2%，那一個星期的獲利還不到10美分。我們來看看：100美元與10美分，哪個比較好？更別說你的孩子肯定能從中學到些什麼。

總而言之，投入資本報酬率，就是你投入自己企業的現金所得到的報酬率。從這個數字可以看出公司投資在營運的資金（無論是借的還是自有）所發揮出的效益；因此，也能顯示出公司的管理團隊，能否善用公司投資在自家營運的資金。健康的投入資本報酬率，是公司管理階層與股東站在同一陣線的首要跡象之一，這點在我們後續的研究非常重要。

你若是問我，五大數字哪一個最重要，我會請你先看投入資本報酬率。一家企業的投入資本報酬率要是不理想，也就是過去十年來，平均每年並未超過10%，那你就該另尋一家企業。擁有可靠護城河的企業，投入資本報酬率幾乎都很漂亮，因為有護城河在，企業就不會一再承受競爭對手的價格壓力。應該說，這種有護城河保護的企業，反而會迫使**其他人**削價競爭，而削價競爭是很難賺到錢的。

我們希望企業多年來的投入資本報酬率始終理想，也就是過去十年來，平均每年至少10%。我們不希望投入資本報酬率下降，而是希望它上升，至少維持不變。只看十年平均值是沒什麼問題，不過最好看看投入資本報酬率的三個數字：（一）十年平均值、（二）過往五年的平均值，以

及（三）去年的平均值。三個數字都參考，就更能了解公司的現況。

我們看看幾家企業截至 2005 年初的投入資本報酬率，看看能從中看出哪些端倪。（請參考第 68 頁的表）。每組企業彼此之間都是競爭對手。例如阿波羅集團（Apollo）與 ITT 教育服務（ITT Educational Services）競爭。甲骨文與賽貝斯（Sybase）競爭。通用汽車（算是）與哈雷競爭。全食超市與艾伯森超市（Albertsons）競爭。戴爾與捷威（Gateway）競爭。將這張表從左看到右，先看十年的投入資本報酬率，再看五年的，最後再看最近一年的。我們當然希望每一類型的數字都超過 10%，能成長就更好了，從十年平均到五年再到一年，能一路成長就更好了。

僅憑你在這裡看到的投入資本報酬率，**你會選擇投資哪一家公司？**

我們比較長期的投入資本報酬率數據，就會發現阿波羅集團、哈雷、全食超市，以及戴爾的投入資本報酬率數據，是不斷上升或持平。甲骨文、ITT 則是有起有落，但仍遠高於 10% 的最低標準。賽貝斯最近有所復甦。通用汽車與艾伯森超市最近持平，但數字低到不值得考慮。捷威的投入資本報酬率則是像自由落體般下墜。

要記住，我們希望投入資本報酬率保持穩定，或是不斷上升。阿波羅集團與 ITT 屬於教育業。兩家數據都不錯，只不過阿波羅集團較為穩定。全食超市與艾伯森超市是競爭對手。雜貨業的毛利率本來就很低，所以也情有可原，但請看看這兩家投入資本報酬率的差異。全食超市的投入資本報酬率越來越高，艾伯森超市則是越來越低。你覺得哪一家有護城河？

通用汽車與哈雷算是類似的產業。看看通用汽車那越來越低、簡直快要消失的投入資本報酬率。這代表這家企業瀕臨破產。哈雷的數字則非常健康。

那戴爾與捷威呢？哪家有護城河？這問題不難回答吧？戴爾打造了一條巨獸護城河，捷威則在想辦法跨越它。看樣子捷威已淹死在戴爾的護城河裡了。你會想拿錢投資捷威，指望他們比以前更懂得善用資金？還是想

企業	十年投入資本報酬率	五年投入資本報酬率	一年投入資本報酬率
阿波羅集團 [1]	32%	30%	36%
ITT 教育服務 [2]	171%	313%	46%
甲骨文 [3]	110%	182%	54%
賽貝斯 [4]	-21%	-24%	12%
通用汽車 [5]	3%	1%	1%
哈雷 [6]	16%	18%	18%
全食超市 [7]	7%	10%	12%
艾伯森超市 [8]	9%	6%	6%
戴爾 [9]	43%	43%	42%
捷威 [10]	-10%	-50%	-113%

說明
1. 阿波羅集團（APOL）：提供高等教育課程給在職成人，校區與學習中心遍布美國、波多黎各，以及加拿大卑詩省。
2. ITT 教育服務（ETI）：另一家提供教育課程的企業，在美國各地開設學位與非學位課程。
3. 甲骨文（ORCL）：一家開發、生產、行銷、銷售企業用電腦軟體的企業。
4. 賽貝斯（SY）：另一家服務企業的軟體公司。
5. 通用汽車（GM）：美國歷史悠久的大型汽車公司之一。
6. 哈雷（HDI）：生產與企業同名的重型機車。
7. 全食超市（WFMI）：自然食物與營養補充品連鎖店。
8. 艾伯森超市（ABS）：販售食品與藥品的連鎖超市。
9. 戴爾（DELL）：經營電腦品牌，包括系統、桌上型電腦、筆記型電腦，以及企業系統。
10. 捷威（GTW）：另一家電腦製造商，生產多款桌上型電腦、可攜式電腦，以及電腦相關產品。

投資像戴爾這樣更可預測的企業？我會選戴爾，當然，價格還是得合理。

遺憾的是，對第一守則投資人來說，捷威則不具備「合理價格」。這家企業未達擁有護城河的標準，也就不符合我們對可預測性的要求，因此我們難以判斷這家企業的未來。無法判斷，也就無法估算企業價值。沒法估價，自也無從得知其現在的價值。要是我們不知道現在的價值還貿然買進，就等於單純猜測其現在的價格很便宜，所以一定會漲。但既然不能估

價，就不可能**斷定**其股價便宜。因此我們就只是在賭、在瞎盼望。無論怎麼稱呼都行，反正不叫投資。瞧，是不是只要一點數據，我們就能得出非常明確的結論？

要判斷一家企業是否擁有巨大的護城河，並不是只看投入資本報酬率。我們也必須要知道，這家企業仍在成長，對我們股東有益。為了要判斷這點，我們必須了解四項成長率：（一）營收成長率、（二）每股盈餘成長率、（三）每股淨值成長率，以及（四）自由現金流量成長率。

> 有些專業網站，會計算這五大數字，但使用這些網站是要付費的。在MSN財經、雅虎財經之類的免費網站，可以找到某些五大數字，其他就只能靠我們自己用原始數據計算。我在我的網站 ruleoneinvesting.com，提供五大數字個別的第一守則計算機，方便各位計算。但就算沒有我的網站，只要運用我在下一章介紹的超棒方法，你也可以輕鬆算出這些成長率。你只需要掌握十年的數據即可。從MSN財經之類的網站即可得到這些數據，你的線上經紀商網站若有提供研究工具，也應該有這些數據。為了學會第一守則投資法的訣竅，你也許要先熟悉一個網站，再試試其他網站，找出你覺得最好用的。本書採用的數據，多半來自MSN財經與雅虎財經。這並不代表你在其他地方，就找不到同樣的資訊。我的網站也會提供財經數據網站的連結。

四項成長率

我們必須掌握營收成長率、每股盈餘成長率、每股淨值成長率，以及自由現金流量成長率。從這些數字，可以看出企業過去幾年來每年的成長，而且如果數字始終穩定，就不難判斷未來的成長率。這也是判斷企業

當今價值的關鍵。

所謂**營收**，就是企業無論販售什麼產品，所得到的總金額。你家孩子們經營的檸檬水攤，賣了 300 美元的檸檬水。這 300 美元就是營收數字。就這麼簡單。營收在英文裡也被稱為「top line」，因為營收數字位於企業財報（具體來說是損益表）的第一行。企業每年都會申報營收數字（以及其他數字），我們就能看出企業的營收與去年相比，是否有所成長。我們希望能看到十年的數字，了解營收是否持續成長。若是持續成長，我們就能計算去年至今的成長率。

假設你家孩子今年的營收是 300 美元，明年的營收是 1000 美元，那營收就成長了 700 美元。這是好事，但真正重要的數字是成長率。我們只要讓電腦計算 1000 美元除以 300 美元，得到 3.33 的結果。這代表除了同樣的營收（包含在 3.33 裡的 1）之外，再加上 2.3 或 233%。所以這一年的營收成長率是 233%。想計算幾年的營收成長率，也很容易。我們快轉到未來，假設孩子們的檸檬水攤已經營了五年。在第五年，我們計算檸檬水攤這五年的平均成長率，就能知道檸檬水攤的經營情況。生意蒸蒸日上，去年營收達到 3000 美元。五年前的營收只有 1000 美元。

最正確的計算方法是利用我的成長率計算機，算出來的結果，是五年成長率達到 25%。（用我網站上的計算機，算起來輕而易舉。下一章裡，我會一步步教你如何心算或用紙筆概略計算。）我們可以計算十年、五年、一年（最近一年）的成長率，看看營收成長率是增加還是減少。知道了如何計算，就能算出全部四個成長率數字：營收、每股盈餘、每股淨值，以及自由現金流量。算過幾次之後，就會知道這是小事一樁。

下一個數字是 **EPS**（每股盈餘），代表企業每一股的獲利是多少。例如你家孩子們的檸檬水攤生意一飛沖天，需要購買許多用品，才能應付飛漲的需求。要購買用品，就需要外部資金。孩子們可以賣出一些股權換取資金。假設現在是檸檬水攤開業第七年，孩子們想把一半的股權，賣給

你們，也就是爸媽。他們首先將檸檬水攤開設成公司，就能將股權劃分成許多小小的持分，也就是股份。完成後，他們就有股份可以賣給你。他們決定發行 2000 股。他們可以發行的股數沒有限制，可以是 1 萬股，也可以是 100 萬股。整個蛋糕的大小不會改變，只是分成更多塊。

接下來孩子們必須知道，這家公司的價值是多少，才能定出每股價格。這家公司五年來獲利成長很快，約每年 25%。去年獲利 2000 美元。你對孩子們說，他們開的如果是一家大型上市公司，能有這樣的績效，會有很多基金經理人願意付大約成長率的兩倍，也就是去年獲利的五十倍左右，來買進這家企業的股份。所以這家企業如果是公開上市的大企業，有許多投資人，那價值也許是 10 萬美元。但你說這公司不大，也不是公開上市，在私人投資人眼裡，價值沒有那麼高。因為風險太高了，比方說：「你哪天想出場，你的持股能賣給誰？」這家企業才五歲，規模也很小，哪天規模變大，還能以同樣的速度成長嗎？而且要去哪裡籌措能應付如此快速成長所需的資金？管理層要是想退場，去讀高中，又該怎麼辦？

所以你跟孩子們都認為，這家企業不值 10 萬美元。也許值 10 萬的四分之一。就算 2.5 萬美元好了。如果這家企業價值 2.5 萬美元，一半的股份就價值 1.25 萬美元。孩子們同意以 1.25 萬的價格，將一半的股權賣給你。他們以總發行股數的一半，也就是 1000 股，來換取你的 1.25 萬。你以 1.25 萬美元，買進 1000 股，因此每股的買進價格是 12.50 美元。孩子們也發給自己股票，持有另一半的股權，所以孩子們也有 1000 股。孩子們並沒有花一毛錢買自己的股份。他們是企業的創辦人，創辦人辛苦將企業經營得有聲有色，所以通常可以免費拿到股份。

孩子們拿到你投資的 1.25 萬，再加上 2000 美元的現金獲利，接下來幾年，業績持續成長，每年獲利達 6000 美元。這家企業的股東（就是你與孩子們）持有 2000 股，6000 美元的獲利除以 2000 股，就是每股 3 美元。這就是每股盈餘的算法。這個例子的每股盈餘是 3 美元。每股盈餘在英文

裡又稱為「bottom line」，因為它通常位於財報（損益表）的最後一行。

跟看待營收的道理一樣，我們真正在意的，是每股盈餘的成長率。而每股盈餘成長率就像營收成長率，是從一年到另一年的成長率，以百分比表示。十年前的每股盈餘如果是每股 10 美分（100 美元除以 1000 股，因為當時爸爸媽媽還沒買進），現在的每股盈餘則是每股 3 美元，計算過後就會發現，十年的每股盈餘成長率，是每年 41%。

這可是很高的數字。我們現在想知道，股東們是把錢留著，還是買了許多設備，以求明年再創驚人的成長率。想知道答案，就要看看**每股淨值**成長率。

所謂淨值，就是你家孩子們要是把整個公司賣掉，並還清全數債務後，你與孩子們所能拿到的剩下的錢。孩子們要是不想再做生意，當然會想把公司賣掉。但若沒人要買，孩子們也可以只賣掉剩餘的糖和檸檬，並還清負債。假設他們手上還有檸檬、糖、製冰機、玻璃杯以及桌子，總價 8000 美元，另外還有 1 萬美元的現金，以及價值 1 萬美元的兩部卡車（這是運用獲利以及 1.25 萬美元的投資款，購買更多用品及設備後的剩餘）。他們沒有任何負債，所以總淨值是 2.8 萬美元（賣了用品拿到 8000 美元，賣了卡車拿到 1 萬美元，還有 1 萬美元的現金）。你與孩子們會依照持有股數來分配淨值。總共 2000 股，要分配的淨值是 2.8 萬美元，所以每股可分得 14 美元。這 14 美元就叫做**每股淨值**（BVPS），2.8 萬美元就叫做**淨值**或**帳面價值**。（又稱**清算價值**，也就是企業解散後的價值。）

這個數字與企業的價值不見得有關，因為握有許多房地產與機器的企業，例如麥當勞，其淨值相較於價值來說顯得相當龐大。而專注經營智慧財產的企業，例如 Google，則是淨值相較於價值來說顯得渺小許多。換句話說，工廠類型的企業與以知識或智財權為基礎的企業，淨值差異很大。然而，他們淨值的**成長率**卻可能相同，而且這數字非常、非常重要。從淨值成長率，可以看出企業有累積盈餘的能力，而這本身就是一種特長。與

其單純參考淨值,還不如參考**淨值成長率**來得更為實用。所以說,我們比較重視成長率,而不是那些用來計算成長率的數字。

> 淨值成長率為何如此重要?我的幾位學員問過我這個問題,也覺得納悶,淨值如果真的只是個「盈餘」,那從淨值成長率,真能看出一家企業的實力嗎?嗯,企業的淨值(「盈餘」)若是沒有成長,企業就沒有資金可用於擴展市場,或開發新產品。也許其獲利只被用於維持營運,例如興建新廠房(而廠房五年後可能就變得一文不值)。也或許該企業依循的是「為成長而成長」的路線。這種沒有意義的成長,通常會呈現出極低的投入資本報酬率,也就是說股東們,亦即我們這些遵循第一守則的投資人吃虧了。

在1934年出版的《證券分析》(*Security Analysis*)中,作者班傑明・葛拉漢表示,大多數企業無法累積多少淨值盈餘,因為他們把賺來的錢,全用於更新或維持營運所需的東西(設備、研發等等),以維持現狀。巴菲特注意到了這一點,於是開始尋找例外的企業,也就是那些逐年累積越來越多盈餘的企業。第一守則投資法的關鍵,就在於找出這些例外的、能累積盈餘的企業。所以,我們才要觀察淨值成長。這是能看出企業是否非同凡響的絕佳指標。

每股淨值或每股帳面價值,也是個很理想的指標,能看出巴菲特先生所謂的**內在價值**(intrinsic value),以及我所謂的「標價」,也就是企業的合理價值。巴菲特先生身為波克夏海瑟威(Berkshire Hathaway)的董事長,於2005年2月的信中寫道:「年度帳面價值的計算方式固然有其缺點,但在波克夏海瑟威依然很有用,是一種用來衡量我們內在價值長期成長率、卻不常被提及的指標。」因此,我們會認真觀察淨值成長率,來判斷企業的長期成長率,也就是標價。

> 淨值，就有點相當於企業不再營運、被結算出清時，把機器、庫存、房地產都賣掉，賣得的錢加上企業在銀行的現金，拿去還清債務後，股東們所能拿回家瓜分的剩餘現金。對任何企業來說，淨值都是其真實價值的重要成分，同樣屬於身為股東的我們。雖然當企業繼續營運時，淨值並不影響企業本身的價值。但從其過去的淨值成長率，確實能讓我們很好地評估企業真實價值的成長率。我們可以根據這個數字來判斷企業未來十年的可能價值。（更多關於淨值的介紹，請參閱名詞解釋。）

我們計算淨值成長率，就像計算營收與每股盈餘成長率一樣。回頭看看孩子們第一次把檸檬水生意的股票賣給你時，你投資1.25萬美元，企業的淨值就全是現金，1.45萬美元（你的1.25萬加上孩子們的盈餘2000美元）。如果這家企業五年前清算，每股價值應是7.25美元。孩子們若是決定在五年後，也就是現在來清算，企業淨值會是2.8萬美元，每股淨值是14美元。我們把五年前的淨值1.45萬美元，以及現在的淨值2.8萬美元，這兩個數字輸入計算機，就可以得出過去五年來的淨值或帳面價值成長率，是每年14%。（再次強調，下一章會介紹計算方法。我現在要表達的，是這些數字的含意。在這裡提到的「計算機」是廣義的，沒有特指哪一種計算機，因為你很快就會知道，如何以心算概略計算，或是用真正的計算機，算出正確的數字。）

最後，從現金可以看出企業的現金是否與獲利相符。尤其是現金**成長率**，更是可以看出現金是否隨著獲利成長，或是獲利只在帳面上而未實際入袋。我們要的，是**實質**的現金成長。

孩子們的檸檬水生意，是很棒的現金事業。雖會用到些器材來擠檸檬、碎冰、提供果汁，還會用到幾輛卡車，但也僅此而已。這代表企業的獲利，並不需要用於購買要價昂貴、且終究會一文不值而必須一再更新的

硬體設備。這家企業的獲利，幾乎全數都會成為銀行裡的現金。這筆現金可以用在企業的經營，也可以發給股東，就是所謂的股利。所謂股利，說穿了就是：企業把無法用於增進成長的多餘現金，拿來付給股東。我這個人有點懶，寧願釣魚也不要研究年報，所以我喜歡企業幫我把現金拿去投資，而不是拿給我，叫我自己再投資。我喜歡的是成長快速的企業，而不是發放股利的企業（不過在這章結尾，我會談談股利的祕辛）。五年前，你家孩子們的檸檬水生意有 1000 美元的現金。如今他們有 1 萬美元的現金。我們將這些數字輸入計算機，算出現金成長率是 58%。

> 企業在每季末會清點現金。到了下一季，企業通常會把前一季的現金，用於更新製造機械之類的資本財。剩餘的現金叫「自由現金」，則用於支付股利，或是當成營運資金，也就是用於擴展業績的錢。

一致性

我們希望數字的表現能始終如一。孩子們的檸檬水生意提供的數據不夠多，無從判斷這家企業是否持續成長（我們是可以找出所有數據，但他們已經至少十年沒營運了）。我喜歡有很多數據，也希望看到這些數字一年比一年高。以下是阿波羅集團十年來的五大數字：

	投入資本報酬率（ROIC）
過去十年（1995 至 2004 年）	32%
過去五年（1999 至 2004 年）	30%
最近一年（2003 至 2004 年）	36%

年份	1995	1996	1997	1998	1999	2000	2001	2002	2003	2004
營收	163	214	283	391	498	610	769	1009	1310	1798

每股盈餘	.08	.12	.19	.26	.33	.41	.60	.87	1.30	.77
淨值	55	88	124	200	231	261	481	700	1027	957
現金	12	15	36	26	31	83	120	224	287	400

注意：除了每股盈餘之外，其他數字均以百萬美元為單位（每股盈餘以美元為單位）。

　　投入資本報酬率向來是以百分比表示，而營收、淨值以及現金的原始價值，則通常以百萬美元為單位（每股盈餘則向來以元為單位）。然而，我們必須將這些數字，換算為成長率的百分比。算出成長率百分比，才能確認是否符合我們平均每年 10% 的最低標準。

　　在這個例子，阿波羅的投入資本報酬率長期保持不變，而營收（毛利）、每股盈餘、淨值，以及現金數字在 2004 年之前，幾乎年年上升。顯然這家企業表現穩定。我們把這四項數據繪製成圖表，如下圖所示（為了方便比較，我將數字換算成每股的數字）：

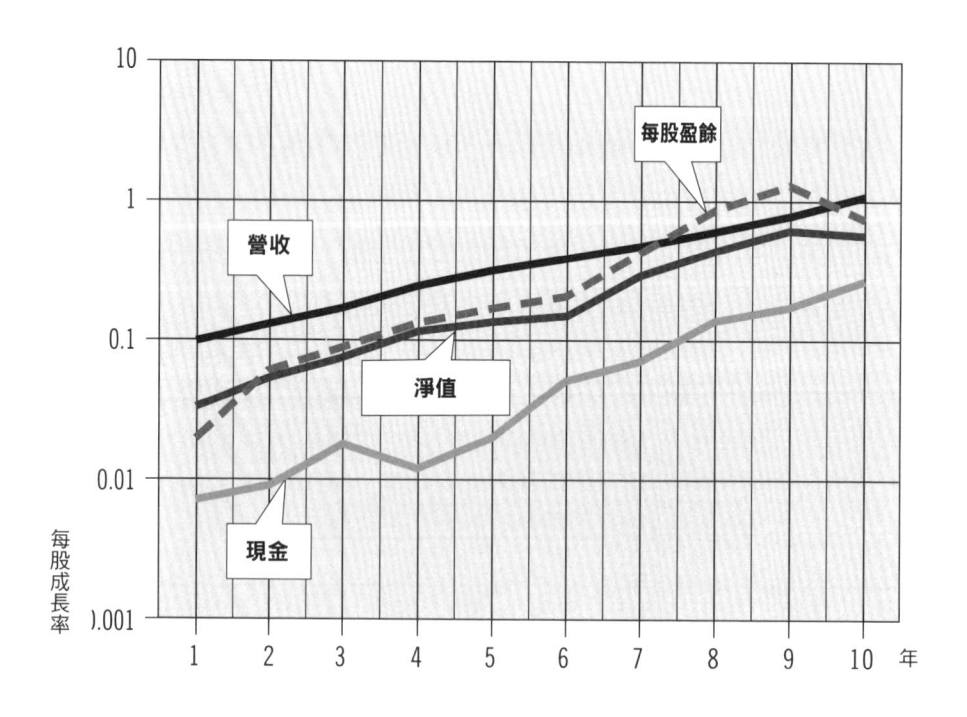

說回四項成長率

剛才說過,成長率與原始數字不同。上圖凸顯出從營收、每股盈餘、淨值,以及現金這四項數字的**成長率**,或多或少可以看出企業護城河的大小以及未來價值,所以非常重要。你想必能猜到,成長率是以百分比為單位,而不是百萬美元。在第六章,我會教你計算這四項數字,也就是營收、每股盈餘、淨值,以及現金的成長率百分比。現在,我希望你能先熟悉這些成長率,並藉此判斷企業的未來成長率。說到底,這就是成長率的重要之處:讓我們了解企業的未來,進而得知企業現在的價值。

與每年獲利只成長 5% 的企業相比,年年獲利成長 15% 的企業,其現在獲利的每一塊錢價值更高。此外,每年獲利成長 15% 的企業,大概有一條很大的護城河,所以比一家每年獲利成長 5% 且沒有護城河的企業,更**有可能獲利**。花同樣的價錢,買進有寬廣護城河且獲利迅速成長的企業,比起買進沒有護城河、打混度日的企業,來得更為理想;但通常沒人會笨到給這兩家企業同樣的定價。所以成長率才如此重要。我們今天付錢買的是對未來的預期成長率。較高的成長率,代表護城河存在,而護城河的存在,會讓預期成長率更有可能成真。這道理在後面的章節會更為明顯。

> MSN 財經之類的免費網站會計算某些成長率,但不會每種都算。其他網站會計算,也會發表不同年數的成長率,但想看這些數據需要付費(這些付費訂閱網站的價格也不一樣,最好先看看個別網站能提供哪些資訊、你又打算如何運用這些資訊。)也許你遲早會為了得到這些資訊而去訂閱某個網站(大多數專業人士都是如此),但最好還是自己也懂得計算成長率,以防萬一。這道理就像:我知道怎麼種玉米,萬一哪天需要,我也能自己動手;但平常我寧願到店裡買玉米,花錢請別人種。

要記住，我們要的是過去十年來的營收、每股盈餘、淨值以及現金，這四項平均每年成長率超過 10%。而且也要參考近五年及最近一年的數據，確認成長的速度沒有放慢。以下是阿波羅集團的四項成長率數據，分別依照 2005 年的近十年、近五年，以及最近一年來計算：

營收			每股盈餘			淨值			現金		
10	5	1	10	5	1	10	5	1	10	5	1
27%	29%	34%	29%	24%	-41%	53%	46%	2%	51%	68%	39%

備註：所有數字皆為年平均值。

將這張表從左看到右。先看十年成長率，再看看五年的，最後看最近一年的數字。我們要先確認每個數字都至少有 10%，也想看看從十年平均值到去年的成長率，整體趨勢是往上還是往下。

從這些數字可以看出，雖說營收成長率逐漸上升，每股盈餘成長率卻有所下降，淨值與現金成長率也是如此。光看表裡的數字，會覺得阿波羅集團表現不俗。但要是把這些數字換算為成長率，就會赫然發現阿波羅集團有些問題。

如果你想買進阿波羅集團，那就必須判斷這個拉低成長率的問題，究竟是阿波羅集團正努力解決的偶發事件，還是你不想淌的一灘難以收拾的渾水。所以我們才會說，了解你要投資的企業如此重要。若你不太了解，那這就不是你該投資的產業，因為這些數字也許已經告訴你，它的護城河已被攻破。

看見數字以及從數字換算出之成長率的差異，真的很有意思。運用數字計算成長率並不困難，下一章就會告訴你算法。你計算兩家互相競爭的企業的成長率，就能了解情況，知道誰在業界占上風（護城河較大）。

下表是阿波羅集團與 ITT 教育服務的比較（要記住：這些數字是這本書寫作期間，也就是 2005 年的成長率）。

企業	投入資本報酬率			營收			每股盈餘			淨值			現金		
	10	5	1	10	5	1	10	5	1	10	5	1	10	5	1
阿波羅集團	32%	30%	36%	27%	29%	34%	29%	24%	-41%	53%	46%	2%	51%	67%	39%
ITT 教育服務	171%	313%	46%	12%	14%	18%	25%	27%	26%	19%	29%	23%	29%	11%	-1%

備註：所有數字皆為每年平均值。

看看五大成長率的每一個數字。這兩家企業的投入資本報酬率以及營收數字都很理想（都超過10%），但無論阿波羅集團每股盈餘數字最近重挫的原因是什麼，都沒有影響到 ITT。阿波羅集團最近一年的每股盈餘成長率是 -41%，ITT 則維持在 26%。淨值成長率也是如此。阿波羅集團的淨值成長率重挫至 2%，ITT 則維持在 23%。但 ITT 的現金成長率重挫至 -1%。我得先弄清楚是怎麼一回事，才有把握投資這兩家企業。

下表是甲骨文與賽貝斯的比較：

企業	投入資本報酬率			營收			每股盈餘			淨值			現金		
	10	5	1	10	5	1	10	5	1	10	5	1	10	5	1
甲骨文	110%	182%	54%	12%	3%	15%	26%	18%	16%	31%	19%	29%	35%	16%	11%
賽貝斯	-21%	-24%	12%	-2%	-2%	1%	-11%	-49%	-21%	4%	12%	-1%	32%	-3%	-3%

備註：所有數字皆為每年平均值。

甲骨文與賽貝斯這兩家在資料庫市場的競爭對手，在五大數字的表現都平平。看看賽貝斯，看見那些負數了嗎？這家公司的成長率是朝著錯誤方向前進，這可不是好現象。再看看甲骨文，每股盈餘成長率從 26% 降至 18%，後來又降到 16%。現金成長率從 35% 降至 16% 再降至 11%。營收與淨值是先下降再回升。所以甲骨文的狀況不太明朗。是不是搞不太清楚是怎麼回事？這可不是我們要的。我們要的是**明確**。也許只是業績衰

退。也許這兩家都受到新科技的衝擊。但誰知道呢？你我都不需要知道。我們只需要知道這兩家公司遇到了些問題，而我們不想投資我們不了解其問題所在的企業。把這兩家刪掉。

下表是通用汽車與哈雷的比較：

企業	投入資本報酬率			營收			每股盈餘			淨值			現金		
	10	5	1	10	5	1	10	5	1	10	5	1	10	5	1
通用汽車	3%	1%	0%	2%	3%	4%	-4%	-11%	-3%	2%	5%	8%	-5%	-32%	167%
哈雷	16%	18%	18%	17%	15%	8%	23%	28%	20%	20%	17%	27%	33%	23%	74%

備註：所有數字皆為每年平均值。

通用汽車的每股盈餘成長率非常理想，但營收成長率遠低於 10% 的最低標準。雖說現金成長率節節上升，淨值成長率卻下降。還是好壞參半，狀況不明。你能判斷這家企業二十年後的處境嗎？我是沒辦法。這家企業的經營團隊也沒辦法。哈雷的數據也是好壞參半。注意他們目前的營收成長率，已經低於我們的最低標準。每股盈餘成長率也在下跌。這可要當心。會不會是嬰兒潮世代已經不買哈雷機車，下一代也不想要老爸的哈雷？好處是淨值以及現金成長率不斷升高。哈雷看樣子也是情況不明吧？

下表是全食超市與艾伯森超市的比較：

企業	投入資本報酬率			營收			每股盈餘			淨值			現金		
	10	5	1	10	5	1	10	5	1	10	5	1	10	5	1
全食超市	7%	10%	12%	20%	23%	26%	42%	28%	26%	18%	21%	24%	32%	64%	-10%
艾伯森超市	9%	6%	6%	14%	2%	11%	6%	9%	-30%	9%	5%	0%	53%	5%	2%

備註：所有數字皆為每年平均值。

全食超市的營收、每股盈餘以及淨值成長率都令人驚豔。每股盈餘成長率放緩到 25% 左右，但仍然很高（是我們最低標準 10% 的兩倍）。這是我們要的。但它現金成長率下降，我們必須了解他們的現金為何損耗。

另一方面，艾伯森超市則是遭到血洗。如果說企業就像城堡，那艾伯森超市會被炸成碎片。除了最近的營收之外，它的其他數字全都往下發展，而且沒有一個達到最低標準。不用想也知道這兩家公司哪家較理想。

> 要了解一間公司消耗自由現金的原因，並不困難。在全食超市的例子，我會登入他們的網站，去聽他們的每季報告。管理階層對投資人說，他們花了不少現金開設新門市。那這就沒什麼問題，往後就會看到新門市的效益。我在後面的章節，會詳細討論如何研究類似的問題。

下表是戴爾與捷威的比較：

企業	投入資本報酬率			營收			每股盈餘			淨值			現金		
	10	5	1	10	5	1	10	5	1	10	5	1	10	5	1
戴爾	43%	43%	42%	29%	14%	20%	38%	21%	17%	29%	23%	30%	53%	6%	6%
捷威	-10%	-50%	-113%	0%	-17%	6%	-35%	-115%	-17%	-16%	-37%	-15%	-23%	-28%	-53%

備註：所有數字皆為每年平均值。

戴爾的營收成長率以及淨值成長率都在回升。每股盈餘持續下降，現金成長率似乎停留在一個疲軟的數字：6%。戴爾的數字很大，看來即使最近成長有所趨緩，也還是有條大大的護城河。看看戴爾與捷威，不難判斷哪個比較強吧？（答案就是戴爾。你要是不知道答案，那就回頭重看這一章。這一次，請看得慢一點。）

如果你在研究戴爾，打算日後買進，那你會發現戴爾將半數的自由現

金，都用來買回自家股票。他們從淨值與現金中拿出 120 億美元，買回投資人手中的股份。

　　這其實並不是壞事。我要是持有戴爾的股票，認為股價遠低於標價（或是合理價），我也會想拿閒錢買進。為什麼？因為我花五毛錢，就能買到一塊錢的價值，而且其他股東要是願意便宜賣出自己的持股，那對我來說也是好事。因為我能持有的股份變多了，而且只要付出一半的價格，再划算不過。甲骨文的管理階層，就是拿著甲骨文幾乎全數的自由現金流量，做一樣的事。也許管理階層認為他們的股票很便宜。如果真是如此，那買回股票對其餘股東來說，就有莫大的好處。巴菲特就喜歡投資那些會趁自家公司股價便宜、買回自家公司股票的企業。然而，公司若是在股價昂貴時買回，那就對股東不利。我想我們也該知道股價怎樣算便宜、怎樣算昂貴，才知道一家公司有無得到妥善管理。我們在後面的章節會談到。

> 要記住這一點：公司若是趁自家股價便宜時，買回自家的股票，對股東來說是好事。但公司要是以高價買回自家股票，那可就不是好事。這樣做也許可說是投資自己，卻是以一種揮霍的方式。

去哪裡找五大數字

　　幸好我們如今再也不必從長篇大論、詰屈聱牙的年報，去挖掘所需的資訊。（我以前就得這樣！）MSN 財經與雅虎財經之類的免費網站，提供了一些實用的數據，讓我們可用於某些計算。MSN 提供十年的營收、每股盈餘，以及每股帳面價值（等於每股淨值）等數據，但現金的部分則只有五年數據。另外它也提供五年資本報酬率（與投入資本報酬率相同）的數據。專業網站當然能提供更好的服務，但使用者必須付費才能使用。有他們幫忙就能節省時間，而時間對專業人士來說，就是金錢。你一開始

可以先使用 MSN 網站的數據，製作類似這一章的阿波羅集團圖表，裡面有 1995 至 2004 年的所有原始數據。從這一張圖表，你就能看見五大數字中的四個，也就能迅速算出各項成長率。等累積了更多經驗後，你只需要看看五大數字，理想企業就會自然在你眼前浮現。

再來簡單說說關於參考會計文件與數字的注意事項。誰都不會覺得看這些東西很有趣（至少我就不覺得），所以最好的辦法是只看**重要**數字，不必理會其他的。無論你看的是 MSN 財經、雅虎財經，還是其他網站，你會發現大多數的數據，都以相同的通用格式呈現。你會看見公司的損益表、資產負債表以及現金流。損益表上的數字包括企業的收入、企業的成本，以及收入扣除成本所剩的金額（因此可以看到營收與獲利）。資產負債表的數字，代表企業的資產、負債，以及資產扣除負債的剩餘（也就是淨值）。現金流數字則包括流入的現金、流出的現金，及剩餘的現金（也就是自由現金流量）。有了這三份資料，我們就能掌握企業的五大數字，據此評估出也許適合第一守則投資法的企業。

你可能會在網站上看到一些不同的名詞，或是其他的講法，以至於你較難找到需要的數據。例如每股盈餘，有時又稱「稀釋標準化每股盈餘」，或是「稀釋每股盈餘」。但你只要看完我在書中介紹的例子，學會使用 MSN 財經與雅虎財經，就會累積足夠的經驗，懂得使用大多數的網站（也能看懂財務報表）。只要多加練習，無論你用的是哪個網站，無論你用的網站使用多花俏的語言，你都能成為挖掘數據、運用數據的大師（如果你被某個網站整理數據的方式，還有數據的名稱難倒，可以寫電子郵件告訴我。）

說實話，大多數專業投資人，其實有過度分析的毛病。對我們來說，值得投資的企業要嘛就會讓我們**一眼看見**，要嘛不會。要是不會，我們就繼續尋找。要是會，我們就進入下一步。

財務報表

在網路上很容易找到公司的財務報表。你可能需要一點時間練習，才能看懂財報，迅速抓出你需要的數字（也忽略其他的數字）。不過無論你使用的是哪個網站，財報的格式都是一樣的，所以很容易熟悉。財務報表包括下列文件：

- **資產負債表**：包括企業在某段時間的所有資產（企業擁有的）、負債（企業欠的），以及淨值（企業的資產減去負債）。從資產負債表，可以找到淨值與負債數字。
- **損益表**：包括企業的營收、支出，以及獲利。從損益表可以看到營收與每股盈餘數字。
- **現金流量（表）**：營運、投資，以及融資活動所造成的現金變化。可以看出企業的自由現金，以及支付的股利。

使用 MSN 財經

想看企業的財務數字，首先要輸入這家企業的股票代號。在 MSN 財經，輸入的空格位於螢幕最上方（在我寫這本書時，是在右上方）的「代號」，所以如果你要查詢耐吉，就輸入「NKE」。輸入的代號若是錯誤，程式會自動轉換成正確的代號，或是要你再提供一些資訊，才能讓它找到正確代號。在 MSN 網站顯示的耐吉資料當中，你會在網頁的左側看見一個欄位（很像網頁的空白處），列出各項資訊的連結。點選「研究」下方的「財務結果」，就會找到通往「財務報表」的連結。

要看投入資本報酬率，點選「財務結果」下方的「重要比率」，再點選「投資報酬」。「資本報酬率」就是你要找的投入資本報酬率。

要查詢淨值，就要前往「重要比率」的「十年概要」，就會看到「每股帳面價值」，那就是你要查詢的淨值。

要查詢每股盈餘與營收數字,前往「財務結果」,點選「財務報表」,再點選下拉式選單的「十年概要」。

要查詢現金流數字,點選「現金流」報表,再看最末行的「自由現金流」。

使用雅虎財經

雅虎是查詢產業資訊的實用工具,但只提供三年的財務數據,要研究四個 M 就沒那麼好用了。想參考產業資訊,前往 www.yahoo.com,點選左上方的「財經」。滑到網頁下方,看見左方空白處的選單。點選「產業」,就會出現「產業中心」網頁。

想看完整的產業列表,點選「完整產業列表⋯⋯」。每個產業都列在所屬的板塊標題之下。點選任何一個產業,都能看見此產業的概要。想看某個產業的所有企業,就點選「產業瀏覽器」。想看業界最佳與最差的企業,則點選「領先者與落後者」,再於下拉式選單中,點選你要的篩選標準。

使用專業網站

你若是使用專業人士付費使用的網站,就能得到更詳細的數據。我的網站(ruleoneinvesting.com)提供專業網站的連結,以下是其中幾個:

- Investor's Business Daily:www.investors.com
- Zacks:www.zacks.com
- 晨星:www.morningstar.com

一般而言,網站越花俏,提供的資訊越多,訂閱費用就更高。不過你要做第一守則投資法的研究,那只需參考免費網站即可完成絕大多數。等熟悉了評估方法後,你自然會更願意付費使用更高品質(亦即整理得更好)的數據。

那負債呢？

我在這一章的開頭說過，比起五大數字，企業的負債只是順帶一提的小事。我每次向大家介紹這些數字，總會有人問起負債，想知道我為何**沒有**將它列為五大數字之一。我這就說說原因。

企業就像家庭，要是現在想買東西，不想等到以後，就會借錢去買。大多數的人都要借錢買車買房子，因為若是一定要等到存夠現金才買，可能就永遠買不了了。同樣的道理，像全食超市這樣的企業，也許會借錢開設新門市。借錢並沒有問題。每個人、每家企業都會這麼做。但要是借了太多錢，每月收入就必須維持不變，甚至增加，否則無法償債，那可就有問題了。在正常情況下，你必須賣掉房子（或車子，反正就是你當初借錢買的東西），才能償還貸款。有些人借很多錢，指望自己日後會有更好的工作（也就是依據「未來的收入」借錢），結果卻面臨失業。可能房子無法及時賣掉，或者靠信用卡舉債度日，最終得宣告破產才能擺脫追債人員的糾纏。家庭可能會借太多錢、負債太高，企業也可能如此。

企業負債太多，超出自身收入所能負擔的範圍，管理階層就會用跟你一樣的方式來擺脫債務：向別人借更多錢，或是賣掉資產以償債；也可以賣掉企業的一部分，用賣得的款項來還錢。但企業跟你我沒有兩樣，在最需要錢的時候，銀行偏偏不借給你，你也什麼都賣不掉。企業也可能碰到這種問題。管理階層借了一大筆錢要開設更多門市，卻碰到景氣下滑，顧客縮減開支，減少到門市消費，企業突然現金嚴重吃緊，無法償付當月貸款。企業無法賣掉自己的門市，與此同時，也沒有人想買下一家身陷難關的企業。這下慘了。於是企業就會用跟我們一樣的方法來擺脫追債人員：宣告破產。一旦此事發生，許多投資人也只能為之愕然。

第一守則投資人想投資的，是確定會賺錢的東西。想要確定會賺錢，就一定要投資穩定的企業。負債所得比過高的企業（或是家庭），往後的

財務狀況是不穩定的。一旦經濟出了問題，負債沉重的企業可就不妙。好比在一個家庭中，負擔家計的人要是失業，家中收入銳減，全家又債臺高築，那就岌岌可危了。我們不喜歡不可預測的未來，所以我們不喜歡負債累累的企業。

負債應該要是零才對。但我說過，很多企業會因為許多正當理由而背負債務，所以企業只能要迅速還清，那也就無所謂。家庭也是一樣。沒有負債的情況當然最理想，但若你能用一年裡存下的錢，還清所有債務，那你的負債情況應該就是可控的。企業也是同理。只要他們的債務，以一年的自由現金流量就能還清，那負債比率就算良好。我們把償債的最大期限設為三年。如果超過三年，我們對這樣的企業就不必感興趣了。

還有其他評估債務的方式。比如計算債務占淨值與總負債的比例，或是其純粹占淨值的比例（就是常見的「負債淨值比」）。只是，企業可以基於許多好與不好的理由，來操縱這些比例。我們還是只需要知道企業多久能還清債務就好，而這還債的時間最好不要太長。我會告訴你該怎麼做。你很快就會發現，你需要掌握的數字，只有企業的長期總負債，以及目前的自由現金流量。顯然，這些數字會以百萬美元為單位。如果你只找到與負債相關的百分比，那就看看另一個網站的財務數據，從財報中找出企業的長期負債，與目前的自由現金流量金額。

> **負債方面的判斷守則**：要判斷一家企業的負債是否合理，就要將總長期負債除以當期的自由現金流量，看看企業能否在三年內清償債務。

不必太煩惱短期債務，我們該當心的是長期債務，長期債務就是資產負債表上的「長期負債」。

現在我們來看一家有些負債的公司，檢查看看它的債務是「可接受的」，還是根本就欠太多。

087

布洛克稅務公司（H&R Block）有負債。以下是它 2005 年的長期負債及自由現金流量。

財務報表	資產負債表	現金流量表	
條列項目： 金額：	總長期債務 9.23 億美元	自由現金流量 3.04 億美元	923/304 = 3

我們想一想，以這家公司的長期債務與自由現金流量，需要多久才能還清債務？簡單的算術就能解答：9.23 億美元除以 3.04 億美元（923 除以 304）約等於 3。布洛克稅務公司（勉強）可以用三年的自由現金流量還清債務。因此布洛克稅務公司的負債（勉強）可以接受。

我不覺得負債稱得上是非常重要的「第六大數字」，但評估一家企業的財務實力，還是不能忽視負債。而且你看資產負債表，也會看到債務數字，會想知道該拿這些數字怎麼辦。你覺得這家企業的五大數字過關，不妨看看負債是否合理。只要將這家企業的總長期債務除以目前的自由現金流量即可。

如果五大數字都很理想，債務十之八九也不會失控。但你要是覺得負債太嚴重，那就另外找一家數字較理想、負債也**沒**失控的企業。

第一守則於 2000 年套用在幾家企業的情形

我們幾乎已經可以開始了解如何找到五大數字的成長率，選擇理想的企業，計算這家企業的標價。但在開始計算前，我想告訴大家我在 2000 年，將第一守則投資法套用在同樣一批股票的情形。這幾檔是哈雷、通用汽車、戴爾以及阿波羅集團。按照第一守則，我在 2000 年可以買進哈雷與阿波羅集團，但不應買進通用汽車與戴爾。（要記住，這個決定是在

2000 年，而不是在 2005 年做的，所以雖然阿波羅集團與哈雷最近幾年不太穩定，第一守則仍然支持我在 2000 年買進。）

我要是在 2000 年買進這幾檔股票，持有五年，在 2005 年會有這樣的投資報酬率（要記住，你在接下來的章節會了解如何計算這些金額）：

哈雷：第一守則告訴我該以 27 美元的價格買進。專家們認為這檔股票會繼續飆漲，到了 2005 年會衝上 120 美元。結果哈雷的表現沒能如專家們所願。2000 年才開始，美國經濟就陷入衰退。很多人失業，哈雷的獲利與專家們的預期相差很遠。儘管如此，我依照第一守則買進，這檔股票在五年後，也就是 2005 年的價格，雖然只有預測值的一半，仍然帶給我百分之百的高報酬率。只有預測值的一半耶！但我們還是能賺大錢。

通用汽車：專家保守估計，這檔股票在未來五年會上漲 50%，但第一守則還是認為不該買進。問題在於，即使專家的判斷正確，但對第一守則投資人來說，這檔股票在 2000 年的價格，已經遠高於其價值。第一守則告訴我們，股價遠高於價值的企業，在市場下修期間會率先完蛋。通用汽車確實如此。通用汽車的股價是其價值的兩倍，在那五年間重挫。我要是在 2000 年買進，不但賺不到 50% 的報酬，還會虧損 70%。這檔股票現在的價格，大概只有分析師預測的三分之一。三分之一啊！

第一守則之所以如此重要，原因之一就是它不會讓你身陷在錯誤的投資裡。不遵循第一守則而買進通用汽車的投資人，假使在虧損五年後還繼續持有，那其股價得要上漲 300% 才能回本。而要想在未來五年上漲 300%，年化報酬率就必須達到 25%。持有通用汽車股票、虧損高達 70% 的投資人，只能衷心祈禱公司的股價能一飛沖天，跌破公司本身以及分析師們的眼鏡。死守這檔股票的投資人，可說是活在幻夢之中。

（很多業餘投資人都活在幻夢中，不想面對現實，也不了解第一守則。第一守則投資人永遠不會活在幻夢中，絕對不會。第一守則投資人如果在五年前買了通用汽車的股票，那除非是患上緊張症〔catatonic〕，

否則我向你保證，他絕不會毫無反應地坐看它虧損 70%。第一守則投資人擁有工具與知識，能看清自己投資的企業的現實，也知道有更好的企業，值得他們花錢、花時間投資。）

戴爾：如果你覺得自己了解高科技硬體產業，那你應該會認為戴爾是世上最好的企業之一。2000 年，專家們認為買進戴爾，到了 2005 年能有 50% 的投資報酬率。但這檔股票在 2000 年的價格，對第一守則投資人來說太高了。在 2000 年買進的投資人，會虧損 20%。驚人的是，你後來會發現，要是你在 2002 年而非 2000 年買進同一檔股票，依據專家們在 2002 年的預測，僅僅三年，你的本金就能翻倍。

阿波羅集團：這家企業是符合第一守則投資法的穩健投資。專家們估計到了 2005 年，它能有 700% 的驚人獲利。實際的報酬率甚至遠高於此，在 2005 年，第一守則投資人能從這檔股票得到 900% 的報酬率。這檔是第一守則投資人在 2000 年的優質投資，雖說每股盈餘與淨值成長在過去一年有所減緩，我們在這五年裡，仍有極高的整體報酬率。

所以專家預測哈雷的報酬率是 400%，實際報酬率是 100%。預測通用汽車的報酬率是 50%，實際報酬率是 -70%。預測戴爾的報酬率是 50%，實際報酬率是 -20%。預測阿波羅集團的報酬率是 700%，實際報酬率是 900%。如果說，風險與報酬真如大家所想的那樣相關，那以通用汽車與戴爾 50% 的預期「報酬率」，他們的風險一定低於預期報酬率分別為 400% 與 700% 的哈雷和阿波羅集團。結果實際情況完全不是這樣，對不對？其實依據第一守則，在當時預期報酬率越高的投資，風險反而越低。第一守則投資人從親身經驗得知，自己在任何股票市場，都能找到投資風險極低、預期報酬極高的企業。反過來說，在股市裡，隨時或每天都能找到報酬率低、風險卻很高的投資。

最後，來說說股利……

股利

到目前為止，我們所謂的理想企業，是擁有五大護城河的其中之一、五大數字很漂亮，而且負債很低甚至沒有。這樣的企業大概每年都有剩餘現金。我們依循的是企業主的思路，所以會把剩餘現金視為是自己的。但執行長可以決定，是將剩餘現金發給我們股東，還是用來做其他許多事情，例如開發新產品、增聘推銷人員、增設門市、拉高行銷品牌的預算等等。執行長若是不將剩餘現金發給我們，我們當然就希望他拿我們的錢，去賺取高額的投資報酬。只要投入資本報酬率仍然很高，就代表執行長用我們的錢創造了不錯的投資報酬。如果是這樣，那我們寧願他繼續創造投資報酬，而不是把錢發給我們。因為他要是把錢發給我們，我們還得把它拿去投資別的能上漲的企業，那還不如他把錢留著，我們就省事多了。

但是，倘若執行長無法將我們的錢全都投資在企業上，無法創造更高的投入資本報酬率，那該怎麼辦？要是他只能運用一部分帶動企業成長，但其他剩餘資金無法用於刺激成長，該怎麼辦？這代表他浪費了我們一部分的資金，或者只是把錢放著不管。這樣可不好。我們不希望他浪費我們一分一毫的錢。我們寧願他把用不著的錢還給我們，多謝，這樣我們才能把錢拿來投資其他會上漲的企業。

執行長將我們的錢還了一部分給我們，就叫做發放股利。企業發不發放股利，與有無廣大護城河無關。有些擁有廣大護城河的企業，例如寶鹼與微軟，認為自身無法用多餘現金追求更迅速的成長，所以就會把它當成股利發給股東。其他擁有廣大護城河的企業，例如星巴克，認為可以將獲利的每一塊錢都用於帶動企業成長，所以從不發放一毛錢的股利。我們身為第一守則投資人，不會因為一家企業發放（或不發放）股利，就排除這家企業。**發放股利與否，與企業成長快慢無關。這只是企業的管理階層，認為該如何處理股東的現金罷了。**許多迅速成長的企業也會發放股利。企

業發不發放股利,也與你如何運用第一守則無關。

股利本身並沒有好壞之分。當執行長將無法用於刺激成長的現金發給股東,這就叫做好的股利。因為這執行長認為,要是把錢留著,公司的投入資本報酬率就會下降。我們喜歡這樣思考的執行長,這也是我們要觀察投入資本報酬率的原因之一。執行長把錢發給股東,好讓我們能更有效率地運用資金。而所謂壞的股利,是執行長明明能將錢用於促進企業成長,卻把錢發給股東。例如通用汽車,或許就應該將得來不易的現金,用於刺激自家企業成長,而不是打腫臉充胖子,硬要當成股利發給股東。

執行長為何會在不該發股利的時候發放股利?因為發股利是一種有利的政治操作。很多持有股票的人覺得自己是「投資人」,而不是企業主,所以想要穩定的**表象**。對於無知的投資人來說,穩定的股利可以塑造一切都好的假象,執行長也就能保住工作。通用汽車的情況即是如此。

思考股利時,不妨想想這一點:企業在發放股利之前,要先針對屬於股東的獲利繳稅。在美國,稅率大約是 35%。企業可用剩餘的 65% 支付股利。企業要是將全數獲利當成股利發給股東,那身為股東的你,必須針對全額的股利,支付短期的資本利得稅。這些都會按照一定的稅率再次徵稅,稅率由國會決定。所以身為股東的你,拿到的可能只有企業原本獲利的 40%。其他都被政府重複課稅給沒收了。如果你拿到股利,卻被徵收 60% 的稅,那還是不要鼓勵企業發放股利,企業只要負擔 35% 的稅就好,就算無法有效率運用獲利也沒關係。政府實施重複課稅政策的結果,就是美國企業的競爭力,不如效率較高的外國企業。

想知道你投資的企業有無護城河,關鍵在於觀察企業的五大數字以及負債。第一守則投資人是不會瞎猜的。我們喜歡能確認這是一家好公司。企業要是有五大護城河的其中之一,五大數字加上債務也很漂亮,我們就

會走向下一步。如若不然，我們就不考慮這家企業。企業有無發放股利並不重要。全食超市發放給我的股利，我通常只會用來買進更多全食超市的股票。但若其股價高出了標價（合理價格），我就會開始尋找更划算的股票，也就是賣出全食超市，向它的股利說再見。

接下來，你要學會計算五大成長率。

股利與淨值成長

股利是從淨值扣除。大多數的企業，都是將盈餘的固定比例拿出來當成股利發放，所以我在計算淨值成長率之前，並不會特別費心將股利加回淨值。不過，企業有時會發放一次性的大額股利，例如微軟在一年前，就發放超過520億美元的股利給股東。在這樣的情況，你就必須先將這筆大額股利加回淨值，才能計算成長率。要判斷企業有無發放股利不難，只要淨值突然崩跌，就八成是付了股利。再看看現金流量，判斷那一年是否有發放大額股利（公司也會發布發放大額股利的消息）。

| 第六章 |

計算五大數字

> 持續做的事情之所以越發容易,不是因為事情本身變簡單,
> 而是因為我們做事的能力有所進步。
> ——拉爾夫・沃爾多・愛默生(1803-1882,美國哲學家)

我們在第四章與第五章,探討了五大數字與負債,也了解到從哪些跡象可以看出企業是善加投資我們的錢,抑或是出賣我們、害我們違反第一守則。我之前介紹這些數字、給你看幾家企業的資料時,都是直接給你數字,沒告訴你計算方式。接下來就要看看這五大數字的計算,好讓我們能熟練地算出這些成長率。只要看過幾家企業,你就能熟悉這些數字;同樣的,只要一些練習加上一點耐心,運用五大數字對你來說,就會像二加二等於四一樣簡單。這你應該會算吧?就算不會也沒關係,電腦能幫你的忙。我們其實根本就不必自己算,只要把需要的數字扔給電腦,電腦就能搞定一切。這就開始吧。

GARMIN

我們要比較兩家企業:Garmin(GRMN)與通用汽車(GM)。我會帶著你一步步計算這兩家企業的各項成長率。無論你要計算的是哪一種成長率,計算方法都是一樣的。所以,等到你熟悉了算法,也可以去算算看我沒有一步步教你算的其他成長率。

> Garmin 是全球第一的 GPS 設備公司，是一個新領域中、一家相對新的公司。通用汽車（GM）在全球各地銷售汽車，而且全球汽車銷售量超過所有競爭對手。通用汽車的市值大約是 Garmin 的五倍。通用汽車是老牌、龐大且知名的美國企業。Garmin 是仍在成長的年輕企業，來自臺灣，知名度較低。

1995-2004 的 Garmin

年份	1995	1996	1997	1998	1999	2000	2001	2002	2003	2004
營收*	$102	$136	$160	$169	$233	$345	$369	$465	$573	$763
每股盈餘	0.26	0.26	0.41	0.35	0.64	1.05	1.05	1.32	1.64	1.89
淨值				136	195	365	454	602	750	936
現金			37	28	16	58	103	149	140	130
投入資本報酬率					23%					22%

* 營收數字單位為百萬美元。

上表與我們在前一章看見的阿波羅集團的表類似。我蒐集了計算成長率所需的所有數字。要記住，投入資本報酬率永遠是一個百分比（你不需要計算投入資本報酬率的成長率）。在 MSN 財經之類的網站，就可以找到大多數你所需的數字，只要點選「股票」，找到能輸入股票代號的空格。輸入「GRMN」或「GM」，尋找財務報表即可。（要記住：要找的是損益表、資產負債表，以及現金流量表。）

我們要做的第一件事，是看看數字的趨勢是否穩定。要是把數字做成圖表，我想看到的，是一條穩定向上的趨勢線。Garmin 每股盈餘數字的圖表如下：

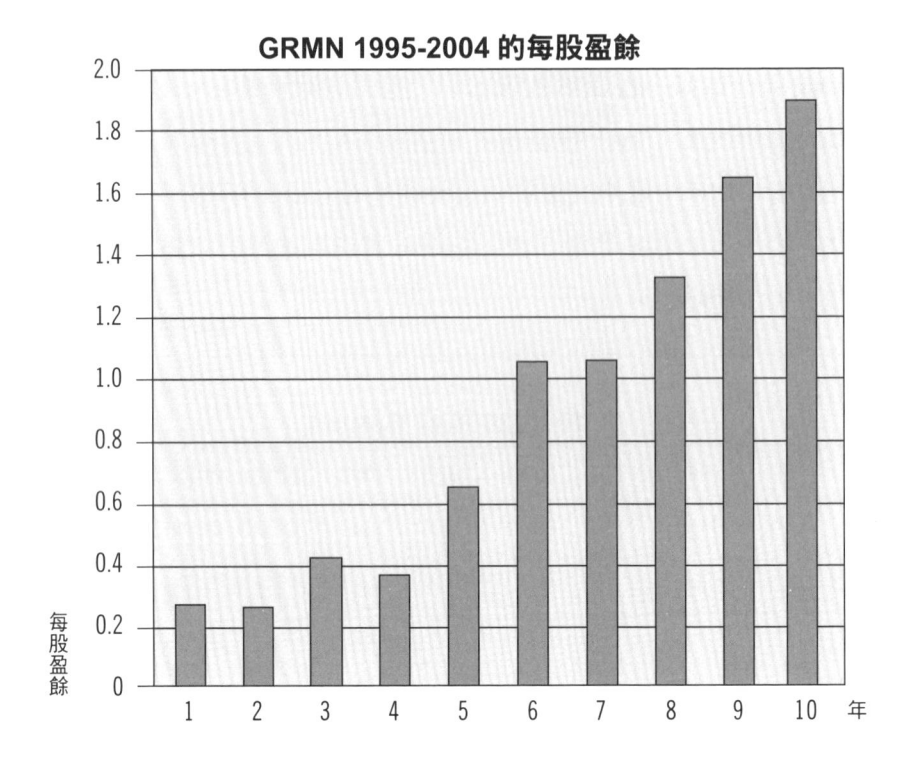

GRMN 1995-2004 的每股盈餘

看起來很好,穩定又一致。這就是我們要找的投資標的。你並不需要按照我的方式畫一張圖表(我是為了要有個圖表給你看)。你只要看從1995至2004年的數字,就會發現它是一直增加,而不是減少。

我們也來將通用汽車的數字製成圖表。首先看看通用汽車過去十年數字的表格,從1995年開始:

1995-2004 的通用汽車

年份	1995	1996	1997	1998	1999	2000	2001	2002	2003	2004
營收*	$164	$158	$166	$154	$167	$184	$177	$187	$186	$194
每股盈餘	7.28	6.07	8.70	4.18	8.53	6.68	1.77	3.35	5.05	4.96
淨值	23	23	17	15	21	30	20	7	25	27
現金	8	9	7	5	20	12	4	4	-3	5

| 投入資本報酬率 | | | | 1% | | | | 0% |

＊營收數字單位為十億美元。

同樣的，我們首先還是看看數字的趨勢是否穩定。如果將通用汽車的數字畫成圖表，我希望畫出來的，會呈現出一條穩定向上的趨勢線。我將通用汽車的每股盈餘數字畫成圖表，如下圖所示：

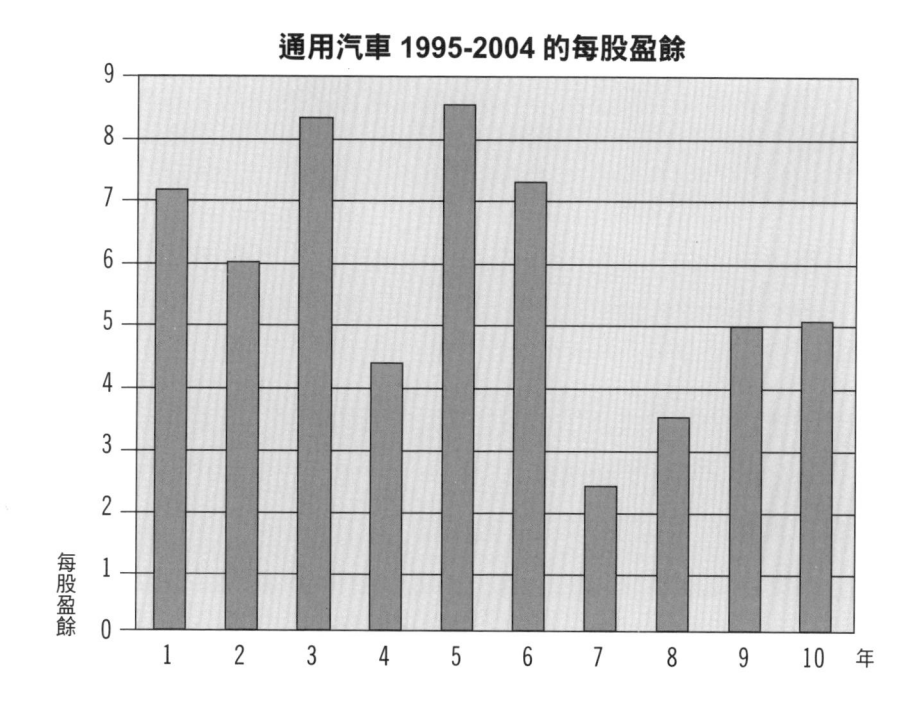

通用汽車 1995-2004 的每股盈餘

不算漂亮，忽高忽低的。這不是我們要的。我們要的是穩定。我們希望能高度確定這家公司往後表現會更好。如果過往數據忽高忽低，那我們也不敢說未來就不會忽高忽低。忽高忽低的數字，不是管理階層與股東所樂見的。顯然這其中有很大的問題。我們不想投資問題很大的公司。市場上還有太多表現向來良好的公司可以選擇。

我們來算算這兩家企業的四項成長率。有四種算法：

一、了解如何使用 Excel 的 Rate 函數計算。如果你想自己算，可以參考我的網站 ruleoneinvesting.com 說明的計算方法。熟悉了以後就會覺得簡單，只是這樣算的速度很慢（不過只要算過一兩次就能熟練）。

二、學會使用我的網站上的第一守則計算機。用計算機算，又快又輕鬆，稍稍練習即可。只要前往我的網站，按照說明計算即可。

三、學會用筆算（或心算），算過幾次就會熟能生巧。我稍後會帶你算一次。

四、看看股票數據網站上的成長率數字。這是了解成長率最快、也最簡單的方法。但你想找的成長率資訊，不見得都能在網路上找到。而提供**各類**數據的網站，收費也較為昂貴。

我們要選擇是花錢買資訊，還是使用免費的資訊。若要使用免費的資訊，就要學會自行用原始數據算出成長率，不然就是只採用五年期與一年期的成長率數據。十年期的成長率數據幾乎沒有免費的，至少我寫書當下還沒有。若想知道免費網站的侷限，不妨前往 MSN 財經（見右圖），輸入「GRMN」，點選「財務結果」、「重要比率」，再點選「成長率」。你就會發現，只能找到每股盈餘與營收的成長率。

注意，近五年的每股盈餘成長率是 19.92%，而最近一年的每股盈餘成長率是 33.7%。此外，近五年的營收成長率是 23.45%，而最近一年的營收成長率則是 39.5%。我們需要的四項成長率，這裡只有兩項，而且也只給我們五年期與一年期的數字。要是能有九年、十年，以及三年期的數字就更好了。只是這個網站並不提供這些數字。我們想要淨值成長率與現金成長率，以及其他時期的每股盈餘及營收成長率，就只能自行計算。

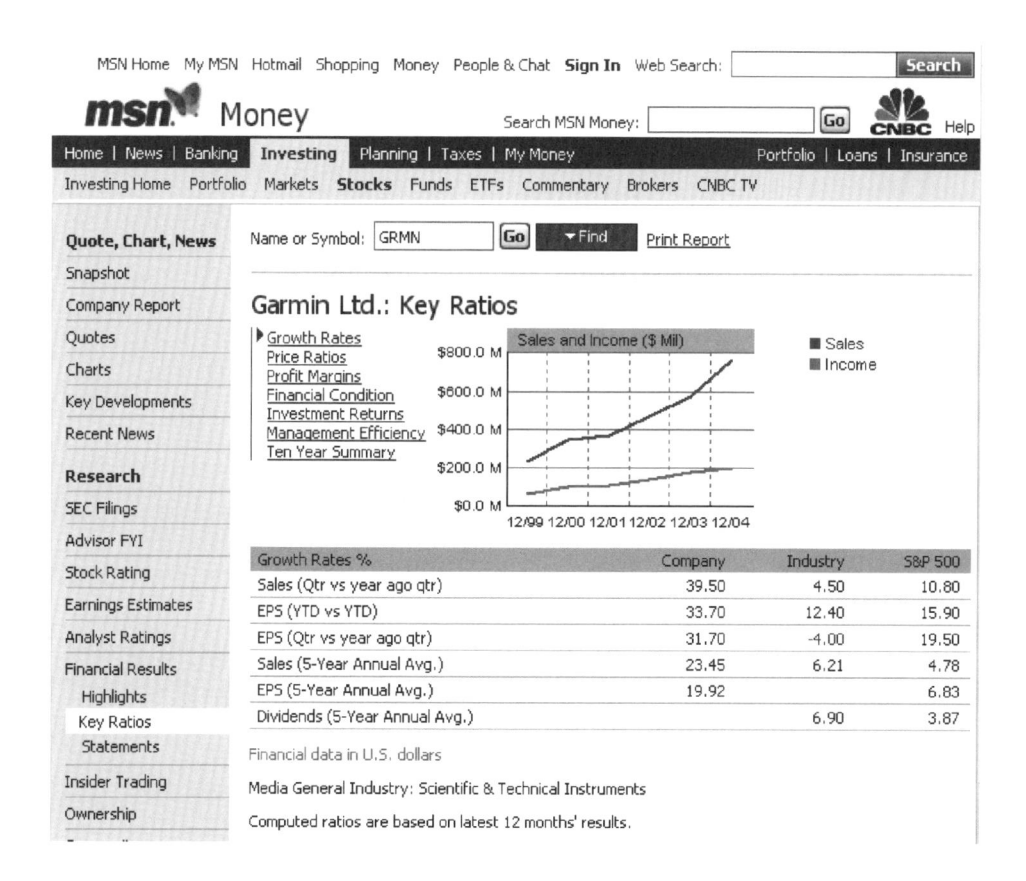

![MSN Money Garmin Ltd. Key Ratios 頁面截圖]

自行心算成長率

　　我會帶你完成幾個用心算就能完成的計算（不必使用我的網站上的計算程式），你熟悉了以後，其餘的就能自行完成。要注意計算過程中會有的規律。你能計算一種成長率，就能計算每一種成長率。我們就從計算 Garmin 的六年淨值成長率開始。首先要準備好原始數據：

GARMIN 1995-2004 的淨值

年份	1995	1996	1997	1998	1999	2000	2001	2002	2003	2004
淨值				136	195	365	454	602	750	936

099

你會發現 Garmin 的淨值，六年來從 136 成長至 936。想一想：136 要翻倍幾次才會到 936？首先，我們要把 136 改為容易翻倍計算的數字，就 150 好了。然後我們要把它翻倍，變成 300。還要繼續翻上去，直到接近 936。在翻倍過程中，我們還要計算它翻的次數。所以 150 至 300 是翻倍一次，300 至 600 是翻兩次，600 至 1200 是翻三次。只是 Garmin 實際淨值沒到 1200，所以不必翻三次。那這中間花了多少年呢？是不是六年？1998 至 1999 是一年，1999 至 2000 年是兩年，2000 至 2001 是三年，2001 至 2002 是四年，2002 至 2003 是五年，2003 至 2004 是六年。總共六年。

所以如果 Garmin 在六年間幾乎翻了三倍，那再想一想：Garmin 翻一倍需要幾年？這個嘛，六年正好翻了三倍，那答案很簡單，兩年翻一倍，再兩年又翻一倍，再兩年第三度翻倍。所以翻一倍需要兩年。好，訣竅來了：二要翻幾倍才會變成七十二？（這個漂亮的小技巧就叫七十二法則，在電腦問世之前，我們就是用七十二法則來算這個。只要你知道本金翻一倍需要多少年，就可以用大家公認的七十二法則來估算出成長率。我的老師教過我，我現在也把它教給你。）二要翻倍整整三十六次，才會變成七十二，對不對？所以 Garmin 的淨值成長率大概比這個略低，畢竟沒有翻整整三倍。就算它 30% 好了。是不是很棒？完全不需要用電腦。

七十二法則：幕後祕辛

我完全沒必要細說七十二法則的原理。因為太複雜了，你不會想聽的，不僅牽涉到應用數學、對數，還要非常了解年複利的原理才行。簡言之，之所以叫七十二法則，是因為本金以 10% 的利率計算，每七・二年就會翻倍。而七・二除以 10%，就是七十二。運用七十二法則，只要知道利率（成長率）是多少，就能算出你的本金（或是任何單位的數字）多久能翻倍。例如你想知道以 9% 利率計算，你的本金要多久才會翻倍，只要將七十二除以九，就能算出是八年。你也可以反過來算，就能算出

利率（成長率）。舉個例子，若你的本金必須在兩年後翻倍，才能招待伴侶去歐洲旅遊，那你需要的報酬率就是七十二除以二等於35%。

七十二法則只能算個大概，卻是能用於第一守則投資法的可靠工具。

我們來算算現金。我們想知道自由現金流量的成長率。所謂自由現金流量，就是將可用現金用於投資設備、研發等等之後，所剩下的現金。我們要計算七年成長率（1997-2004）：

GARMIN 1997-2004 的現金

年份	1997	1998	1999	2000	2001	2002	2003	2004
現金	37	28	16	58	103	149	140	130

Garmin 的現金數字，在七年間從 37 增至 130。為了計算方便，我們將 37 取整數到 40。40 到 80 翻了一倍，80 到 160 是第二次翻倍，而 160 已超過 130。所以七年間翻了不到兩倍。所以 Garmin 翻一倍需時三・五年，也許是四年，畢竟有點少算。現在用七十二法則，七十二除以四等於十八，成長率就算出來了。Garmin 過去七年來的現金成長率，是每年 18%。

我們現在知道了計算方法，可以計算 Garmin 九年來的營收與每股盈餘。

GARMIN 1995-2004 的營收

年份	1995	1996	1997	1998	1999	2000	2001	2002	2003	2004
營收*	102	136	160	169	233	345	369	465	573	763
每股盈餘	0.26	0.26	0.41	0.35	0.64	1.05	1.05	1.32	1.64	1.89

營收數字從 102 增至 763，我們就取整數，算是從 100 增至 800 好了。

算算看：100 至 200 翻第一次。200 至 400 翻第二次。400 至 800 翻第三次。所以九年來大約翻倍三次。翻一倍需時三年。套用七十二法則：七十二除以三等於二十四。所以九年的平均營收成長率，大約是 24%。

每股盈餘在九年間從 0.26 增至 1.89。開始翻倍計算：25 至 50 是一次。50 至 100 是兩次。100 至 200 是三次。所以每股盈餘也是大致翻倍三次。我們已經知道這一題的答案：七十二除以三等於二十四。營收與每股盈餘的成長率大致相同，過去九年成長了 24%。

這只是 Garmin 五大數字的其中一點。你可以用不同的數字計算，算出不同時期的平均值。最好能觀察不同時期的數字，才能看出它有無惡化。舉個例子，你可以觀察 Garmin 在 2001 至 2004 年的淨值數字，就會發現三年的平均淨值成長率大約是 27%。計算一年成長率，結果會是 25%。要注意的是淨值成長率雖說稍有趨緩，但還是很亮眼，遠超過我們五大數字成長率必須高於 10% 的最低標準。這對我們來說很重要，因為我們最重視的成長率，終究還是企業的淨值成長率。這是因為企業的標價（也就是價值）的成長率，跟淨值成長率的關係最為密切。

成長率的重要性次序

四項成長率的重要性並不相同。雖然全都應該高於我們 10% 的最低標準，但其重要性還是有高低之分，由高至低的排列如下：

1. 淨值成長率
2. 每股盈餘成長率
3. 營收（毛利）成長率
4. 現金流量成長率

這代表你以後要參考成長率，或是依據成長率做出其他估計，也就是我

> 們接下來要做的事，要優先觀察淨值與每股盈餘的成長率，然後再看營收與現金流量成長率。淨值與每股盈餘成長率，在很大程度上反映了企業的未來，以及我們**預測**未來的確定性，這是第一守則的基石。

準備好要計算通用汽車了嗎？方法是一樣的：看看你在網路上，不做任何研究，能蒐集到多少成長率，再用我們剛才計算 Garmin 的方法，算出其他的成長率。我列出通用汽車十年的營收數字作為例子：

通用汽車 1995-2004 的營收

年份	1995	1996	1997	1998	1999	2000	2001	2002	2003	2004
營收*	$164	$158	$166	$154	$167	$184	$177	$187	$186	$194

* 營收數字以十億美元為單位。

營收九年來從 164 增至 194。現在開始計算倍數：唉呀！根本沒辦法算。九年來沒有翻倍。在我看來就相當於 0。通常我們算到這裡就會打住了，不會再繼續算下去。但你才剛開始學，所以我們來算別的。來算算看每股盈餘：

通用汽車 1995-2004 的每股盈餘

年份	1995	1996	1997	1998	1999	2000	2001	2002	2003	2004
每股盈餘	7.28	6.07	8.70	4.18	8.53	6.68	1.77	3.35	5.03	4.96

每股盈餘大概是從 7 美元降至 5 美元。負成長啊？那真的不必算了。九年來的每股盈餘成長就算零好了。淨值從 23 增至 27。也不必看了。現金從 8 降至 5。又是個 0。（供你參考：通用汽車精於股票回購，所以雖然淨值幾乎沒有成長，但每股帳面價值看起來還是不錯的。）所以用七十二法則很快算一遍，發現通用汽車的四項成長率是 0、0、0、0。你可

以上 MSN 查詢五年期以及一年期的營收及每股盈餘數字，看看通用汽車還有沒有心跳，因為從九年的數字看來，通用汽車已經沒了呼吸心跳，到院前就已死亡。

如果你非要算出通用汽車的所有成長數字，才能確認它確實不值得投資，那你計算的結果會是：

- **營收成長率**：九年期＝ 2%，五年期＝ 3%，三年期＝ 3%。
- **淨值成長率**：九年期＝ 2%，五年期＝ 5%，三年期＝ 11%。
- **自由現金流量成長率**：九年期＝ -5%，五年期＝ -24%，三年期＝ 8%。

我們完全不必動用計算機，也能看出通用汽車的各項成長率，有無達到我們的標準，因為十年來沒有一項上升。你看五年期、三年期，以及一年期的數字，也許會看到起色，但也不怎麼亮眼。通用汽車各方面都不穩定，這就足以讓我們選擇別家。我們對這家企業的前途沒有把握。

計算投入資本報酬率

現在要看看最後一個，卻是最重要的數字：投入資本報酬率（我在前一章提過，我認為投入資本報酬率是最重要的數字）。七十二法則無法用於計算投入資本報酬率，但幸好我們只需要上財經網站，就能查到啦！

> 如果你喜歡算術，想算出精確的結果，不妨運用我的網站上的計算機，就能迅速算出這些數字。前往 ruleoneinvesting.com，點選「投資資源＞投資計算機」，就能使用多款計算機：
>
> - 營收成長率計算機

- 每股盈餘成長率計算機
- 淨值（或每股帳面價值）成長率計算機
- 現金成長率計算機
- 投入資本報酬率計算機
- 負債計算機
- 標價與安全邊際計算機
- 投資報酬率（ROI）計算機

這些計算機都能幫你計算，你只需要輸入原始數據即可。在很多財經數據網站的財務報表裡，都能找到這些數據。只要按照我的網站所介紹的步驟，即可計算。

你常會需要計算企業的成長率，但投入資本報酬率倒是不需經常去算，因為各大網站皆可查閱。但我知道有些讀者想了解投入資本報酬率的算法。說穿了就是：

稅後營業淨利／淨值＋負債

稅後營業淨利（Net Operating Profit After Tax）通常縮寫為「NOPAT」。要計算稅後營業淨利，首先要知道淨營運收入，但也要加上所有的利息與折舊支出。幸好我們不必全部自己計算（想知道如何輸入財報上的數字，算出某家企業某段期間的投入資本報酬率，請前往 ruleoneinvesting.com，我會教你使用我的投入資本報酬率計算機來計算。不過，你多半可以直接參考許多網站上的投入資本報酬率數字。）

重點是要確認投入資本報酬率至少高於10%，而且年年穩定，最好能呈現向上的趨勢。我們先到MSN財經，點選「財務結果」、「重要比率」、

「投資報酬」，就能輕鬆查到 Garmin 的投入資本報酬率數字。（MSN 的投入資本報酬率會寫做「資本報酬率」。）網站提供五年與一年的投入資本報酬率：

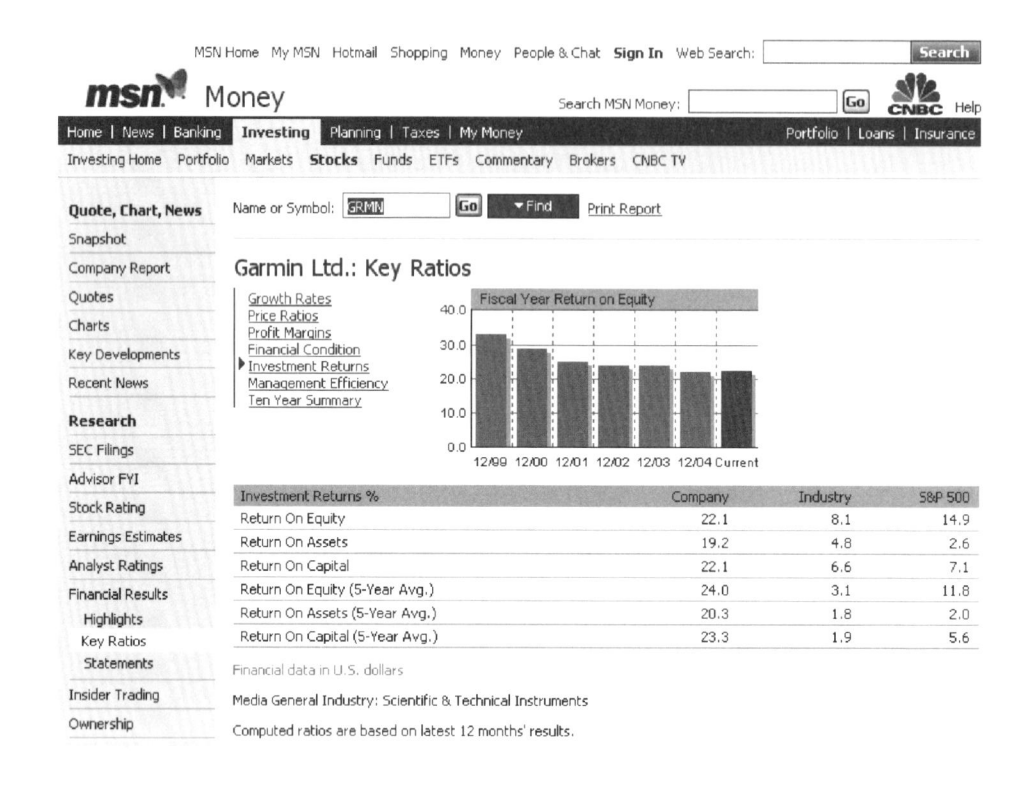

```
Garmin Ltd.: Key Ratios

Investment Returns %              Company    Industry    S&P 500
Return On Equity                    22.1        8.1       14.9
Return On Assets                    19.2        4.8        2.6
Return On Capital                   22.1        6.6        7.1
Return On Equity (5-Year Avg.)      24.0        3.1       11.8
Return On Assets (5-Year Avg.)      20.3        1.8        2.0
Return On Capital (5-Year Avg.)     23.3        1.9        5.6
```

　　五年期資本報酬率是 23%，一年期的則是 22%。

　　如果你去查通用汽車的資料，就會發現這兩項分別是 1% 與 0%。對通用汽車的股東來說，不如把錢拿去買一個月期年利率 1% 的美國政府公債，報酬率還比較高。

　　很顯然，你用不著大傷腦筋，也能看出 Garmin 與通用汽車這兩家企業的巨大差異。

五大數字總結

結果出爐！以下是我們研究 Garmin 與通用汽車的數字，所得到的總結。即使先前你沒察覺，現在雙方的好壞優劣，應該也明顯到不行了：

GARMIN

EPS				營收				淨值			現金			ROIC	
9	5	3	1	9	5	3	1	6	3	1	7	4	1	5	1
27%	26%	27%	27%	24%	26%	28%	25%	38%	27%	25%	20%	22%	-7%	23%	22%

通用汽車

EPS				營收				淨值				現金				ROIC	
9	5	3	1	9	5	3	1	9	5	3	1	9	5	3	1	5	1
-4%	-11%	29%	-3%	2%	3%	3%	4%	2%	5%	11%	8%	-5%	-32%	8%	167%	1%	0%

通用汽車的五大數字看起來慘兮兮。底特律的問題很大很大。就算這家企業真的有護城河，數字上也完全看不出來。雖說過去三年有點起色，但就算三年來數據都很漂亮，也不足以證明其有護城河存在。護城河代表的是長期保護。我們研究的企業，如果長期與短期的五大數字都不理想，就意味其表現太不穩定，難以展望未來。我們可以跳過這一家，把時間用來另找一家可靠的公司。第一守則投資人絕對不會選擇現在的通用汽車。

Garmin 的五大數字很不錯（是，你會發現 Garmin 的現金過去一年有所減少，但那無所謂。最近**一年**表現平平，並不足以抹煞其他五大數字的亮眼成績，尤其是長期的平均數字。此外，現金也是最不重要的數字。）從 Garmin 的數字可以看出，這家企業是有護城河的。Garmin 一直努力向消費者營造強而有力的品牌護城河，也許它也有些自己的商業祕密。只要我們了解這家企業，也以擁有它為榮，那我們就可以把 Garmin 排進下一階段的分析了。

過往的成長率真的可以預測未來？

進入下一章之前，還要討論最後一個話題：五大數字過往表現不俗，並不代表往後也能如此。幾乎每一家企業，其五大數字的長期好光景都有結束的一天。也許是產品與服務再也找不到新顧客，也許是某位競爭對手跨越了護城河，開始攻打城堡。也或許整個產業都過氣了。僅憑過往的成長率，並不足以預測一間公司的未來。所以，第一守則投資人不會單單憑藉過往成長率就做出預測。

要記住第一個 M：**意義**。要是這家企業對你來說沒有意義（也就是你不了解它），那五大數字再好也沒用。你不能把退休金投資在你不了解、對你來說也毫無意義的**任何**東西上，好嗎？但除了了解企業、盡量保護自己之外，我們還要進行幾項重要測試，才能確定自己就算犯了大錯，也沒有違反第一守則。

企業若有穩定的成長率，以及不俗的投入資本報酬率，就等於通過了我們的初步篩選。至少從過往的穩定表現，可以預期這家企業會繼續走在正確的道路上，保持穩定。我們可以繼續研究 Garmin，因為這家企業過往表現穩定。通用汽車則是素來表現不佳。指望通用汽車能改過自新、脫胎換骨，那就是太把通用汽車自稱「前途光明」的話當回事了。

很久很久以前，也就是 1980 年代，透過親身經驗，我領悟了從數字研判有無護城河這點有多重要。判斷護城河存不存在是很主觀的，所以當時像我這種欠缺經驗的投資人，聽了別人天花亂墜的說詞，就會誤以為一家企業有護城河，其實根本沒有。我誤聽人言，以為某家公司（還是不要指名道姓好了）有個超棒的機密護城河。這家公司的科技是商業機密，是我完全不懂的科學，但聽起來還真像那麼一回事。據說這家公司的管理團隊身經百戰，還有一群最傑出的科學家；最棒的是，公司上下以改革世界為己任。反正我被這套唬得一愣一愣的。

這件事給我的教訓就是：別被花言巧語迷惑！僅僅是遠大的志向與吸睛的細節，並不代表這家公司就合乎第一守則投資法的標準。因為動聽的故事並沒有佐證。我們要探究表象之下、那些數據反映出的真相。唯有了解五大數字的長期表現，才能確定自己不會虧損。每一份年報都能帶給你天花亂墜的美夢，但你絕對不能只看年報。

我當時買進的那家企業，先是技術出了問題，後來行銷甚至管理都接連出錯，所有的問題都顯現在數字上。到頭來，我還是要感謝自己嚴守第一守則，才能倖免於難。那筆投資最終的成績還可以，因為雖然五大數字不算漂亮，但我進場的時候有很大的安全邊際，我稍後會解釋。眼下該記住的重點，是要從數據研判有無護城河，而且要確認五大數字是否像對方的說詞一樣樂觀。

現在要談談當家主事的人

研究到了這一步，我們判斷究竟是否買進這家企業的最後關鍵，是企業的執行長。執行長決定公司的營運重心，也會影響全體同仁的快樂程度。我們買下這間企業，最終得到的投資報酬率，也是取決於執行長。我們欣賞的執行長，是專注經營公司本業、專注發展公司強項的執行長。我們花了不少篇幅談意義與護城河，下一章則要告訴你如何找到理想的掌舵人，也就是第三個 M：**管理**。

第七章
下注在騎師上

要聘請真心熱愛工作的人，而非為錢替你工作的人。
——梭羅（Henry David Thoreau，1817-1862）

　　記得我們在做什麼：我們把股票看成企業。我們要尋找理想的企業，而且堅持以有吸引力的價格買進。廣大的護城河，是理想企業的必備條件，因為有了廣大的護城河，遇到許多災難都能順利復原，即使遭遇管理階層的錯誤決策也是一樣。當然，我們還是最希望看到公司高層有真材實料，能證明自己足以勝任，而不是因為政治手腕高明才躋身高層。

　　這就說到第三個 M：**管理**。

　　我們也許不得不忍受政客掌管政府，但不必忍受政客之流的貨色掌管我們的企業。我們應該堅持由我們尊重、信任、欽佩，總之是夠資格做我們家人的人，來掌管企業。雖然政客之類的壞蛋，只要裝作誠實勤勉的商人，我們就很容易上當。但只要依循本章介紹的幾個訣竅，就不難抓出那些自私自利、缺乏道德、遇事推諉的騙子，太多公司高層都是這種人物。

　　我們要的領導者，是能帶領企業一飛沖天的人才，是把這家企業放在第一位的人。這個人要有大膽的願景，也想帶領公司實現這個願景。要是有這樣的人才，他會誠實告訴你公司的情況，我們可以坐等奇蹟上演。要是所託非人，則很容易變成安隆公司或世界通訊公司（WorldCom）那樣。好消息是，這些跡象並不難尋，要是你不確定那就不投資。原則一向如此。

創投家如何聰明下注

　　創投家會在企業的股票公開上市之前，投資這些企業。我曾投資大約2000萬美元在幾項創投計畫上，但現在就沒做這麼多創投了，因為既辛苦又危險。我不喜歡辛苦，各位也知道我不喜歡風險。第一守則投資法就是比創投簡單得多，風險也低得多。創投的基本概念，是要找到一家未來可期的公司，以理想的價格買進，永遠持有（或是至少持有到能在公開上市時賣出）。聽起來是不是很熟悉？你看，班傑明‧葛拉漢七十年前傳授的基本投資概念適用各種投資，包括創投。

　　我之所以在這裡提到創投，並不是要大家培養自己成為創投家，而是想告訴大家，創投之類的投資最重要的層面：賭騎師，不要賭馬。

　　創投是在企業非常早期、還不確定能否成功時就進行投資。創投家無法參考五大數字判斷其是否穩定，因為根本還沒有五大數字。你投資的企業根本還沒開始賣東西。更糟的是，有時新創企業實在太新、太尖端，連產業都還沒發展出來，遑論理解。我的創投夥伴沒有過往紀錄可參考，所以是把希望押在管理團隊上，對他們的重視程度，至少跟創業計畫一樣。有時我們會說：重視騎師，至少要像重視馬匹一樣。你身為企業買家，之所以需要了解這個道理，是因為在你買進的每一家企業，執行長（也就是企業的掌舵人）能決定你現在與以後會不會受騙。說到底，能否掌握企業的實情，幾乎跟企業本身一樣重要。

　　我想投資某家企業的主要原因之一，是我喜歡也信任這個掌舵的人。這點在投資發展初期的企業時非常重要，所以大多數創投家會把「一位他們信任、也願意合作的執行長」，列為企業必須具備的首要條件。企業要是沒有優秀的執行長（很多新創科技公司在發展初期，都是由未曾領導過市值5000萬美元的企業的科技奇才所領導），創投家們就會先按兵不動，直到找到傑出的執行長。創投家們除非對企業的領導者有信心，知道此人

能帶領企業走向成功，否則哪怕該企業有世上最偉大的科技，他們也不願投資。

我們要什麼樣的人？

我喜歡投資傑出的騎師、傑出的執行長。天底下最美好的事，莫過於知道有位人品端正、重視股東、積極進取的人才，正在思考如何幫我賺錢，讓我晚上能睡得安安穩穩。

作家暨管理學家吉姆・柯林斯也是這麼想的。他在著作《從 A 到 A+》（*Good to Great*）裡表示，帶領公司成就偉業（股東也因此受惠良多）的執行長，幾乎都是他所謂的「第五級」領導人。他說，第五級領導人能將自我需求，從自己轉移到打造優質企業的遠大目標上。一個成熟的第五級領導人「以個人的謙遜加上專業的意志這種矛盾的組合，成就長遠的卓越。」我幫你整理一下，在我看來，第五級領導人具備的最重要特質，說穿了就是兩項：

一、重視股東
二、積極進取

重視股東的執行長

「重視股東」究竟是什麼意思，我們又如何辨識重視股東的執行長？執行長若是重視股東，他的個人利益與企業股東的利益就會一致。

微軟的比爾・蓋茲與史蒂芬・巴爾默（Steven Ballmer）都認為自己重視股東，治理公司時也會以股東為重。以下這段就摘錄自他們 2002 年寫給股東的信：

「對於我們兩人來說，我們個人的淨值，絕大多數都投資在公司的股票上。微軟自 1986 年上市以來，我們從未行使認股權，以後也不會。希望大家能更加堅信，我們個人的利益與全體股東的長期利益是一致的。」

蓋茲與巴爾默的這番話，點出了一個重點，亦即作為以股東為重的企業高層，與作為投機者的差別。握有認股權的企業高層，實際上就形同於投機客，股價上漲他們就受惠，哪怕只是短時間的上漲，他們也能利用這段時間行使認股權。許多企業高層為了炒作短期股價，也就因此做出不利於長期發展的決策。蓋茲與巴爾默不行使股權，意味著他們身為企業高層（當然也是持有股權的「股東」），其經營企

> 身為投資人，把執行長當成嫁娶的對象並不為過。除非了解、也認同此人運用你的錢的方式，否則不要貿然結婚。

業是為了像他們這樣的長期股東的利益著想。這種觀點非常符合第一守則（這大概也是蓋茲先生與巴菲特先生的友誼得以延續的主因）。

巴菲特在談論重視股東的執行長該如何治理企業時，也提到了這點。他在 2004 年的致股東信表示：「我要（對執行長）說的話很簡單，要把企業當成你們家今後百年的唯一資產來經營。」

用說的很容易，而要判斷執行長是否身體力行，就要看看他是否告知股東該了解企業的哪些資訊。

告訴我，我該知道些什麼

有些執行長不願意讓股東知道該了解什麼，唯恐曝光以後會失了面子，或者製造出更大的問題。所以我們股東每年年底收到執行長寫來的信，信中總是一片美好，從未提到什麼問題；直到我們某天醒來，才發現問題真的很大，而且已經惡化了很久。

你真的有辦法知道經營企業的人是否正派、是否將你該知道的全都

告訴你嗎？這個嘛，想想這個問題：你真的有辦法知道另一半有沒有出軌嗎？有些人會回答「能」，結果發現自己錯了。總的來說，合理的說法應該是：只要存心，執行長**確實能**背叛我們的信任，隱藏重要資訊。我們能做的，頂多只是選擇**看似**將公司當成他們家未來百年擁有之唯一資產的執行長。

接下來要提到的這位執行長，就是開誠布公的絕佳範例。以下是全食超市執行長約翰‧麥基（John Mackey）在 2002 年的致股東信摘錄：

問：展望 2003 年，你覺得最大的挑戰是什麼？

答：全食超市 2003 年最大的挑戰，是繼續提升業績。我們並不指望能維持如今年 10% 這麼高的成長率。由於哈利農夫超市（Harry's Farmers Market）的各門市，自年初起併入我們的業績，這會帶來負面衝擊，我們要維持現有成績非常困難。不過我們希望等到經濟復甦時，我們還能維持現在的高交易量，平均購物量也進一步增加。為繼續提升市占率，我們也必須持續比競爭對手學得更快、進步得更快。

我們的第二大挑戰，是增設門市。我們宣示的擴點目標，是每年新增十五至二十間新設與購入的門市。這個目標我們並沒有年年達成，主要是因為我們的開發管道新增的門市不夠多。我們對於擴點有一定的紀律，不會僅僅為了要達到一定的成長目標，就犧牲我們的高標準。話雖如此，公司的股東一定希望我們能有所成長，無論是現有門市繼續展現強勁的營收，還是擴點。因此，我們必須增設門市，同時堅守我們在擴點方面的原則。為了達成這個目標，我們強化了擴點團隊，也分配更多資源增設門市。

我們的第三項挑戰，是與哈利農夫超市的各門市順利整合。我們在 2003 年，一定要扭轉哈利農夫超市營收下滑的頹勢。我們要改造哈利農夫超市的門市環境，進一步推廣我們強而有力的企業文化，就能

提升顧客購物的經驗,希望在我們接收的第二年的年底之前,就能看到正面的成長。全食超市最有趣的地方,就是無論我們過往的成績有多好,還是有許多有待精進的地方。

要注意麥基先生點出了我一直在問的重要問題:明年會遇到哪些路障?他也告訴我答案:他不指望能維持10%的「成長率」。他對哈利農夫超市的各門市(全食超市併購的連鎖品牌)的整合並不順利。他希望經濟復甦能對公司有所助益。在擴點的同時,他也不會降低標準,要繼續讓像我這樣的人滿意。

以下摘錄自巴菲特2004年的致股東信,他二十年來寫給股東的信,始終是這樣的調調:

波克夏去年的帳面價值成長10.5%,低於10.9%的指數報酬率。我們的表現之所以平平,並不是因為各企業的執行長在經營企業方面犯了什麼錯。他們一如既往盡心盡力,付出超過職責所需。我要對他們說的話很簡單:要把企業當成你們家未來一百年唯一的資產經營。他們幾乎都做到了,滿足自家企業所需之後,還會將多餘的現金送到奧馬哈,供我調遣。

我去年經營的績效並不理想。我希望完成幾起數十億美元的併購,在我們現有的眾多大筆收入來源上,再增添幾個大筆的財源。但我失敗了。而且我只買進了區區幾檔有吸引力的股票。所以這一年下來,波克夏有430億美元的約當現金,這可不是好現象。查理與我會在2005年,用一部分的現金投資更有意思的資產,但也不能保證成功。

他細說去年哪裡出了問題,是誰的責任,也說出他這一年打算怎麼做。他是我欣賞的騎師。

積極進取

傑出的執行長該具備的第二項特質,是想讓世界有小而酷的進步,當然,大而酷也行。我把執行長想實現的目標稱為 BAG,就是「大膽願景」(Big Audacious Goal)。這個首字母縮寫字由柯林斯首創(他稱之為 Big *Hairy* Audacious Goal,意思是**膽大包天的目標**)。執行長以大膽願景激勵自己,終日熱血沸騰,每天都迫不及待要出門上班,哪怕他們已經跟巴菲特、蓋茲及麥基一樣富有。有了大膽願景,全體同仁就會知道,自己每天該專注經營的最重要事項是什麼。他們的大膽願景會成為企業的願景,至少執行長是這麼希望。好的大膽願景還能成為帶動企業長遠前行的力量。大膽願景並不見得要像約翰・麥基的「全食物,全人類,全世界」那樣翻天覆地。巴菲特先生的大膽願景,只是將波克夏海瑟威的報酬率,維持在 20% 以上的水準,這個大膽願景就能給他足夠的動力。

達爾文・史密斯(Darwin Smith)在金百利克拉克(Kimberly-Clark)的大膽願景也是個極佳案例,正如一位鬥志高昂的騎師,騎著匹極難馴服的馬,最終贏得比賽且成果豐碩。他在 1971 年開始掌舵金百利克拉克時,這家總部位於美國威斯康辛州尼納(Neenah)的企業,已將近一百歲。他希望這家企業,能成為全球最佳的紙類產品公司(想想衛生紙、面紙、尿布、紙巾,就是我們每天在洗手間、工作場所、旅館以及自己家會看到、用到的產品……是的,他們也生產舒潔)。他面臨的唯一障礙,是同樣生產消費品的巨擘寶鹼。史密斯花了些時間,但在他擔任執行長的二十年裡,不僅帶領金百利克拉克攀上高峰,也為股東們賺進無數財富。

賈伯斯創辦蘋果電腦之時,他的大膽願景,是要開發大家不必看說明書就能使用的全新產品,對抗 IBM 的邪惡帝國。他的大膽願景要求蘋果公司必須生產消費者覺得「酷」的產品。他的「酷」願景造就了蘋果、Lisa(電腦)、麥金塔、NeXT、iPod,以及皮克斯(Pixar)出品的電影《玩

具總動員》（*Toy Story*）、《海底總動員》（*Finding Nemo*）還有《超人特攻隊》（*The Incredibles*）。這位先生的身價超過 10 億美元，卻還是每天上班，因為大膽願景給了他動力。身為投資人的我們，最喜歡的就是這些聰明的有錢人燃燒自己，幫我們賺大錢。

找到大膽願景

那要怎麼知道執行長有沒有能激勵自己的大膽願景？這麼想好了：他們要是沒把大膽願景說給你聽，那大概就是沒有。他們大概只有使命宣言。很多企業的使命宣言，聽起來都像個遠大的目標。但大膽願景並不是使命宣言，而是驅使執行長前進的力量。執行長若是沒有進取的動力，公司的使命宣言也只是空話而已（你看下去就會發現，想戳破空話，有個好辦法是將公司的數字，包括成長率、投入資本報酬率，與執行長的致股東信相對照。在這一章的最後，我會給你看幾個特別誇張的吹牛例子。）

怎麼知道執行長有無進取的動力？上網用 Google 搜尋執行長的名字。《快公司》（*Fast Company*）、《商業週刊》（*BusinessWeek*）、《富比士》、《財星》以及《華爾街日報》（*Wall Street Journal*）給旗下記者的任務，就是挖掘各大企業執行長的故事。這些記者的工作，就是要了解這些企業高層是誰，又是如何經營企業。這讓你只要點點滑鼠，就能看到這些故事。想一想。你有個全明星偵察團隊，已經蒐集好這位執行長的所有資訊。你只要參考這些唾手可得的資訊，就能判斷該不該投資此人掌管的企業。

很多文章，應該說大多數文章都是在「吹捧」這些執行長，但細細閱讀還是可以了解很多東西。吉姆・柯林斯為了寫《從 A 到 A+》做了很多功課，他的研究方法之一，就是閱讀與各企業執行長有關的文章，並特別留意「謙卑」、「謙遜」之類的詞。他發現，傑出的執行長通常會淡化自己的貢獻，把功勞與讚譽留給別人。即使是閱讀吹捧性質的文章，也往往

能看出執行長究竟是為自己的利益而戰,還是為大膽願景而戰。

看完文章之後,再看看公司網站上,執行長每年寫給股東的信。再說一次,你要找的執行長,應該要把你該知道的一切都告訴你。他們通常會在信中闡述其大膽願景。你看完文章與致股東信,接著就要判斷他究竟是一派空話,還是言出必行。如果擁有這家企業能讓你感到自豪,你也了解這家企業,五大數字也顯示它有道廣闊的護城河,你就能準確判斷這位執行長算不算第五級領導。

不過,我還有兩個能派上用場的訣竅:(一)確認有無內線交易,以及(二)研究執行長的薪酬。

把搜尋騎師相關文章的辛苦工作,交給 Google 之類的線上搜尋引擎去做。從這些文章裡,挖掘你想知道的、關於這位執行長的一切。你也可試試下列網站:
- www.forbes.com
- www.businessweek.com
- www.fortune.com
- www.fastcompany.com
- www.wsj.com

內線交易

要記住,這位執行長若是第五級領導人,那應該會把企業,當成他們家未來百年會持有的唯一資產來經營。於是問題來了:如果這是他未來百年的唯一資產,那除非萬不得已,否則他怎會想賣掉一部分呢?執行長(或公司裡能接觸到與公司相關非公開資訊的任何人)買賣自家公司的股票,就叫「內線交易」。你可以在財經網站找到內線交易的相關資料。例

如在 MSN 財經，點選「研究」即可找到。

若是在進行內線交易的四十八小時內，執行長有通報美國證券交易委員會（SEC），那這筆交易就是合法的。內線交易是很明確的指標，代表好事或壞事即將發生，因為執行長通常能預先知道幾個月後的事情，而且如果他不打算長期經營，那就會賣股停損。公司要是即將出現大利多，執行長也會先行大筆買進，到時候就能大賺一票。

華倫・巴菲特身為執行長，卻是內線交易的絕緣體。就我所知，他在四十年的投資生涯，從未賣出一股波克夏海瑟威的股票。

其他執行長就沒有這麼死心塌地了。在安隆股價從 60 美元崩跌至 0 元的不久前，公司的董事長、執行長以及財務長，全都一邊賣出持股，一邊叫自家員工多多買進。

巴菲特先生倒是**會**賣出其他公司的股票，他賣出的企業，你最好也別碰。

公司高層賣股，不見得一定是壞事。舉個例子，比爾・蓋茲就賣掉過微軟的股票，將賣得的錢挹注於各慈善機構與投資項目。全食超市的約翰・麥基也是如此。但你要是看看他們的總持股數，就會發現他們絕大多數的個人財富，都投資在自家企業，就像巴菲特先生一樣。

很難判斷究竟多少內線交易算是**太多**，只能以常理判斷。如果一家企業的大多數高層，同時賣出超過 30% 的持股，那大概就不是好事。再說一次，以常理判斷。我曾考慮買進一家知名金融企業，後來發現董事長與執行長賣出了超過 50% 的持股，於是作罷。後來那家公司的股價就像自由落體般崩跌。你可能知道，賣股的原因很多，但要是大家都在賣，那就得當心。你也可能聽說，企業高層買自家股票只有一個原因：因為會漲。但也不見得一定如此。企業高層買自家股票，也有可能只是表達支持。他們甚至會刻意支撐下跌的股價，尤其在企業規模相對較小、少數策略性買進就能影響股價的時候。但企業內部人士若是不惜把自己的子女拿去抵押

並以市價買進，那就代表公司鐵定要迎來大利多。

> 詳細記載「內線交易」資訊的網站會顯示賣出的股數，以及總持有股數，但並不是每個網站都會提供這些資訊。例如在 MSN 財經，在某檔股票資訊的網頁點選「內線交易」，再點選企業高層的姓名，就能查到這位高層仍然持有的股數（「剩餘持股」）。你也能查到最近賣股所得的金額。在雅虎財經的某檔股票主頁上，點選「內部人士名單」，就能查到大股東持有的股數。再點選「內線交易」，就能查到哪些人在買賣這檔股票。Vickers（www.vickers-stock.com）會將所有資訊整理在同一個地方，但必須付費訂閱。你不妨看看其他網站提供哪些資訊（有些也許有免費試用期）。

我在後面的章節會詳談內線交易，也會告訴大家在網路上，要去哪裡找內線交易的相關資訊，以及其他線上的工具。現在你只要知道，執行長如果突然買進或賣出，也許就代表他認為那一百年已經到頭了。

看看執行長的薪水

評估企業的管理階層是否與我們同一陣線的另一個方法，是看看執行長領到多少薪酬。幾乎每一位為巴菲特先生（我一再提到的榜樣）效力的執行長，都是億萬富翁。那為什麼還要工作、且工作得那麼勤奮？就跟巴菲特先生還有比爾‧蓋茲的原因一樣，因為熱愛自己的工作。他們工作不是為了錢。他們當然也認為工作表現優異，就該拿到優渥的薪酬，但他們更喜歡接受把企業經營好的挑戰。賈伯斯於 1997 年回歸蘋果電腦，接受 1 美元的年薪，既沒領股票，也沒拿認股權，只為了將他（快要被「政客之流」的執行長摧毀）的心血結晶導向正軌。他帶領蘋果重返輝煌，也開始

拿到更多薪酬。巴菲特先生的年薪是 10 萬美元。除了這筆薪水以外，他其他的薪酬就跟其他股東領到的一樣，就是波克夏海瑟威股價在該年的漲幅。我喜歡這種跟我們股東站在同一陣線的執行長。

> 要到哪裡去找執行長薪資的資料？年報就有。所以我們要上企業的網站，下載最新年報。在目次中尋找「高層薪酬」（試試「第三部分」）。在雅虎財經與 MSN 財經，只要點選「美國證券交易委員會檔案」，再選擇「10-K」（年報），就能瀏覽年報。要是你有訂閱 Edgar Online，他們也會直接提供給你。

問題是世上還有另一種執行長：要是拿不到高得離譜的津貼，董事會沒同意給他天價薪資，他早上就不肯起床上班。這種執行長不會依照明確的大膽願景來經營企業（因為他根本就沒有），也不是出於熱愛而經營企業。他們不像巴菲特、賈伯斯、蓋茲這樣熱愛自家企業，以企業為重，而是傭兵，是收錢辦事的人。而就像真正的傭兵那樣，他們的忠誠度是視酬勞而定。企業一旦遇到難關，他們最在乎的是撈一大票走人。近年倒閉的幾家企業，例如泰科（Tyco）、安隆以及世界通訊，都有一個共同點：高層的薪水高到令人髮指。

我投資任何一家企業，都把自己當成這家企業唯一的股東，所以在我看來，執行長的薪酬，是直接從我的錢包拿的，這點我可不喜歡。對於第一守則投資人來說，這樣的執行長，還有支持他們的董事會成員，全都是無法無天、唯利是圖的貨色，只配被鄙視、被掃地出門。要把這些白吃白喝的廢物掃地出門，當然不容易。這些鼠輩都布置了「毒丸」，也就是企業的董事會與高層主管之間達成協議，股東若是不顧他們的意願出售股票，這些人就能拿到駭人聽聞的鉅款。股東遇到這種自私自利的交易，也只能坐視自己吃虧。以下是最近幾年，唯利是圖的執行長與缺德的董事會

聯手洗劫企業的真實案例（姓名保密）：

2000 至 2004 年，某位執行長拿到 4000 萬美元的薪酬，股東卻血本無歸。另一家企業的股東，損失了 80% 的淨值不說，還被董事會強迫付給執行長逾 2000 萬美元，因為他達成了季度目標。還有一家企業的價值銳減 40%，但執行長還是領到董事會支付的逾 7000 萬美元績效獎金。另一家大企業在過去五年間因不敵海外競爭對手，不僅價值下跌 70%，市占率也暴跌，結果執行長竟還是領到超過 4000 萬美元。企業若是受限於合約，即使開除了執行長也**不得不**付錢，那是一回事。但這些人拿的天文數字，竟然是績效**獎金**！你說誇張不誇張？

最大的過錯並不在於執行長。執行長只是忠於自己的本色。最大的問題出在董事會。董事會領薪水，最主要的責任就是安排最合適的掌舵人選，給出的薪酬要能鼓勵執行長以股東的最佳利益為重。近年來，各企業的董事會很難做到這一點。很多董事會早就忘了公司是誰的。也許是因為這樣，他們才會稱我們是「股東」，而不是所有權人，就是不希望我們想起企業其實是我們的。

我們要是不欣賞公司的管理階層，就不會買進這家企業。就這麼簡單。不欣賞管理階層的主要原因之一，是他們的薪酬過高。薪酬過高的主因之一，是因為他們拿到了認股權。經理人拿認股權，並不需要付出任何費用。認股權是企業給予的獎賞，經理人拿到了認股權，就有權在未來的某個時間，以某個價格買進公司的股票。給予認股權的目的，是要激勵經理人讓公司股價提升，這樣一來，認股權的價值就會更高。

第一守則進階分析

企業的年報必須向股東揭露認股權交易。看看財務報表索引的「綜合財務報表注意事項」。直接滑到注意事項接近最後的部分，會看到標題為「認股權」的一節。在這裡就能看到企業認股權的架構。這種等級的企

業評估，比較適合進階的第一守則投資人。身為初學者的你，其實不必了解認股權，也不必了解企業認股權該有的架構。最基本的是要確認企業是否定出合理的「履約價」（持有認股權的企業高層，在某段時間能買進股票的固定價格）。首先，這個價格應該要對股東有益。其次，要確認企業是否禁止執行長在短時間內出售透過認股權認購的股份，以確保執行長是以長期投資的角度來經營企業。你分析這些的目的，是要汰除那些被一群唯利是圖、只想趕快撈一票走人的傭兵所經營的企業。

我們舉個例子：假設我想聘請滑頭先生當我們公司的執行長，現在的股價是每股 30 美元。我給滑頭先生認股權，他可以用每股 30 美元的價格，買進我們公司的 100 萬股。他要是能讓股價上漲至 40 美元，就會賺進 1000 萬美元。他沒花半毛錢買進認股權，所以沒有下修風險。（當然除了認股權外，他也會拿到豐厚的薪水，畢竟其他因素也會影響股價，所以他也不敢斷定一定能讓股價上漲。）這是份好差事。尤其是滑頭先生知道，他只要維持現狀，光是 4% 的通膨率，也會在七年後把股價推升至 40 美元。多棒的待遇！但對我們股東來說可就不好了。我們虧大了。我們的股份當中有 100 萬股，白白送給了這位先生。我們的「報酬率」如果只能跟上通膨，那有也等於沒有。

無良企業的認股權鬧劇最糟糕的地方在於，明明認股權是股東的支出，卻直到最近都不被列為支出。執行長拿到認股權，企業的盈虧並不受影響，受影響的只有股東，要損失自己擁有的一部分股份。如果這不叫虧損，那什麼才叫虧損？在我寫下這段文字期間，美國國會正在考慮通過法案，規定企業必須將給予的認股權列為支出，企業的錢才不會因此從股東的後口袋溜走，還不被企業列為支出。許多企業不願將股權稀釋列為支出，是因為唯恐短期獲利會不如去年沒有認列支出時的數字。企業向國會議員埋怨，國會議員的競選經費又得靠企業贊助……眾位執行長揮揮支

票……然後，他媽的，法案就被擱置了。巴菲特先生對這現象是這麼說的：

「讓這種鬧劇一再上演的共犯，是許多國會議員。他們罔顧四大會計師事務所、財務會計標準委員會（Financial Accounting Standards Board）全體委員，以及幾乎所有專業投資人的意見。」

本來所有企業在 2006 年以前，應該採用認列認股權支出的標準。企業的董事會與執行長，對付毫無戒心（也毫不留意）的股東的最大騙局，本該被這項新標準消滅。

所以第一守則投資人要尋找理想企業，也就是理想的執行長經營的企業，該怎麼做？

看看企業的年報。想一想：這位執行長拿到的，究竟是股東還是傭兵的薪酬？如果執行長拿的是合理的薪酬與津貼（你跟我一樣，都能判斷怎樣叫「合理」），而且持有企業的股份或認股權，我們賺錢，**他**就也能賺到合理的獲利，那這就沒問題。但若不是，那又何必擁有一家趁你一不注意就咬你一口的企業？

對了，想了解**理想**狀況，看看全食超市從高層一直到收銀員的薪酬架構，就會知道企業高層如果不只是為了錢工作，會有多好的成績。

表象 vs. 現實

我先前說過，想抓出可疑的管理團隊或執行長，有個好辦法是找出核心數字，尤其是五大數字，與執行長所訴說之公司現況和願景之間的巨大差距。與其相信薪酬過高的公司高層說的話，你還不如相信數字。

危險地帶！

只要用心尋找，就不難找到警訊。正直還是吹牛，兩者沒那麼難分辨。如果你發現一家企業某年業績不佳，各項數字不理想，股東損失慘重，

> 那就看看執行長在那年的致股東信都說了些什麼。他若是不坦承自己犯的錯，只是一味強調未來的挑戰，還有他打算怎麼面對，那這位騎師根本靠不住，不知道該怎麼騎馬。別跟著他騎上那匹馬。

我為了寫這本書做功課，在尋找管理不善、能帶給我們啟示的企業案例時，看到麥可・布魯什（Michael Brush）的文章，「薪酬高到最誇張的五位執行長」（"The Five Most Outrageously Overpaid CEOs"，2005年8月24日發表於 www.moneycental.msn.com）。這篇文章提到的五位執行長拿到天價薪酬，所屬企業的股東卻是慘兮兮。我一時好奇，這些執行長大把虧錢的同時，又在致股東信裡說了些什麼？從這些信能不能看出端倪？能不能看出實情？

以下這些例子，道盡了觀察執行長該注意的事項。你的執行長寫的信要是跟這些人一樣，那你最好了解這家企業，而且要緊盯，因為這些人最擅長向股東隱瞞實情。（不過你看下去就會知道，我對其中一位執行長的印象，其實比文章所呈現的更好。）我在這裡簡短說說我所知道的，但我覺得你應該親自看看這些信，才會真的知道我在說些什麼。你只需要上各企業的網站看年報（每家企業都會公開年報，通常能在「投資人服務」的標題之下找到）。

席耶那（Ciena，CIEN）：席耶那專營光纖通訊網路。執行長是蓋瑞・史密斯（Gary Smith），在2001至2004年間，他的薪酬超過4100萬美元，股東卻損失超過三分之二的每股帳面價值，以及超過90%的股票價值。上網閱讀席耶那的年報以及史密斯先生的致股東信。要記住，理想的執行長寫信應該要像巴菲特，承擔企業績效不佳的責任，也告訴股東該如何評估自己的表現，以及企業的前景。席耶那在2002年虧損15億美元，到了年底，史密斯先生在信中，卻無暇提及天價虧損。如果你是席耶那的股東，

難道你不覺得執行長至少應該提到股東損失了一點錢，告訴你問題出在哪裡？史密斯先生卻對股東說，他明年要如何帶領企業迎向成功。結果到了隔年，也就是 2003 年，公司的營收下降，席耶那又損失 3.86 億美元，股東的淨值又蒸發了 20%。這代表史密斯先生在 2002 年底，並不知道企業的狀況，不然就是不想向股東說實話。他寫給股東的信，是在 2003 會計年度過了一大半才寫的，所以你可以自己判斷。

看看他寫的信。就是典型該當心的「現在起一切都會好轉」的話術。企業要是出了問題，執行長最好坦白告知，承擔責任，也告訴股東該怎麼解決，就像你聘請的任何人搞砸了差事，都該這麼做。這也不是什麼了不起的訣竅吧？我們想要為人正派、知道股東才是老闆的執行長，就應該要能從他多年來寫給股東的信裡，看見這種跡象。要是我們看不見，那就不投資它，因為不跟你說實話的執行長，很有可能釀成下一場安隆、世界通訊之類的災難。這種執行長要嘛無能，要嘛是騙子。反正我們要走人。

新美亞電子公司（**Sanmina-SCI**，**SANM**）：這家公司提供電子產品製造服務。執行長朱爾．索拉（Jure Sola）很喜歡說些「迎向接踵而至的挑戰」、「堅定不移地耕耘」、「持續最佳化」、「大有進展」、「我們的策略以客戶為重」，以及「我們對未來很樂觀」之類的話。我看到這種信就毛骨悚然。新美亞電子的股價大約每年上漲 2%，這種報酬率跟你的儲蓄帳戶差不多。投入資本報酬率五年來是 -12%。他們從 2001 年開始就沒賺半毛錢。

你覺得他應該會提到情況不太妙？股東又不是沒發現股票的市價從 2001 年開始，從 60 美元跌至 5 美元。唉呦喂。股東除了「科技業史上最嚴重衰退」，應該還想聽聽其他解釋。呃，朱爾，其他科技公司過去兩年可是大發利市，所以你該承擔責任，而不是怪罪市場。但你沒有這樣做，反而笑納 1900 萬的豐厚獎金。你也該在信上談談你為何接受這種獎金。

昇陽電腦（Sun Microsystems，SUNW）：這家公司是由創辦人史考特・麥克里尼（Scott McNealy）擔任執行長。他寫的信更從股東角度出發，比較不像是經營企業的政客在說話，這點倒是不錯。昇陽電腦從2001年開始，股價從65美元跌至4美元，淨值也損失了大約三分之一，股東飽受打擊。麥克里尼自己當然也是大股東，想必也很震驚。有一點我很欣賞：麥克里尼在他寫的其中一封信表示，他沒能達成自己設定的目標，昇陽電腦也有所虧損。他接著向股東提到一個嚴重的問題：市場認為昇陽電腦生產的系統要價太高。他也說，他正在用哪些方式解決這個問題。他強調不會容忍不道德的商業行為。這種信誰都會寫，但我覺得史考特是有誠意的。總而言之，與其他苦苦掙扎的企業相比，他寫給股東的信好多了。看看史考特2002至2004年寫的信，就知道一個正派、以股東為重的執行長，在公司遭遇難關時會說些什麼話。

艾伯森超市（Albertsons，ABS）：連鎖超級市場艾伯森由賴瑞・強斯頓（Larry Johnston）掌舵。十年來每股獲利完全沒成長，零成長。淨值成長率五年來始終持平。這家企業感覺像是從岸邊走入水中，走了十五英里左右，卻沒有救生用具。也許是打算默默沉入水中就好。光看數字就覺得未來不樂觀。執行長寫給股東的信，照理說應該讓股東知道自己的投資績效，但看了強斯頓先生寫給股東的信，很顯然他自己並不是走在水中，而是坐在五十英尺長的賽艇的駕駛艙裡，準備與全世界大戰一場。他說的話包括「我們正在進行最精彩的轉型」、「勝利的慾望」、「新的力量」等等。

即使2002年是「企業史上最辛苦的一年」，「有些企業跌跌撞撞，大多數苦苦掙扎，不少倒閉」，強斯頓先生也為「穩固的績效」、「零售業史上最大規模重整」感到自豪。我看這些執行長寫的信，發現他們常用的一個技巧，是列舉能「證明」他們自己前一年表現有多好的事蹟。我說

各位啊，事實就在投入資本報酬率、營收、每股盈餘、淨值，以及現金數字之中，白紙黑字寫得清清楚楚。我們不像以前那麼笨，所以不必再說「平均購物量有所提升」、「客服分數持續上升」，或是在鳳凰城「總市占率成長 10-130%」。如果公司這一年業績不好，你認為接下來的一年也不會好，那就跟我們直說。你經營的公司是我們的，懂嗎？對我們放尊重些。對了，賴瑞，說到這裡，你下次寫信能不能說說，企業的價值下跌了 40%，你的領導怎麼還會值 7600 萬美元？

必治妥施貴寶（Bristol-Myers Squibb，BMY）：這家大型製藥企業由彼得·多蘭（Peter Dolan）經營。他自 2001 年接任以來，必治妥施貴寶的市價下跌了 50%，但他仍然笑納 4100 萬美元。這些錢有一部分是來自與英克隆（ImClone）的 20 億美元藥品開發計畫，結果這款藥品幾個月後就被美國食品藥物管理局（FDA）打了回票。唉呦！20 億美元就這麼飛了。還是應該發獎金鼓勵鼓勵。喔，他在 2004 年秋季，決定要求公司更改先前發布的財務數字，要更貼近現實。看到我投資的企業更改數字，真是太好了，你說是不是？

必治妥施貴寶在多蘭的領導之下，營收四年來毫無進步，每股盈餘也一樣。負債在過去四年成長了超過 600%。最能看出長期價值成長率的淨值成長率，過去四年來平均每年為 3%。接下來又是一句執行長的炒作臺詞，「除了在財務方面表現穩健之外」，「我們也達成其他重要目標」。然後繼續炒作新產品。就這樣。股東得到的只有這樣。拿了股東 4100 萬美元，做了⋯⋯什麼？連一句道歉也沒有。

結論：除了史考特·麥克里尼之外，其他幾位執行長完全沒盡到受託人責任，沒告訴股東實情。對第一守則投資人來說，單憑這點就該遠離這些企業。當家的人非常重要，沒有好的執行長，就不會有好的企業。不要

被執行長的行話與炒作給迷惑了。數字不會說謊，執行長寫給股東的信，若是不坦誠告知發生了什麼事，股東又怎麼能相信他？不信任執行長，就不能買進那家企業。

首先，要確定自己是對的

我們知道該如何從財務數字、管理團隊，判斷一家企業是否理想，接下來就要判斷是否真想投資這家企業。我在前面幾章已經提過，你思考是否買進一家企業，一定要想想你的核心價值。這是第一守則投資法的重要一環，也能讓你縮小選擇範圍，最終買進最佳的幾家企業。要確定你要買進的企業，會朝著你想要的方向前進。如果你覺得這家企業的方向不需要改變，那很好。但你若覺得**需要**改變，那嚴格來說，從你的角度看，這家企業並不是以股東為重，那你就不該投資。

在我小時候，大衛・克羅（Davy Crockett）是我心目中的英雄。（年輕的讀者可能不熟悉這個節目。《蠻荒之王》〔*Davy Crockett*，或譯《大衛克羅傳》〕是 1950 年代中期的熱門電視節目。我那陣子目不轉睛盯著家裡的黑白電視看。）大衛在每一集裡都會提醒我們，他的座右銘是「首先要確定自己是對的，然後勇往直前。」身為第一守則投資人，我很認同大衛・克羅的座右銘。我要是不確定，就不會輕舉妄動。就先保留現金，直到找到能讓我有信心的企業。但要是我覺得某家企業確實很理想，那就會前往最後一個 M：**安全邊際**。

| 第八章 |

要有安全邊際

所謂憤世嫉俗，就是知道一切事物的價格，卻對價值一無所知。

——王爾德（Oscar Wilde，1854-1900）

我們已經談到第四個 M：**安全邊際**（MOS）。安全邊際能決定我們的「理想價格」，你在這一章也會發現，想要擁有安全邊際，首先就要了解某家企業的正確標價。我們在下一章會計算標價。在這一章，只需要專注在安全邊際的概念上。安全邊際是第一守則的一大重點，卻常常被忽略。

瘋狂的效率市場假說，與瘋狂的市場

我先前提到過柏頓‧墨基爾教授。他在普林斯頓大學的研究，造就了效率市場假說。所謂效率市場假說，意思是股價反映的就是企業的價值。他在 1972 年，讓常春藤盟校的知識分子相信，即使是華倫‧巴菲特這樣的投資大師，投資績效也不如一隻隨機選股的猴子。也許巴菲特先生對此頗感驚訝。在墨基爾的著作上市之前，巴菲特先生認為他過去十六年來，每年能有 29% 的報酬率，是因為有良師班傑明‧葛拉漢傳授高明的投資策略，而且他自己也認為，股市對於股票的估價偶爾並不正確。墨基爾教授甚至認為，巴菲特先生卓越的投資績效，其實只是統計學上的反常現象，好比擲硬幣幾次，連續出現正面。這種現象雖說反常，但一個隨機的

系統的大型統計樣本，確實有可能出現這種情況。

我在第一章提過，墨基爾探討效率市場假說的著作《漫步華爾街》至今仍在販售。這本書已經第八版了，仍堅定不移地提倡效率市場假說，不思悔改。這裡還是來看看墨基爾教授接受分析財經新聞之電視節目《財星華爾街週報》（*Wall $treet Week with FORTUNE*）的主持人傑夫‧柯文（Geoff Colvin）訪問時所說的話。這場訪談於 2003 年 6 月 20 日播出[7]：

墨基爾：我說過，黑猩猩哪怕眼睛被蒙住，隨便對著股票清單射飛鏢，選股的效果跟專家一樣好。

柯文：這是為什麼呢？為什麼沒人能一直打敗市場呢？

墨基爾：我覺得原因有幾個。首先，我們的市場在大多數時候都極有效率。關於某家企業或是整體經濟的消息一旦浮現，大家立刻就會有所反應。等到你我得知消息，其實早就反映在價格上了……

柯文：很多人說，1990 年代末期的大泡沫，就是股價莫名其妙一飛沖天，又在 2000 年初莫名其妙暴跌，足以證明效率市場假說根本是胡扯。

墨基爾：我覺得長期來說，市場還是有效率的。但我也承認，**市場有時會失常**。

所以這位提倡效率市場假說的教授是這麼說的：「我覺得長期來說，市場還是有效率的。但我也承認，**市場有時會失常**。」班傑明‧葛拉漢大約五十年前是這麼說的：「股市在短期而言是投票機，長期而言卻是體重計。」華倫‧巴菲特是這麼說的：「投資的基本觀念，是把股票看成企業，善用市場的波動，尋求安全邊際。這是班傑明‧葛拉漢教我們的。一百年後，這個觀念仍會是投資的基礎。」換句話說，墨基爾教授整整三十年來

---

7 原始訪談完整內容網址為 http://www.pbs.org/wsw/tvprogram/malkiel_interview.html。現已失效。

大錯特錯，也沒拿出男子氣概承認錯誤，現在卻滔滔不絕說著巴菲特先生與葛拉漢先生八十年來得心應手的投資哲學。唯一的差別，是墨基爾先生仍然堅稱，誰都無法運用「市場有時會失常」的事實賺錢。巴菲特先生、葛拉漢先生，以及眾多成功的投資人，確實會運用市場估價錯誤的「失常」時期，賺進大把鈔票。我們也要這樣做。

> 打個比方：某天下午，在某間知名大學，某位認為股票的價格永遠正確的經濟學教授，與一位研究生走在路上。兩人看見地上的 100 美元鈔票。研究生彎腰想拾起，教授卻說：「不必撿了。那要是真鈔，才不會在這裡。」

標價

　　第一守則投資法的實際應用是這樣的：以五毛錢買進價值一塊錢的東西。之所以能做到，是因為我們想買進的企業的價值，有時與賣出的價格並不相符。我們投資企業，也必須了解這一點。所謂**價格**，是企業現在在市場能賣得的價錢。價值則是代表企業值多少。我在第二章說過：一樣東西的價格，有時並不見得等於價值。例如你在市場買新車，在踏進經銷商詢問價錢之前，應該知道你要買的新車價值多少。

　　第一守則投資法說穿了，就是去買在市場上販售的東西。第一守則投資人必須了解，我們一定要知道一樣商品或是企業的價值。我們再舉買車的例子。我有一天在紐約市的公園大道上，隔著經銷商的櫥窗，看見一輛全新的瑪莎拉蒂豪華轎車（Quattroporte）。真是美啊。我說真的。於是我走進經銷商，問一位銷售人員這輛車的標價。她對我說是 10.1 萬至 11.5 萬美元，要看選配內容而定。

　　那時我坐在駕駛座，玩著儀表板上的按鈕。我問她：「那以這輛的配

置來說，需要多少？」她說要等六個月，價格在 12 萬至 14.5 萬美元之間。我連忙告退。

我還是很好奇，所以上 eBay，發現有一臺（只要）14.5 萬美元。我請教的那位紐約的銷售人員，說的都是真的耶！標價是 10.6 萬美元。起先那位銷售人員，還有 eBay 上的另一位賣家，都要價 14.5 萬美元。為什麼呢？因為需求很高。嘿，歡迎來到美國。有些買家錢多到自己都不知道該怎麼辦，所以願意花這種價錢。他們有錢，也想要這輛車。14.5 萬美元的價格雖說比標價高出 40%，他們還是願意付。

我買任何東西，都不會按照標價購買，所以不會買這輛車。我愛上了那輛瑪莎拉蒂，但我得照料我的錢，我的錢才會照料我。要照料我的錢，就不能只因為不想等一陣子，就隨便把錢花掉。你我都知道，超出標價的要價是不會持久的。要不了多久，我就能以標價買到那輛瑪莎拉蒂，之後還能以低於標價的價格買到。

我們買進企業也是一樣。首先要找到幾家我們喜歡，也符合我們的標準的企業，然後就要非常耐心等待，等到低於標價再買進。這與一般的共同基金經理人的操作方式不同。共同基金經理人多半是以標價，或是高於標價的價格買進，因為用的不是他自己的錢，也是因為他相信那群在商學院教他效率市場假說的教授。效率市場假說告訴他，任何東西始終是以標價出售。也是因為他拿到你的錢之後，必須在合理的時間內，拿你的錢買點什麼。

共同基金經理人要是兩三年來什麼也沒買，只是耐心等待市場失常，再拿投資人給的幾十億美元，以理想的價格買進理想的大企業，那身為共同基金投資人的你，恐怕不會很開心。你的錢交給他管理兩年，他給你的報酬率卻是零。這種情況不可能發生，因為共同基金經理人知道，你對他的評價是看去年左右的績效，而不是看過去十年，所以他不會把你的錢放個兩三年不投資，而是馬上就拿去買個什麼。他要是在普林斯頓大學修過

墨基爾教授的課，認為市場的價格永遠能反映真實的價值，就更願意立刻投資。你的基金經理人認為，成功投資的祕訣，是比別人先掌握企業的消息。要是辦不到，那也要認為自己付出的價格，哪怕是再離譜的天價，也絕對不會與價值不符。喔，1990年代末確實出現一些高得離譜的股價。當時很多基金經理人以類似那輛瑪莎拉蒂的離譜價格，買進股票。

舉個很好的例子：1999年末，雅虎分割後的股價是118美元。公司的成長率必須在未來十五年，年年超越70%，這個價格才有可能成為雅虎的標價。那樣的成長率可是很驚人的，但雅虎要是真能成長得那麼快，那十五年後的市值就會是1.5兆美元，遠高於世上市值最大的企業埃克森美孚（Exxon）。你若認為這種情況有可能成真，那你就是覺得雅虎2014年的廣告收入，會遠高於埃克森美孚賣石油的收入。要是這種情況沒能成真（注意了、注意了），那你的基金經理人買進雅虎的價格，就是高得離譜，離譜到幾乎在所有其他情況，都需要二十幾年才能拿回你的本金。（雅虎的最高價格，是2000年初的118.75美元，到了2002年8月底，已經跌到只剩4.5美元。你要是了解這家企業，就會知道**這種**價格便宜到不行，我就是不了解，後來雅虎的股價上漲了900%左右。）

雅虎並不是唯一經歷過這種這種瘋狂的企業。

你的基金經理人要是在1998年，以每股85美元的價格買進可口可樂，而且可口可樂也能維持多年來的成長率，那你也要到2025年之後才能打平。要忍受超過二十五年的零報酬。

這些法人基金經理人在想什麼？他們在想這些企業的股價雖說完全不合理（或者如亞倫・葛林斯潘〔Alan Greenspan〕所言之「非理性繁榮」），但他們卻**不得不**買進，而且是因為……**你**的關係！1998年，無數投資人將資金從保守型共同基金迅速撤出，投入報酬率20-30%的基金。

基金經理人除了聰明之外，還有鍛鍊出來的生存本能。他們的收入有一大半是靠吸引更多投資人。你以及其他投資人要是將資金撤出，他們

的收入就會減少。此外，他們的基金報酬率要是一直遠低於其他基金，他們就會被開除。所以他們在想什麼？他們在想，還是**繼續**工作，再拿一兩年每年 100 萬美元的豐厚收入比較好，就算有可能把你的錢全輸光也沒關係。寧可這樣，也不要現在就被開除，因為你把資金撤出，拿給較為積極投資的其他基金經理人。

他們之前是這麼想的，**現在**也還是這麼想。現在，此時此刻，你的基金經理人正在尋找一檔會在接下來的幾個禮拜大漲的股票，他的整體報酬率才能遠勝於同行以及標普 500 指數。你真的覺得他會看得更遠嗎？還是清醒一點吧。

我要說的重點是：我們必須承認，市場對於股票的估價有時正如墨基爾所言，是「失常」的。所謂失常，有時是指價格極高，有時是指價格極低。猜猜**我們**有興趣的是哪種失常？我們身為企業的買家，其實兩種都有興趣。我們要掌握市場經常出現的波動，當作買進與賣出的時機。我們趁價格遠低於標價時大舉進貨，再趁價格超出標價時大舉出貨。

最能決定我們日後獲利的一項因素，是我們現在買進的價格。這個價格是**等於**標價，**高於**標價，還是**低於**標價？我們可以判斷標價，卻無法左右這家企業的賣價。那得由我們的好伙伴市場先生決定。

見過市場先生

市場是我們的伙伴這句話，是班傑明‧葛拉漢說的。這個概念就像葛拉漢對於投資的許多見解，是一想就通，也是很有深度的道理（至少應該是如此）。市場先生是位很好相處的伙伴。無論何時他都願意交易。我們想買進企業，他就會賣給我們。我們想賣出企業，他就會買。真是太棒啦！但有個條件：價格由市場先生決定。

要不是市場先生有著兩極化的情緒，我們投資起來還真不占什麼優

135

勢。我們這位伙伴心情會上沖下洗，有時衝上狂喜的雲霄，有時跌落憂鬱的谷底。市場先生大多數時候都會按時吃藥，腦袋也清楚，能訂出合理的買賣價格。所以企業的價格在大多數時候，都很貼近實際價值。但市場先生有時太過樂觀，把每家企業的價格都訂得超高。有時候又過度悲觀，覺得這個世界才不像安妮（Annie）唱的那樣，太陽明天**才不會**升起[8]。在這種時候，他覺得天底下每一家企業，都再也不會有好日子。所以他把價格訂得極低，好像這些企業完全沒價值。價格的高低取決於市場先生當天的心情，有時也跟他的心情一起反常。

雖說利用這種嚴重的情緒障礙不太妥當，但顯然我們還是想在市場先生嚴重憂鬱時，向他**買進**；在他亢奮不理性時，**賣出**給他。利用一個情緒不穩定的人，感覺有點不好意思，但話說回來，他似乎不介意。他已經瘋了太久，所以習以為常。就算某檔股票今天是每股100美元，僅僅幾個月後就跌至每股10美元，他也不覺得他的估價有問題。你問那群研究市場先生的教授，他們會告訴你，市場先生沒問題，他的行為完全正常，還會跟你講一堆理由，向你解釋為何那家企業的股價無論是100美元還是10美元，都叫做合理！我想，當瘋人院的管理員本身也是瘋子時，那每個人就都是「正常人」了。

我們回過頭來看看瑪莎拉蒂。瑪莎拉蒂的經銷商要是也有著兩極化的情緒，那也許這個月要價14.5萬美元，一年後又變成5萬美元。要是我們花14.5萬買進，幾星期後賣出，那可就要虧錢了。但若能以5萬塊買到同樣的車子，就算我不是專業車商，明天就把車賣了也一定能賺到錢。你看看，價格能帶來多大的不同？

想要靠買進企業致富，很大一部分的關鍵在於了解企業的價值。與此同時，知道企業**不值**多少錢，也同樣重要。

---

8 編註：反用美國知名百老匯歌劇《安妮》（*Annie*）中的名曲〈明天〉（Tomorrow）中的歌詞。

在理解了（一）價格不等於價值，以及（二）市場先生對股票的估價偶爾會失常這兩點之後，我們就會曉得，只要我們把想買進的每家企業都給予正確的估價，那接下來需要做的，就只是耐心等待市場先生開出理想價格，也就是確定能獲利的價格即可。

有些投資人認為好的企業不會有便宜的價格，通常是這樣沒錯。但「通常」並不等於**總是**如此。以下是市場先生近年來對幾家優質企業估價錯誤的例子（不必煩惱我是怎麼算出這些標價的，因為我很快就會教你計算任何一家企業標價的詳細步驟，很簡單的）：

2000 年的阿波羅集團（APOL）：五大數字很穩定，也很理想。營收成長率為 35%。每股盈餘成長率為 35%。淨值成長率為 36%。現金成長率為 30%。投入資本報酬率為 18%。過往的年平均成長率為 35%。分析師的預估成長率為 25%。假設分析師的預估正確，那保守估計的標價會是 40 美元。我想，市場先生並不相信他那群分析師。市場先生給出的價格是：10 美元。而到了 2005 年 5 月，市場先生的價格是：79 美元。五年複合報酬率為每年 52%。

2003 年的沃爾格林（WAG）：營收成長率為 15%。每股盈餘成長率為 17%。淨值成長率為 15%。現金成長率為 50%……全都很穩定。投入資本報酬率為 15%。假設分析師對這家企業未來的成長率的預測正確，那標價就是 44 美元。但市場先生卻開出 27 美元的賣價。為什麼呢？因為一場經濟衰退下來，很多人嚇到不敢買。2005 年 5 月的股價：45 美元，兩年複合報酬率 29%。

2000 年的萬能衛浴（BBBY）：營收、每股盈餘、淨值，以及現金流量的成長率皆為 25%。投入資本報酬率為 19%。標價為 40 美元。市場先

生以 12 美元的價格拋售。為什麼？因為市場開始崩跌，萬能衛浴也連帶遭殃。2005 年 5 月的股價：40 美元。五年複合投入資本報酬率為 27%。

2000 年的星巴克（SBUX）：營收、每股盈餘、淨值，以及現金流量的成長率皆為 24%。投入資本報酬率為 10%。假設分析師對於未來成長率的預測正確，那標價就是 60 美元。市場先生的售價為 14 美元。2005 年 5 月價格：56 美元，五年複合投入資本報酬率為 32%。

2001 年的戴爾（DELL）：營收、每股盈餘、淨值，以及現金流量的成長率皆為 35%。投入資本報酬率為 40%。假設分析師對於未來成長率的預測正確，那標價為 70 美元。市場先生恐慌拋售科技股，每檔科技股都拋售。戴爾的賣價是 20 美元。太奇怪了吧？2005 年 5 月股價：40 美元，四年複合報酬率為 19%。

2000 年的托爾兄弟（TOL，興建住宅的建商）：營收、每股盈餘、淨值，以及現金流量的成長率皆為 18%。投入資本報酬率為 12%。假設分析師對於未來成長率的看法正確，那標價就是 25 美元。市場先生賤賣房地產類股：9 美元。2005 年 5 月股價：90 美元。五年複合投入資本報酬率：每年 58%。

2005 年，這幾檔股票的平均報酬率是每年 30%。你若是在 2000 年，投資 1 萬美元，買進這幾檔股票，那到了 2005 年，你的 1 萬塊已經變成 3.7 萬。在此同時，標準普爾指數的平均報酬率是 -2%，同樣投資 1 萬美元買進大盤基金，就會只剩 9000 美元。以這樣的報酬率，3.7 萬美元到了十五年後可能會變成 200 萬美元，而投資 1 萬美元買進共同基金，十五年後還是 1 萬美元。

安全邊際

買進企業能創造高報酬率的關鍵,是要確認我們只付出五毛錢,就能買到一塊錢的價值。首先我們要判斷企業的價值,也就是標價。然後要判斷能有安全邊際的價格,也就是標價的一半。只要能正確判斷標價,就能賺很多錢。就算判斷錯誤,也有安全邊際的保障,就能在不違反第一守則的情況下全身而退。真是太好了!

我們不是天才,也並不完美,所以我們買進每一家企業,無論是何種企業,都必須有安全邊際。還沒等到有安全邊際的價格,那就寧可不買進。拜託!如果連巴菲特這樣的天才,都堅持要有安全邊際,難道我們不該堅持嗎?安全邊際這四字箴言,只要牢記就能賺進大筆財富。而且萬一情況不如預期,有了安全邊際就不會虧損。

> 判斷任何一家企業的安全邊際價格,只是正確執行第一守則投資決策的其中一步。要記住:你必須完成整套的四個 M 分析,才能買進任何一家企業。一家企業要是對你來說沒有意義,沒有五大數字組成的護城河,或是沒有可靠的管理團隊,而你卻只是因為價格有安全邊際而買進,那你還是違背了第一守則。

我們回到 2000 年,看幾檔股票。如果說哈雷在 2000 年的標價是 50 美元,那安全邊際價格就是 25 美元。只要等到這個價格,就該大批買進!如果通用汽車的標價是 33 美元,安全邊際價格就是 17 美元。這跟通用汽車在 2000 年的賣價,也就是 77 美元相差甚遠,但與 2005 年的賣價 26 美元則接近多了。戴爾在 2000 年的標價是 40 美元,安全邊際價格是 20 美元,市場賣價則是 40 美元,所以我們不買。戴爾的價格並不是不公道,其實很貼近其價值,對吧?在這種情形,我們就要持續觀察這檔股票,因為價格

還沒便宜到適合我們買進的地步。我們要有把握才行。而要想有把握，唯一的辦法是以五毛錢的價格，買進一塊錢的價值。戴爾一年後的賣價是 20 美元，我們堅持並沒有白費。阿波羅集團的標價是 40 美元，安全邊際價格是 20 美元。市場先生的賣價是 10 美元，所以對我們來說非常划算。

> 投資經驗豐富的讀者，也許在想這是不是「價值投資」，我的答案是「不是」，這是第一守則投資。第一守則投資與價值投資的差異在於：價值投資說穿了就是買進沒人要買的企業。巴菲特先生將這種企業稱為「菸蒂股」，意思是大概只能再抽一口。我們要的不是「菸蒂股」，而是價格便宜的「瑪莎拉蒂股」。我先前說過，我們要做的是找到理想企業，了解這家企業的價值，然後就是等待市場先生情緒失控，便宜賣給我們。這就叫第一守則投資法。要趕快習慣喔！

安全邊際不僅能讓你獲利，還能讓你即使遇到泡沫也不致虧損。在 2000 年，捷迪訊光電（JDS Uniphase）、甲骨文、微軟、蘋果、英特爾，以及其他每一檔崩跌的那斯達克成分股，賣價都遠高於標價。可口可樂、迪士尼，以及吉列的賣價也遠高於標價。那電信股呢？賣價也是遠高於標價。了解了標價以及安全邊際價格，你就不會在價格太高時買進。各位啊，你們的人生就會快樂多了。

你現在大概超想知道，如何判斷企業的價值，也就是標價。我們很快就會談到，屆時你也會知道如何判斷安全邊際價格。

將安全邊際應用於其他投資

你可以將安全邊際的原則，應用於各種投資。如果你是第一守則房地產投資人，那你就不會按照「博傻理論」進行房地產投機（指望一兩年後

有更傻的人，出比你更高的價！）。你是把房地產當成企業買進，而且會追求很大的安全邊際。雖然我在本書的第一章批評過房地產投資（認為不如買進企業划算），但這並不代表你就不能投資房地產。大多數的人在人生某個階段，都會買房地產。你也可以將第一守則應用在房地產投資，將報酬最大化。只要了解如何達到房地產的安全邊際價格，就會更清楚這個概念。

舉個例子，我曾經向愛荷華州的一位農民，買進五十五英畝的未開發地。這塊土地位於逐漸繁榮的小鎮邊緣，但並不屬於該鎮的轄區，也沒有連結下水道。我以每英畝 5000 美元的價格買下，大約是農地行情的兩倍，但相比起對街已經分割、且連結市區下水道及供水系統的類似土地，要價只要五分之一。我後來連結的是一英里外的供水系統與下水道（因為對街的不肯讓我接！），另外鋪設一條道路，將五十五英畝分割成一至三英畝的小塊土地。後來在從事房地產行業的朋友大力協助下，以每英畝 2.5 萬美元的平均價格分批售出。

我的成本，包括開發成本，以及每英畝的開發後零售價的差距，就是我的安全邊際。這個安全邊際大約是每英畝 1.2 萬美元。如有必要，我也可以降價一半，依舊可以打平。那我們考慮買進企業的時候，何不也這麼做呢？

房地產投資人開車進入一個好地段，看見一間破舊的房屋，需要付出不少勞力整修（但不必花費很多錢，也不需要什麼高深的技能）。所謂付出勞力整修，意思是修理屋頂、油漆圍籬、修剪草坪、清除雜草，用勞力換取理想的安全邊際。因為完工之後，整修好的房屋就有了新價值，而且他當初購買破舊房屋的花費，與新價值之間的差距，就是他的安全邊際。如果這一帶的房價開始走跌，他可以降價求售，依然可以獲利。而那些希望會有更蠢的人接手的投資客，則是會賠錢。

出場

　　我們仔細做了功課，就能以理想價格買進理想企業。我們買進企業之後，市場先生通常很快就會發現自己的錯誤，將企業的賣價調升到更接近標價的位置。我們稍後就會發現，等到賣價漲到標價，就代表出場（賣出企業）的時候到了。

　　不過在探討出場之前，還是先談談進場。我們找到了理想的企業，也漸漸知道什麼叫理想的價格。在下一章，我們要計算價值、標價，以及安全邊際價格。

| 第九章 |

計算標價

在數學的世界,你要做的不是了解,而是適應。
──約翰‧馮諾伊曼(Johann von Neumann,1903-1957,美國數學家)

　　我所謂的標價,在金融界有許多別稱,包括「內在價值」、「合理價值」,或是直接稱為「零售價格」。名稱並不重要,你想怎麼稱呼就怎麼稱呼。總之我就稱它為標價。請記得標價的定義:企業的合理價格,不會過高或過低。它也是市場**應有**的賣價(但通常不會以這個價格出售)。

　　撇開稱呼不談,最重要的是掌握正確的標價。第一守則投資法的精髓,就是把股票當成企業買進。企業並不是一張張的紙,也不同於有形的商品(還記得汽車的例子?)。企業有員工、建物與機械,也運用這些來販售產品賺錢。企業的標價,並不只是各部分價值的總和,其大部分的價值,在於**未來**能為股東賺多少錢。誰也不知道那會是多少,因此誰也不知道標價**應該**是多少。然而班傑明‧葛拉漢練就了一身推算標價的本領。他把計算方法傳授給巴菲特,巴菲特將其略作調整,傳授給其他投資人,有時親自傳授,有時透過信件與演講傳授。我的老師狼先生又將之傳授給我,我又把它稍加調整成適用於現代一般散戶投資人,稱之為第一守則投資法。

　　想成為第一守則投資專家,必學的內容之一,就是要懂得計算標價。算法很簡單,你算過幾次,就會習慣成自然。第一次計算時,你可能會覺

得有點複雜，但一步步慢慢來就能學會了。把這些步驟多讀幾次。請記住，我之所以教你不使用計算機的詳細計算步驟，是為了讓你曉得其背後原理。等你往後使用計算機，就能算得更快、更方便，也更正確。熟悉這一切後，你很快就能算出任一家企業的數字，甚至能光看一眼那些數字，用不著心算也能立刻瞧出端倪。

我先前說過，用第一守則投資法找出標價的關鍵，是買進企業，而不是買進股票，而且買進的時候要為自己打造層層的保護。這些保護層就是我們在書中談過的。第一層，就是必須徹底了解從事這行業的**意義**，才能確定這個行業能夠持久。第二，要確認這家企業有廣大的**護城河**，才能從五大數字過往的表現，推斷未來會有的表現。第三，**管理高層**必須是你欣賞的人，你知道他們能從長期股東的角度來經營企業。第四層，也許也是最重要的一層，是買進的價格要有很大的**安全邊際**，萬一出了差錯，你才不至於完蛋。這幾層就是四個 M。在這一章，我們要完成這第四個 M，也就是安全邊際的討論。首先，我們必須算出正確的標價。

要算出正確的標價，必須知道四個數字，因為幾項重要的計算，都需要這些數字。我先說說是哪些數字，再告訴你如何計算。

我接下來要說的，是不用計算機也能算出正確標價的方法。但也許你更傾向於不為數字傷腦筋。如果你確實這麼想（相信我，我能理解），那在我的網站上，也有我請幾位朋友製作的第一守則標價計算機。你可以一邊讀、一邊運用 ruleoneinvesting.com 上的計算機。在介紹完讓你紙筆演算或心算的所有計算步驟後，後面也會列出用計算機算的所有步驟。有些讀者喜歡直接套用 Excel 公式，也可以在我的網站上找到。

計算標價

要計算標價，就要先準備四個數字：

一、目前的每股盈餘
二、預估（未來的）每股盈餘成長率
三、預估未來的本益比
四、這項投資的最低可接受報酬率

為何需要這些數字？要先了解一家企業未來能賺的錢，才能計算標價。企業賺的錢叫做盈餘（或獲利），向股東報告盈餘的最準確的方式，叫做每股盈餘。所以首先我們要知道的，是未來的每股盈餘，尤其是十年後的每股盈餘。想知道**未來**的每股盈餘，就要掌握兩個數字：目前的每股盈餘，以及預計（未來的）每股盈餘成長率。將現在的每股盈餘，按照十年的預估每股盈餘成長率計算，就能得出十年後的每股盈餘。

我們了解未來的每股盈餘，就能知道這家企業十年後的市價會是多少。這個很容易搞定。市場先生為企業訂出的價格，是每股盈餘的倍數。這個倍數叫做本益比（市價除以盈餘）。我們找出最好的未來本益比（我很快就會教你該怎麼做），然後將這個數字乘以未來的每股盈餘，就能算出這家企業十年後的市價。

> 要計算任一家企業的標價，都要依據這家企業的未來每股盈餘，以及未來本益比。換句話說，我們只要知道一家企業假設十年後的每股盈餘與本益比，就能將這兩個數字相乘，算出十年後的市價，再倒推出現在的標價。

大家都知道，我們只要能掌握一家企業十年後的市價，也就是能預見

未來，就很容易判斷企業現在的合理價格。我們只要知道自己能接受的最低年報酬率是多少。這個你應該已經知道，我們第一守則投資人能接受的最低報酬率，是 15%。了解自己能接受的最低報酬率，以及未來的市價，就能判斷最重要的標價。

1. 目前的每股盈餘

想知道目前的每股盈餘，並不需要複雜的計算，在大多數財經網站都很容易查到。你也會看到「TTM EPS」這樣的名稱，意思是過去十二個月的每股盈餘。你會經常在財經網站上看見「ttm」，意思是最近四個會計季度的數據。在 MSN 財經上，目前每股盈餘的數據表是這樣的：

2. 預估每股盈餘成長率

接下來談到第二個數字，也就是預估每股盈餘成長率，從我們已經研究過的五大數字即可得知（第六章的主題就是五大數字）。要預測一家企業**未來**的每股盈餘成長率，照理說應該要看**過往**的成長率。現在要說到一個乍看之下好像不合理的地方：五大數字中有四個成長率數字能反映一家企業的過往成長率，但最能用於預測未來每股盈餘成長率的，並**不是**過往的每股盈餘成長率，而是過往的**淨值**成長率。我知道這話聽起來很奇怪，不合常理，但要牢牢記住，要判斷一家企業的預計**未來每股盈餘成長率**，要看的是過往的**淨值成長率**，而不是過往的每股盈餘成長率。為什麼呢？

標價計算的過程總結：

1. 將目前的每股盈餘，乘以十年的預計每股盈餘成長率，算出未來的每股盈餘。
2. 將未來的每股盈餘，乘以未來的本益比（我會說明計算方式），算出未來的市價。
3. 將未來的市價，按照可接受的最低年報酬率倒推回去，得出標價。

第一守則投資法以十年後的數字代表未來，是基於兩個簡單的原因：

1. 雙十法則：除非願意持有十年，否則我們連十分鐘都不願持有。
2. 實際考量：要做出合理的預測，看二十年太遙遠，看五年又太短，不適合判斷長期持有的情況。

所以，十年是最合適的選擇。

因為從過往的淨值成長，可以看出企業製造的現金盈餘一年比一年多。現金盈餘年年增長的企業會受到股東青睞，因為企業真正的價值，在於多年來能幫你賺多少錢。稍微想一想：你花 10 萬美元買下一家自助洗衣店，這家店若是不能為你製造現金盈餘，那你擁有這家店，除了能免費漿洗襯衫外，還有什麼好處？沒有，什麼都沒有。因為所有的每股盈餘，都用於維持店鋪營運。要是一直這樣下去，你買進這家店，永遠看不到一毛錢的獲利，對吧？但你花 10 萬美元買進的自助洗衣店，若是在這一年裡製造了 2 萬美元的現金盈餘，那就代表淨值也成長了 2 萬美元。企業的價值顯然會隨著淨值成長。一年現金盈餘成長 20% 的企業，每年就可以分配更多現金給股東。所以巴菲特在 2004 年以董事長身分寫給股東的信裡就提到，最能反映內在價值（標價）成長的，是淨值成長。

> 我在第六章提到過，比起其他三項成長率（每股盈餘、營收，以及現金），我們最希望看到的，是一家企業的淨值成長。為什麼？企業的標價，也就是價值的成長，與淨值的成長關係最為密切，因為隨著現金盈餘不斷增加，淨值也會增加⋯⋯而企業的價值就在於現金盈餘。所以，我們評估未來的成長率時，才會特別重視淨值成長率。

不過，儘管我們特別重視淨值（因為知道淨值最能反映未來成長率），但還是會檢視所有的成長率，以找出最理想的預估每股盈餘成長率數字。我們希望看到的，是企業能長期保持且表現合理的成長率。但要記住，如果你選擇的數字不是那麼合理，如果你覺得自己只是從一大堆亂七八糟的數字中隨便瞎猜，那就不該買進這家企業。尤其是身為初學者的你，應該耐心等待真正值得投資的企業。

企業的預估成長率既然如此重要，那我們除了自行思考之外，也該徵詢其他意見。要是能知道一般專業分析師認為的成長率有多高，該有多

好！至少在每一季，專業分析師都會發表對一家企業未來五年成長率的預測。這是投資人需要參考的重要資訊，所以大多數財經研究網站皆有提供。大部分的人會參考 Zacks，這個網站會統整專業人士的估計值。你可以直接前往 Zacks 的網站（www.zacks.com），付費查詢一家企業的估計值範圍。也可以前往你最喜歡的研究網站，查詢多位分析師的平均估計值（通常只會有一個估計值，並非各分析師提出的各項估計值）。MSN 財經將這項數字稱為「盈餘估計值」，你會發現這項數字是依據盈餘，而不是（我們認為較能反映成長的）淨值，如下圖所示：

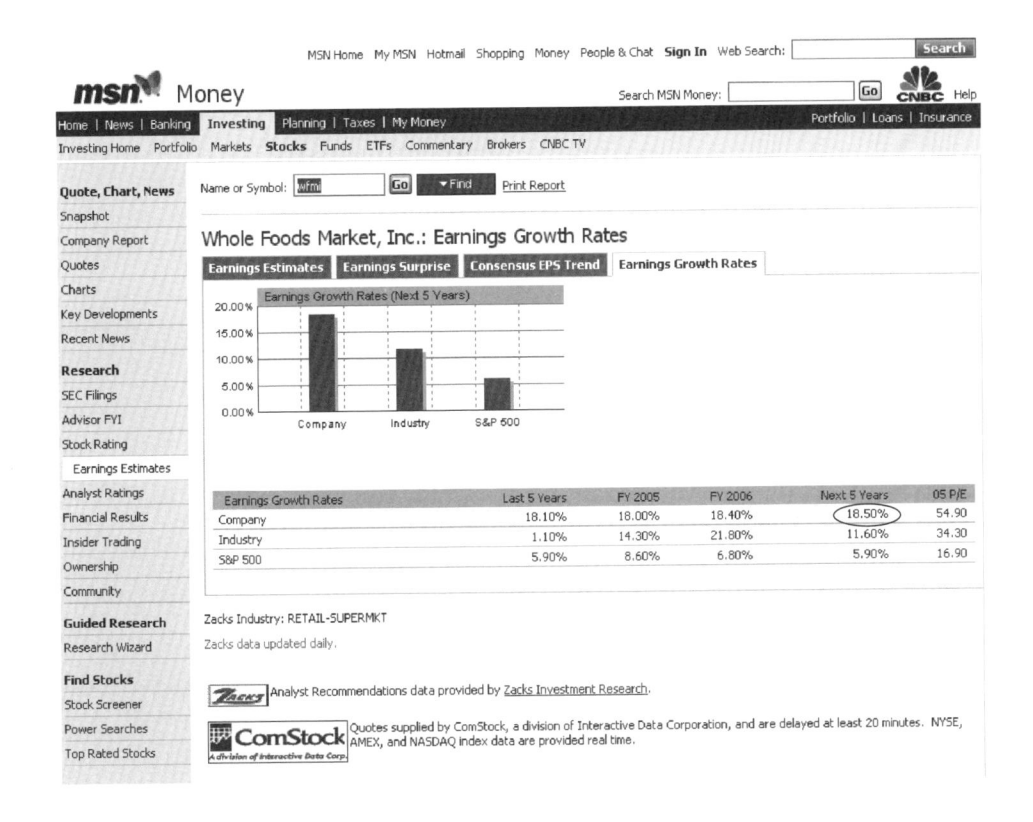

我們該做的，是將我們判斷的這家企業之過往成長率，與專業人士所估計的未來成長率相比較。如果這兩個數字並不相似（例如分析師預估某

家企業未來的成長速度，遠勝於現在的成長速度），那我們就要判斷，這兩個數字我們該採用哪一個，以計算企業未來的價格。我們一開始會採用較低，也就是較為保守的數字。所以如果過往成長率低於分析師預測的未來成長率，那我們就會選擇過往成長率。分析師預測的成長率，若是低於我們的過往成長率，那我們就會選擇分析師預測的成長率。等到你累積了更多經驗，只要覺得合理，也能使用更高的數字。

> 有些人可能覺得，分析師的想法也有可能大錯特錯；或者說過往的成長率，並不能代表未來成長率。這兩種想法都是對的。有些企業，尤其是新成立的企業，過往的成長率數字可能很難看（或是根本沒有），但分析師仍然認為未來的成長率會很亮麗。只要我們遵循第一守則分析，就會自動淘汰這些企業。但這些企業可以納入我所謂的「高風險企業」投資組合，也就是你認為這些企業未來的表現，會大大不同於以往，所以你願意為之承受更多風險。
>
> 舉個例子，我曾買進 Google 股票，將之納入我的「高風險企業」投資組合（占投資組合比例最多 10%），因為如果分析師的意見，或是過往成長率值得參考，那 Google 的股價真的是便宜到不行。但你也知道，我不可能預測 Google 十年或是二十年後的光景。所以從第一守則投資法的角度來看，Google 並不算可靠，只能淘汰。我在後面會談到高風險企業投資，你若真的願意承擔這種風險，我也會告訴你一些應該遵守的規則。高風險企業的投資比例，永遠不應該超過投資總額的 10%。現在還是依照第一守則的基本原則，只聚焦在真正符合第一守則的企業，也就是五大數字表現穩定的企業。

3. 預估未來本益比

我們掌握了預估（未來的）每股盈餘成長率，我們就稱為第一守則成

長率。再說一次，這個成長率是依據過往成長率，或是分析師預測的成長率而定。接下來要判斷的，是一家企業十年後該有的每股盈餘的倍數，才能判斷這家企業十年後的價值。我們要訂出一個倍數（又稱「本益比」），將每股盈餘數字，轉換為每股價格數字。舉個例子，這家企業十年後的每股盈餘若是一美元，那正確的每股價格，會落在5美元至50美元之間，這就要看我們拿未來的每股盈餘，乘以多高的未來本益比。

企業的股價，幾乎不可能只有目前每股盈餘的一倍（本益比為1）。那也未免太便宜了，因為賣方拿到的錢，跟一年就能有的獲利一樣。舉個例子，假設你擁有的一家企業，目前每股盈餘是1美元，你會以每股1美元的價格賣出嗎？除非你認為這家企業會馬上破產！否則你知道只要繼續持有，就一定能拿到這1美元，不是一定要賣出才能拿到。如果每股盈餘是1美元，那你可能願意以5美元、10美元的價格售出，但不會以1美元的價格售出。換句話說，你可能願意以本益比的五倍或十倍賣出，但不會以一倍賣出。

市場先生也是這樣做的：市場先生要是認為一家企業會成長得很快，就會給它很高的本益比，例如50。他要是不看好這家企業未來的成長，就會給它很低的本益比，例如5。本益比就是市場先生對未來的看法。問題是市場先生常常沒在思考，只是衝動行事，把本益比定得太高或太低。我們當然希望，他會在我們要買進的時候，把本益比定得太低；在我們要賣出時，又把本益比定得太高，讓我們以遠高於預期的價格賣出。但在決定要以多少錢買進企業的時候，我們就要選擇合理的本益比，不能太高，也不能太低。我們希望本益比能像金髮姑娘一樣「剛剛好」。

有個能快速計算本益比的方法，就是將第一守則成長率乘以二。因此，我們若是認為一家企業在未來十年，會有8%的盈餘成長率，那十年後的本益比，就大概會是16（假設8%的成長率會持續）。我們就稱之為預設本益比。要是沒有其他的數字可以參考，我們就採用預設本益比。但

當然也要看別的數字,也就是過往的本益比。每一家優質企業都有每股盈餘,每一家優質企業都有每股價格,所以每一家優質企業都有本益比。我們可以查詢過往本益比,再與預設本益比比較。

> 啊,看起來好重要的「本益比」。你大概覺得很意外,別的理財專家都喜歡把本益比掛在嘴上,我卻直到現在才提起。我們還是盡量說得簡單一些,免得你被本益比搞得一頭霧水。要記住:我們要計算某檔股票十年後的股價,才能倒推回去,算出現在的標價。每一檔股票都有價格,對吧?我們要研究的每一檔股票都有盈餘,對吧?本益比其實就是股價除以盈餘。喜歡數學的讀者可以參考這個公式:
>
> $$本益比 \times 每股盈餘 = 股價$$
> $$或$$
> $$本益比 = 股價 / 每股盈餘$$
>
> 舉個例子:假設現在的星巴克的本益比是 42,每股盈餘是 1 美元,那星巴克現在的股價是多少?
>
> $$42 \times 1 \text{ 美元} = 42 \text{ 美元}$$
>
> 答對了。本益比代表我們願意花多少錢,換取一家企業一塊錢的盈餘。不要太在意本益比。我們只是把它當成計算標價的工具。除此之外,就不需要在意。

看看我們按照第一守則篩選出的企業清單,也看看這些企業的本益比,與分析師在 2005 年提出的預計每股盈餘成長率:

	預估每股盈餘成長率	目前本益比
星巴克	22	42
阿波羅集團	24	76
戴爾	15	31
好市多	12	22
Automated Data Processing	12	26
Paychex	16	34
全食超市	19	44
奇可服飾（Chico's）	24	43
安海斯－布希	9	17
微軟	11	25
默克	7	13
輝瑞	9	23

　　有沒有注意到，這些企業的本益比，大概是預計每股盈餘成長率的兩倍？符合第一守則的企業，經常出現這種現象。我們要用來概略算出本益比，才能推算標價。

　　如果過往本益比與預設本益比不同，那我們計算時要取兩者較低者。在隨便一個財經網站，都能找到任何一家企業的平均過往本益比。MSN財經上的資料，如第154頁頁首畫面所示。

　　舉個例子：如果我們給Garmin（GRMN）的預設本益比是48，因為我們預估未來的成長率是每年24%，而2*24＝48，但這家企業的平均過往本益比是23（我看這張圖表，發現高點是35.3，低點是12.1，所以推測是23），我們就以23作為未來的本益比，而不是48。

　　第154頁下方的表格，是四家企業的過往及預估成長率還有本益比。請注意，「第一守則成長率」取的是分析師的預測值以及過往成長率的較低者。只要將我們的第一守則成長率乘以二，就能算出預設本益比。取過往本益比與預設本益比的較低者，就是「第一守則本益比」。這些例子取自2000年。

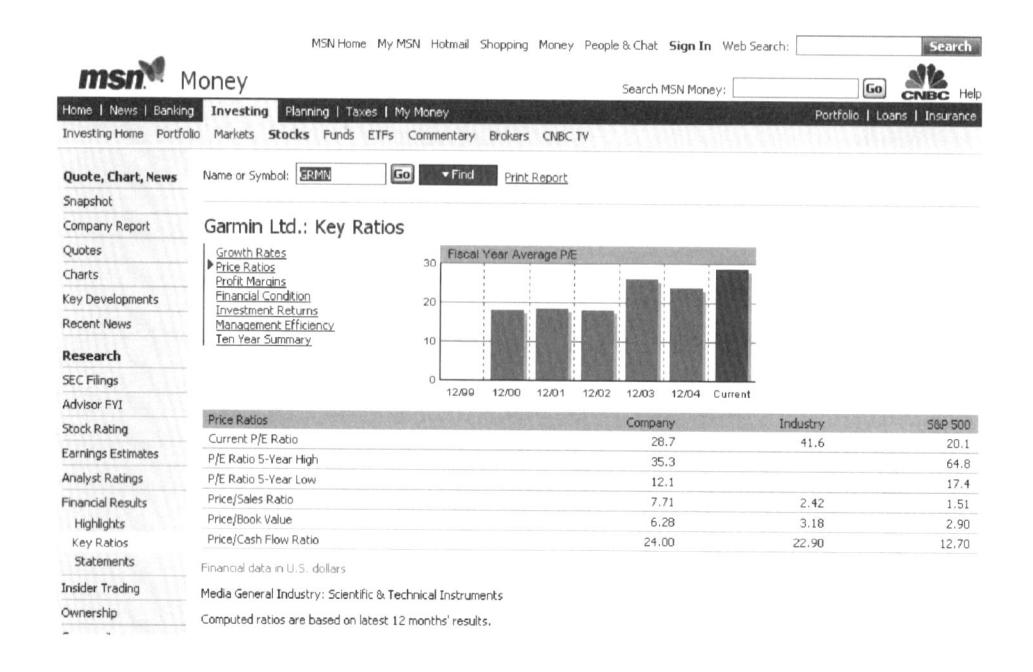

Garmin Ltd.: Key Ratios

Price Ratios	Company	Industry	S&P 500
Current P/E Ratio	28.7	41.6	20.1
P/E Ratio 5-Year High	35.3		64.8
P/E Ratio 5-Year Low	12.1		17.4
Price/Sales Ratio	7.71	2.42	1.51
Price/Book Value	6.28	3.18	2.90
Price/Cash Flow Ratio	24.00	22.90	12.70

Media General Industry: Scientific & Technical Instruments
Computed ratios are based on latest 12 months' results.

企業	分析師預測的成長率	過往（淨值）成長率	第一守則成長率	預設本益比	過往本益比	第一守則本益比
哈雷（HDI）	24%	24%	24%	24*2=48	46	46
通用汽車（GM）	10%	6%	6%	6*2=12	15	12
戴爾電腦（DELL）	20%	17%	17%	17*2=34	40	34
阿波羅集團（APOL）	20%	35%	20%	20*2=40	45	40

再說一次，所謂第一守則成長率，就是分析師的預測值，以及我們依據過往成長率的估計值的較低者。第一守則本益比，就是預設本益比與過往本益比的較低者。我們只要掌握第一守則預測成長率及本益比，就能繼續進行。

4. 可接受的最低報酬率

第一守則的最低報酬率，是每年 15%。標價是我們能付出，且在未來十年仍然能年年獲利 15% 的最高金額。換句話說，對我們來說，所謂企業的價值，就是如果我們的預測正確，而且一切順利，未來十年每年能帶給我們 15% 複合報酬率的價格。當然，幾乎不可能一切都順利，所以我們必須堅持要以遠低於標價的價格買進，才能有很大的安全邊際。

這個 15% 並不是天外飛來的數字，而是我的目標報酬率，因為這個報酬率夠高，能應付合理的通貨膨脹、我在未來某天賣出的所得稅，以及把我的錢交給別人的風險。而且這數字也不會高到讓我找不到能以理想價格買進並大幅獲利的理想企業。這是我的老師狼先生教我的（據說也是巴菲特先生採用的預設報酬率）。簡言之，15% 以我們的操作方式來說，是很理想的報酬率。如果能持續多年，就一定會致富。要牢牢記住：15% 是我們所能接受的最低年報酬率。報酬率看起來會低於這數字的企業，我們都不買進。

> 第一守則的最低報酬率，是每年 15%。不要接受低於這個數字的報酬率！

七十二法則

我們知道需要哪四個數字才能計算標價，接下來要說說如何心算。首先要知道的是十年後的每股盈餘。目前的每股盈餘以及預計每股盈餘的成長率，可用於計算十年後的每股盈餘。以下這段話請慢慢讀，才不會弄不清楚：**每股盈餘成長率，會在數年之後讓現在的每股盈餘翻倍**。我們要知道依據每股盈餘成長率，現在的每股盈餘要多少年才會翻倍。而七十二法則能告訴我們，現在的每股盈餘要幾年才會**翻倍**。我們只要將七十二除以預估的每股盈餘成長率，就能知道要多少年才能**翻倍**。

假設我們目前的每股盈餘是 1 美元，預估每股盈餘成長率是 24%。

七十二法則叫我們將七十二除以二十四，嗯，七十二是二十四的三倍。所以如果每年成長 24%，那我們的 1 美元每三年會翻倍。

> 以 24% 的成長率計算，嚴格說來是需要三‧二年才能翻倍。由此可見七十二法則在 10% 左右是非常精確，但離 10% 越遠，就越不精確。不過對我們來說，七十二法則已經夠用，因為我們本來就不該買進成長率太低的企業。

我們要計算的是十年後的每股盈餘，那我們認為在十年間會翻倍幾次？剛才用七十二法則計算的結果，是每股盈餘每三年會翻倍一次，所以十年後大約會翻倍三次。我說「大約」，是因為七十二法則只是概算，所以我們不需要太講究精確。不過七十二法則對我們來說夠用了，而且還有方便心算的好處。

所以我們知道，以 24% 的每股盈餘成長率而言，十年後會翻倍三次。那就來算算看：第一個三年是從 1 美元翻倍到 2 美元。第二個三年是從 2 美元翻倍到 4 美元。第三個三年是從 4 美元翻倍到 8 美元。所以我們認為未來（十年後的）每股盈餘，大概是每股 8 美元。恭喜，你完成了第一守則投資法最困難的算術。現在你只需要用同樣的算法，算不同的數字。你要是不想自己算，我的計算機也可以代勞。

從未來的每股盈餘，到未來的市價

我們知道了十年後的每股盈餘，就能運用本益比，也就是盈餘的倍數，算出這家企業十年後的每股股價，也就是未來的市價。只要將未來的每股盈餘，乘以未來的本益比即可。假設我們認為市場先生會採用的本益比是 40，因為過往的本益比是 48，低於預設本益比 48（預設本益比就是

將第一守則成長率乘以二,亦即24%乘以二)。也就是說十年後的市價,大概會是320美元(本益比40乘以每股盈餘8美元)。

從未來的市價,到企業的標價

我們運用未來的市價,就能算出企業現在的標價。這次也要運用七十二法則。

我們知道能接受的最低報酬率,是15%。依據七十二法則,以15%的報酬率計算,我們的錢每五年會翻倍(七十二除以十五約等於五)。所以用我們能接受的最低報酬率15%計算,我們的錢會翻倍兩次(十年除以五等於翻倍兩次)。這就代表從標價到未來市價之間,只會翻倍兩次。1塊錢先是翻倍到2塊錢,2塊錢再翻倍成4塊錢,就是翻倍兩次。也許你會注意到另一個模式:1美元是4美元的四分之一。所以我們只要知道未來的市價,只要除以四就能算出標價。每次都可以這樣計算,因為15%永遠是我們能接受的最低報酬率(這是常數)。我們想要15%的報酬,就只需要將未來市價除以四,就能算出正確的標價。太好了。

回到剛才的例子。我們要是認為這家企業十年後的股價是每股320美元,那只要除以四,就能算出標價:320美元除以四等於80美元。我要是希望未來十年至少能有15%的複合報酬率,那現在就要以每股80美元或是更低的價格,買進這家企業。

> 以15%的報酬率來看,那現在的標價,永遠都會是十年後的市價的四分之一左右。這是因為依據七十二法則,任何價格以每年15%的成長率計算,大約每五年就會翻倍,十年後就會翻兩倍。翻倍兩次等於成為四倍。要倒推回去,只要將未來的市價除以四即可。

從標價到安全邊際

別忘了：我們永遠不會按照標價購買。我們總是要以五毛錢的價格，買進一塊錢的價值。我們永遠、永遠、永遠都要有一個大大的安全邊際。想要有很大的安全邊際，就要以標價的一半，買進這家企業。我們要趁大減價時買進。以我們的例子，我們知道標價是 80 美元，馬上就能算出 80 美元的一半是多少。我們願意為這家企業付出的「折扣」價格，也就是有安全邊際的價格，是 40 美元。我們要是能以每股 40 美元的價格，買下這家很理想的企業，那就有很大的機會，靠這家企業賺取至少 15% 的報酬率，十年後再以 320 美元賣出。

我們這就來研究實際案例。

哈雷的標價、安全邊際價格及投資報酬率

各位知道我喜歡機車，尤其喜歡哈雷機車。我曾經同時擁有十臺哈雷，不過現在只有一臺。我喜歡騎著它緩緩駛過廣闊的沙漠，任風吹拂日漸稀疏的頭髮。

> 我參加過很多次斯特吉斯大型車聚（啊！就在南達科他州的斯特吉斯舉行）。每年都有 1970 年代的高人氣樂團在此共襄盛舉，團員們也都年齡漸長。最近某樂團一位年事已高的主唱站上了舞臺，向十萬名車友說道：「能唱給大家聽真是太棒了，因為全美國只有在斯特吉斯這裡，才會覺得又老又胖又禿頭是很酷的！」

我騎著哈雷馳騁多年，所以這家企業對我來說很有**意義**。這家企業的**護城河**大得很，而且我們也知道，組成護城河的數字也漂亮得很。至今仍

然由同一個家族經營，在美國已經具有偶像地位，**管理階層**也將這家企業當成美國的偶像經營，彷彿打算繼續持有一百年。我從這三個 M，就知道**我**該投資這家企業。（要記住，這家企業適合我投資，不見得就適合你。說不定你很討厭機車，覺得公路應該禁止機車通行。也許你完全不知道哈雷的人氣為何如此之高，或者怎樣的機車才叫好的機車。不要因為別人買進一家企業，你就跟著買進。要買進你**自己**欣賞的企業，好嗎？）

我們回到幾年前，假裝現在是 2000 年初，股市正「非理性繁榮」。我感興趣的每家企業，股價幾乎都已衝上天際，所以我也不知道該投資什麼。現在就請你進入我在當時，也就是在 2000 年初的腦袋，跟我一起分析哈雷這家企業。

我必須知道在 2000 年初，該以怎樣的價格買進哈雷，未來十年才至少能有 15% 的報酬率。一個騎哈雷的河川嚮導怎麼可能做到？

準備好了嗎？這就像烤蛋糕，要先把所有食材準備好。只是這個蛋糕的食材並不是雞蛋、麵粉、糖和牛奶，而是（一）現在的每股盈餘、（二）（未來的）每股盈餘成長率、（三）未來的本益比，以及（四）我們的最低報酬率。我們把這些食材混合，就能估算出十年後的股價。有了這個數字，就知道現在該以怎樣的價格（標價）買進，才能有 15% 的報酬率。

好的，哈雷在 2000 年初的每股盈餘是 89 美分。很好，第一個食材準備好了，現在的每股盈餘是 89 美分。

接下來要知道（未來）的每股盈餘成長率。我要從過往成長率，或是分析師的預計成長率判斷，取較低的那一個數字。當然，研究到了這個階段，我已經知道了五大數字，也了解了負債，所以現在只需要看看這些數字，就能知道過往成長率。以下是按照重要性排列的四項成長率：淨值 24%、每股盈餘 25%、營收 24%、現金 35%。你知道我第一個看的就是淨值，因為淨值或多或少可以反映長期預估成長率。但我也要參考每股盈餘與營收，也就是第二重要的兩個數字，才能確認。在這個例子，這些數字

與淨值成長率高度相關。在另一方面,現金成長率倒是讓我吃了一驚:每年35%的現金成長率非常之高。只要兩年多一點的時間,公司的現金就會翻倍(我拿七十二除以三十五,很快就算出這個結果)。我覺得即使是哈雷這樣的企業,也很難長期維持這樣的現金成長率。真實世界很難有這樣的高成長率。淨值成長率是24%,所以每三年就會翻倍。(知道我是怎麼算出來的嗎?沒錯。七十二法則。)我不知道哈雷能否長期保持24%的成長率,但過往確實曾經出現這種數字,所以我會採用。因此我採用的過往成長率是24%。現在要看看專家怎麼說。

我上財經研究網站查詢哈雷(股票代號 HDI),發現分析師預計未來五年會有24%的成長率。顯然分析師與我所見略同。那就不必多想了,就是24%。這麼明顯,真是太方便了。

現在我可以用七十二法則,計算以24%的成長率,每股盈餘要幾年才能翻倍。答案是三年(72除以24)。所以哈雷的每股盈餘每三年翻一倍。十年後會翻倍三次多一點(因為3*3 = 9,9接近10)。好,現在我可以算出十年後的每股盈餘。從現在的每股盈餘,也就是89美分開始。我數學不好,所以四捨五入至90美分。90翻一倍是180。180翻倍是360。360翻倍是720。連我這種數學不好的人都會算,計算結果是,十年後的預估每股盈餘,略高於7.2美元。我就以7.5美元計。(大概看到這裡,我那些工程師一類的學員,都在喊著這樣算太過草率。別埋怨了,拿出你的計算尺、計算機,或是前往 ruleoneinvesting.com,用我的計算機算出精確的數字,你就會開心了。我也會算。未來每股盈餘的確切數字是7.65美元。)

回到我的思路。我得出十年後的每股盈餘是7.5美元。現在需要未來的本益比。只要將成長率乘以二,就是預設本益比,那預設本益比就是48。這就太高了,所以我要看看過往本益比。查了以後發現是46。也太高了,但至少呼應了預設本益比。那就算46好了。這樣我就能算出哈雷十年後的每股股價。我將未來每股盈餘7.5美元,乘以未來本益比46

（7.50*46），結果是……哎，這個還是用計算機算好了。答案是345美元。現在我知道，從2000年起算的十年後，哈雷每股的股價應該會是345美元。接下來要算算現在的價格，也就是標價。（要注意我都還沒看實際的市價，因為目前的市價並不重要。我現在還不在乎市場先生給這家企業訂出的價格，就好像我也不在乎汽車經銷商對於我想買的新車的定價。我想先弄清楚自己該花的價錢是多少。）

這很簡單。既然十年後要以每股345美元賣出，那我拿345除以4，就是86美元。（各位講究精確的工程師讀者，確切的數字是86.97美元。所以，哈！我的心算也幾乎完美。）

所以我計算的結果，是哈雷在2000年初的標價，是每股86美元。我若是以86美元買進，未來十年，每年應該會有15%的報酬率。當然這是假設一切都按計畫走，只是你難道不覺得這樣想太過天真了？我需要一個大大的安全邊際。要記得，我要以五毛錢的價格，買進一塊錢的價值。我要是想得到86美元的價值，那我就想以43美元買進。我的安全邊際價格，也就是如果遇到了、我會願意付的價格，是43美元。搞定！現在總算要來看看實際的市價，研判是否要立刻買進。

如果你不喜歡用心算或紙筆算，也可以前往我的網站，使用我的標價與安全邊際價格計算機。電腦會幫你一一算好。你只需要輸入數字。步驟是這樣的：

1. 點選「標價與安全邊際價格計算機」。
2. 在每股盈餘欄位，輸入0.89。
3. 在「成長率」欄位，輸入24。
4. 「本益比」欄位的數字是48。這比哈雷的過往本益比46更高，所以要改成46。

5. 投資報酬率欄位的數字是 15%。不要更動，這是我們第一守則投資法的最低報酬率。
6. 「年數」欄位的數字是「10」。我們要評估的是長期的價值，那就維持 10，不要更動。
7. 點選「計算」，得出下列結果：
   a. 未來的股價是 351.86 美元。
   b. 確切的標價是 86.97 美元。
   c. 確切的安全邊際價格是 43.49 美元。

哈雷自 2000 至 2005 年的起伏

現在我們來看看市場先生給哈雷的定價。他是太樂觀，還是太恐慌？他定的價格要是遠低於標價，那就是太恐慌吧。哈雷的市價是 29 美元（2000 年）。市場先生大概是太恐慌了吧？他定的價格遠低於標價。唉呦，也遠低於安全邊際價格！這對於想買進哈雷的我們可是好事。想像一下，我們以 86 美元的價格買進，都能有 15% 的報酬率，那以 29 美元買進，能賺多少？

一想到這個問題就樂翻了吧？我馬上開始做我最喜歡的發大財美夢心算。我明天要是以每股 29 美元的價格買進哈雷，而且一切順利，十年後以 345 美元賣出，報酬率會是多少？我是這樣問我自己：我以 29 美元的價格買進，十年後以 345 美元的價格賣出，那我的 29 美元翻了幾倍？我的數學不好，所以將 29 美元四捨五入至 30 美元，開始在我腦中翻倍：30 到 60，60 到 120，120 到 240，240 到 480。唉呦。480 美元過頭了。前一個倍數 240 美元又太低了。345 美元大概介於兩者中間，所以十年後大約翻了三·五倍。那就是每⋯⋯呃，10 除以 3.5 是⋯⋯呃呃呃⋯⋯比每三年略低一點。七十二法則已經告訴我，每三年翻倍一次，一年就是 24%（72

除以 3 就是 24）。所以略低於三年，意思是略高於 24%。也許是 26%？類似這樣的數字。（見下方「小抄表」。）

反正都是**超高**的！我的報酬率不是 15%，而是可能有望 26%。人生真美好。（再說一次，如果你不喜歡這樣概略估算，也可以使用計算機，就會發現我用心算粗估的結果，與正確答案**差不多**。我的投資報酬率〔ROI〕竟然是 28%。也太讚了吧！）

七十二法則的「小抄表」

翻倍一次約需年數	成長率
2	36%
3	24%
4	18%
5	15%
6	12%
7	10%
8	9%
9	8%
10	7%

以遠低於安全邊際價格買進，享有超大的安全邊際，可是天大的好事，因為一年賺 28%，比一年賺 15%，致富的速度可是快很多。快多少？如果你現在有 5 萬美元，年化報酬率為 15%，那你二十一年後會成為百萬富翁。這很好。但每年要是能大賺 28%，十二年後就會成為百萬富翁，大約只要一半的時間，提早九年享受富裕人生。

以 5 萬美元買進 29 美元的哈雷，10 年後能有多少錢？用我的投資報酬率計算機，依照下面的步驟計算：

1. 開啟「投資報酬率計算機」。

2. 在「年數」的欄位，輸入你打算持有多少年才會賣出，以這個例子而言，是十年。
3. 在「投資金額」欄位，假設我們要投資 5 萬美元，就輸入 5 萬美元。
4. 在「買進價格」欄位，輸入 29 美元，這是哈雷在 2000 年的股價。
5. 「賣出價格」欄位，輸入先前的預計未來股價，在這個例子是 345 美元。
6. 點選「計算」，得出下列結果：

   a. 10 年的複合投資報酬率，是 28%。

   b. 10 年的總投資報酬，是 60 萬美元。

   c. 想賺到 100 萬美元，需時 12 年。

2000 年的哈雷股價只要 29 美元，真是太划算了。我們要找的，就是這種超級划算的股票，因為上漲空間超大，萬一情況有變，也有超大的安全邊際作為保護。我們該做的，只是趁市場先生狀態不好，估價錯誤的時候，把握買進的機會！

哈雷後來的表現，符合我們的預期嗎？不盡然。2000 至 2003 年經濟衰退期間，哈雷也有點下滑，後來在 2005 年表現更差。股價從 29 美元上漲，但到了 60 美元就到頂，在我寫下這段文字的時候，也就是 2005 年 6 月，股價是每股 50 美元。在這個階段，假設我們買進，在這段狂風暴雨的期間一路持有（你很快就會發現，這樣做不太恰當），那我們投資哈雷的報酬率會是……還是回到心算……

我投資哈雷到現在過了幾年？大約五年。我的初始投資金額是多少？假設 10 萬美元。我買進的價格是多少？29 美元。賣出的價格是多少？就取個整數，58 美元好了。（再說一次，在這個市場，並不見得要長期持有一家企業，才能有很好的報酬率，所以你猜對了，我並沒有長期持有。）

29 美元要翻倍幾次，才能到 58 美元？29 翻一倍就是 58。翻倍一次。那翻倍一次要多久？五年。按照七十二法則，我要是五年翻倍一次，那每

年的報酬率就是 15%。但話又說回來，那些講究精確的工程師朋友用計算機計算，會發現實際的報酬率是每年 14.9%。

這跟我想要的 28% 可差太遠了。但從另一個角度看，在史上最慘重的股市崩跌期間，一般共同基金虧損高達 50%，能有每年 15% 的報酬率，算是相當不錯。

擁有大大安全邊際的好處，就是無論企業、經濟還是股市出現巨變，你都能安然無恙。

從下面的例子，可以看出依循第一守則真能致富。假設五年前你犯了錯，將 10 萬美元交給基金經理人打理，結果現在不但沒有 20 萬美元，還只剩 5 萬美元。假設你現在開始賺取每年 15% 的報酬，要多久才能達到 100 萬美元？還要二十一年。虧損真的會重挫你的報酬率。一次五年的挫敗，報酬率就不是 15%，而是 9%……而且也無法在 2016 年，拿著 100 萬美元退休，而是要等到 2031 年才能退休（而且還不能再犯錯）。想知道投資哈雷在 2000 至 2005 年能有多少報酬，就按照下列步驟計算：

1. 再次開啟「投資報酬率計算機」。
2. 在「年數」欄位輸入年數：5。
3. 在「投資金額」欄位，輸入我們的初始投資金額 10 萬美元。
4. 在「買進價格」欄位，輸入我們的初始買進價格 29 美元。
5. 在「賣出價格」欄位，輸入目前的股價，在這個例子是 58 美元。
6. 點選「計算」，得出下列結果：
   a. 5 年的複合投資報酬率，是 15%。
   b. 5 年的總投資報酬，是 20 萬美元。
   c. 以這樣的速度，10 萬美元需要 16 年才會變成 100 萬美元。還要等上 11 年。

通用汽車的標價、安全邊際價格及投資報酬率

以同樣的方式計算通用汽車,同樣假設我們要在 2000 年買進,會得到下列結果:1999 年的每股盈餘是 8.53 美元、預估每股盈餘成長率為 6%(我是在比較過往成長率與分析師的估計值之後,決定採用 6% 這數字。四項成長率數字分別是:淨值 6%、營收 3%、每股盈餘 3%、現金 3%。分析師的預估比上述高,所以我將通用汽車的淨值成長率當作預估成長率,也就是 6%)、未來本益比為 12。至於可接受的最低報酬率,則是我們的老規矩 15%。依據這些數字,我們算出下列結果:

一、未來股價(2010 年):183 美元
二、標價(2000 年):45 美元
三、安全邊際價格:22 美元

問題是:通用汽車在 2000 年的股價,是每股 73 美元,幾乎是標價的兩倍。10 萬美元的瑪莎拉蒂,你若是以 20 萬美元購買,那無論這臺車有多好,你以後賣出時都賺不了錢,只會虧損。通用汽車也是同樣的道理。

而且假設你在 2000 年以 73 美元買進通用汽車,2010 年以 183 美元賣出,那你計算 10 萬美元在十年間的報酬率,會發現:

一、十年的複合投資報酬率為 10%。
二、十年的總投資報酬為 25 萬美元。
三、要二十四年才會達到 100 萬美元(相較於前面你研究 2000 年哈雷的例子,只需時十二年,這個例子則是兩倍。而且要記住,前面提到投資哈雷的案例,投資金額還只有 5 萬美元,不是 10 萬美元,詳見前幾頁。)

這還是假設一切順利！你應該猜得到，通用汽車就跟哈雷一樣，不但沒有一切順利，還很不順利。我要是不顧第一守則，在 2000 年初以每股 73 美元買

> 永遠、永遠不要按照標價，甚至付出更高的價格，來買進一家企業！

進通用汽車，那就會受到不小的打擊：通用汽車跌至 25 美元。我的投資本金就會損失三分之二。我是遵守第一守則的投資人，喜歡集中投資，同一時間只會投資幾家企業，所以這樣的虧損會嚴重侵蝕我的整體投資報酬率。所以孩子啊，我們要是不按照第一守則，那就等著被打屁股啦。

何時買進

我們掌握了標價以及安全邊際價格，就知道該以怎樣的價格買進企業。這是一家理想的企業，等到我們能以具有安全邊際的理想價格買進，就要出手。不過我們還要考量幾項因素，才能開始投資辛苦賺來的血汗錢。

何時進場也是該考量的因素之一，但我們也該知道應該以怎樣的價格**賣出**。請繼續看下去。

常有人問我類似這樣的問題：「通用汽車會發放股利，這難道不是一種好處嗎？何況我還能將股利併入投資報酬率計算，讓股利連同本金一同成長，一同以複利累積？」我是這樣回答的（注意我計算通用汽車的投資報酬率時，並沒有將股利算進去）：

我有位朋友剛辦完生日宴會。那時她請我去接她的一位朋友，一位八十三歲的女士，帶她到宴會會場。我抵達養老院，這位女士扶著我的手，走向我的車。在赴宴的路上，我們聊著投資的話題。她認為應該投資能穩定發放股利的優質企業。通用汽車也是她持有的企業之一。

很多投資人買的是股票，不是企業，只希望能收取穩定的股利，其他的

一概不管。所以通用汽車才會借錢發放股利，以維持一切都好的假象。這也讓一位八十三歲的女士，仍然相信通用汽車一切都好的假象，因為若不是一切都好，公司又怎麼會發放股利呢？我只是微笑點頭，開車載她赴宴，她在宴會上也玩得很開心。

千萬要記住我在這本書說過的：第一守則與股利完全無關。第一守則投資人不會受騙，也不會被收買。我們只想擁有優質企業，只想以理想的價格，買進優質企業。如果這家優質企業會發放股利，或是會將盈餘再用於投資，對我們也有好處。但一定要是優質企業……而且價格也要理想。就這麼簡單。

| 第十章 |

找對時機賣

賣出一家企業的最佳時機,就是永遠不賣。
──華倫·巴菲特(1930-)

巴菲特先生說得對,**在理論上**,賣出一家企業的最好時機,就是永遠不賣。所以最該買進的理想企業,是永遠不必賣出的企業。這是我們的終極目標:以極佳的價格,買進一家極佳的企業,永不賣出。這家企業會一直帶給我們財富。朋友們,這才叫第一守則的極致。抱持這種概念來運用第一守則投資法,也是很重要的,就好比買進一家企業的股票,就要當成自己買下了整個企業一樣。你要當作自己永遠不會賣出這家優質企業。雖說要賣出才能實現獲利,否則就只是「紙上富貴」,但那也沒關係。第一守則投資人就該培養「永遠不賣」的想法。懷抱這種想法,才不會淪為市場的普通投機者。換句話說,這種觀念能加強第一守則的原則。

當然,很少有機會能永遠持有優質企業,也不是每一家優質企業都能永遠優質。即使是巴菲特先生,有時也會賣出自己投資的企業。多年來,他買進也賣出幾百家企業。他買進的時候,也希望永遠不賣出,但他畢竟是第一守則投資人,所以大概是以具有安全邊際的價格買進,即使後續的發展不順利,他也能平安退場,不致虧損。他買進之後一直持有的企業,屈指可數。他曾說過,永遠不會賣出可口可樂,但後來又後悔自己沒趁著1999 年,市場先生給可口可樂的定價高得離譜時賣出。

話雖如此,每筆第一守則投資的目的,都是永遠不賣出。不要忘了這個概念,因為要找到、買進理想的企業,就必須懷抱這種心態。

> 「我們持有的部位太大,買進賣出的靈活度有限。儘管如此,我也該受到批評,因為我在泡沫化期間,明明看到有些企業的價值被嚴重高估,卻只是嗤之以鼻,沒有趁機賣出。我當時說過,我們持有的幾檔股票,價格高到不像話,但我低估了價格被高估的嚴重程度。我在該跑的時候光顧著說話。」──華倫・巴菲特「董事長的致股東信」,2005年2月28日

永遠不賣的天大好處

世上最有錢的人之所以持有企業,是有道理的:企業把我們投資的錢變大的速度,比任何東西都快,因為我們不需要把每年的獲利,轉投資到其他地方。如果一家優質的企業,每年能帶給我們15%的報酬率,到哪裡還能找到這樣的報酬率?除了一家每年能帶給我們15%、甚至更高投資報酬的企業,還有更好的投資標的嗎?沒有更好的選擇了,所以成為超級有錢人的關鍵,就是將投資獲利繼續投資(而不是變現)。無論我們退不退休都一樣。

能將每年的獲利繼續投資,持續將資金投資一家優質企業,以至少每年15%的複利成長,對第一守則投資人來說極為重要。這表示至少在理論上,我們只要選擇少數幾家優質企業,以理想的價格買進,這樣就行了。我們一定能致富。只要開始投資,湧入的金錢就會幫我們賺錢,不需我們操心。

要記住,所謂理想的企業,就是擁有護城河的企業。有護城河就代表可預測。如果企業變得不可預測,那可能就是護城河被攻破了。按照第一守則,護城河被攻破的企業已不再理想,我們應該賣出。

> 真的，世上最有錢的人，幾乎清一色都是靠企業致富。《富比士》2004年首富的名單上，首位房地產大亨只名列第三十四名，而第二位房地產大亨，也就是唐納‧川普，更是落到第七十八名。名單上的其餘富豪，全都是藉由企業致富。全球前十大富豪的財富來自科技（微軟與甲骨文分別是第一與第五名）、量販（包括沃爾瑪，第六至第十名）、雜貨（第三名）、石油與天然氣（第四名）、投資（華倫‧巴菲特是第二名）等等。企業用錢滾錢的力量，套用愛因斯坦（Albert Einstein）的說法，就是「世上最強大的力量」（他指的是複利報酬率）。

舉個例子，我們在 2000 年以好的價格，也就是每股 10 美元買進阿波羅集團。到了 2004 年底，阿波羅集團的盈餘成長已經遠超 300%，我們也沒有把錢（也就是我們的獲利）拿走，用在其他地方；而是將獲利繼續投資這家企業，讓資金以遠超過每年 15% 的速度繼續成長。到了 2020 年，阿波羅集團若能維持這樣的成長率，那我們獲利再投入的金額，就會成長到 7000%。

假設到那個時候，我們想退休，且阿波羅集團到了 2020 年的表現還是一樣穩定可靠，那我們就能把在 2000 年以每股 10 美元買進的企業，以大約每股 1000 美元的價格賣出，每年的報酬率為 25%。如果我們在 2000 年以 1 萬美元投資阿波羅集團，退休時就會有 100 萬美元。100 萬耶！這個時候是應該變現，拿 100 萬美元當退休金？還是應該把這筆錢用於別的用途？

最好、也最穩妥的退休方式是什麼呢？

> 一檔股票的股價真能從每股 10 美元，上漲到每股 1000 美元嗎？企業很少會讓自家的股價一路漲到每股 1000 美元。包括波克夏海瑟威、《華

> 盛頓郵報》在內的少數企業，能允許自家股價漲至 1000 美元，但這樣的企業並不多。因為股價越高，就越難找到買家（大多數人看到一股要那麼多錢，早就被嚇跑了）。波克夏海瑟威 A 股的價格，目前已經超過每股 8 萬美元。巴菲特先生故意讓股價漲到如此之高，就是要避免太多交易。
>
> 大多數的企業會將股價維持在 80 美元以下，方法是股價只要上漲到三位數，甚至更高，就會發放新股給每位股東。原有的一股可以換成兩個新股。每一股新股的價值，是舊股的一半。例如原本股價是每股 100 美元，企業會給我兩股各 50 美元，來取代我本來的一股 100 美元，那我持有的股份價值仍然是 100 美元，但我現在變成兩股，每股價格是 50 美元。這叫股票分割（stock split），是很常見的操作。所以十年後，我們不太可能會持有價值 1000 美元的一股，原本投資的 10 美元，比較有可能變成五十股，每股價值 20 美元，總價值 1000 美元。

假如在二十年投資期間的任何時候，阿波羅集團變得沒那麼理想了，或是價格飆漲得太誇張，我們就會賣出，且除非情況有所改善，否則不會再次買進。我們會將賣得的資金，用於以理想的價格，買進其他優質的企業。所以，雖然我先前寫說要持有一家企業二十年，但在現實情況下，很少企業能一連二十年都始終保持理想狀態。儘管如此，對於第一守則投資人來說，無論是持有一家企業二十年，還是二十年來接連持有幾家企業，複利的效應都是一樣的。

不要覺得連續二十年，每年平均 25% 的報酬率太高，你應該要習慣才對。這就是巴菲特先生過去五十年的平均報酬率，我們這些第一守則小散戶，雖然聰明才智不如巴菲特先生，但握有的幾項優勢足以彌補。我們不該指望未來二十年，年年都能有 25% 的報酬率，但也不要斷言絕對**不會有**。你也可能會遇到，而且你可不想錯過。

需要實例證明？那就看看下列的真實案例，全都是股價噴發（每股股價經過分割調整）的理想企業：

- 沃爾格林：0.5-48 美元（1978-2002）
- 沃爾瑪：0.2-64 美元（1975-2000）
- 戴爾：0.04-42 美元（1989-1999）
- 安進（Amgen）：0.1-72 美元（1985-2001）

這些企業（還有更多企業）二十年來，甚至更久，全都以平均每年 25% 的幅度上漲。過去十年來，阿波羅集團（1-80 美元）、全食超市（6-120 美元）、托爾兄弟（Toll Brothers，4-48 美元）、都會服飾（Urban Outfitters，1-50 美元）、奇可服飾（0.2-35 美元）、萬能衛浴（3-46 美元）等企業，股價都上漲 25%，甚至更高。投資 1 萬美元於第一組企業（從沃爾格林到安進）的任一家，現在的價值遠超過 100 萬美元。投資 1 萬美元於第二組企業（從阿波羅集團到萬能衛浴）的任一家，即使歷經史上最嚴重的股市崩跌，現在價值仍超過 10 萬美元。

退休的兩種方式

我們可以透過兩種不同的方式準備退休：可以賣光手上持有的阿波羅集團股票（價值大約 100 萬美元），用這筆錢還清房貸、環遊世界，探望子女。也可以繼續投資這家企業，只花用每年的獲利，用於退休生活所需。哪一種方式比較好？

情境一：把手上持有的阿波羅集團賣光。賣得的 100 萬美元要付長期資本收益稅，所以拿到手的金額大約是 85 萬美元。然後我們大概要買進利率為 4% 的政府公債，每年稅後就有 3 萬美元可以度日。

不懂第一守則的人，就會用這種方式退休。

我們是按照第一守則投資，所以我們知道可以將退休金用於投資，不必擔心會虧損。只要阿波羅集團繼續維持理想，市場先生的定價又等於或低於標價，我們又何必賣光持股？何不讓 100 萬美元繼續每年獲利 15%，自己則花用每年的獲利就好？阿波羅集團的股價會隨著淨值成長，而淨值成長率是每年 15%，所以到了年底，我們的阿波羅集團持股的價值會增加 15%，至少理論上如此。到哪裡還能賺到 15%、甚至更高的報酬？至少憑政府公債是絕不可能！

顯然這是假設市場先生是理性的，但我們知道，市場先生偶爾會有不理性的時候。在任何一年，在真實的市場上，阿波羅集團的股價表現可能遠高於、也可能遠低於我們期待的 15% 的漲幅。對於退休人士來說，心情難免會跟著股價上沖下洗。下一章，我會告訴大家該怎麼解決這個問題。現在還是先假設市場先生很正常，好把這個例子當成普遍案例。

情境二：只賣出我們生活所需的股數，讓其餘的持股繼續增長。在那一年的年初，我們持有價值 100 萬美元的阿波羅集團股票，讓它持續以 15% 的幅度成長，所以到了年底，我們持有的阿波羅集團股票，價值會增至 115 萬美元。我要是只賣出那年的獲利，也就是價值 15 萬美元的股票，付完 15% 的長期資本收益稅，還有 12.8 萬美元能用於度日。

這兩種情境運用的是同樣金額的一筆錢，最終的結果卻截然不同。一開始，大家都有一筆同樣金額的退休金（價值 100 萬美元的股票），第一守則投資人每月有約 1 萬美元的生活費；另一位百萬富翁（賣光持股、轉買政府公債的那位），每月卻只能以 2500 美元勉強度日。

這個複利成長的簡單例子，凸顯出第一守則投資法的一大好處：我們按照第一守則篩選的理想企業，在幾年之後，會讓我們的本金連同獲利一起以複利成長，而且多年來增長幅度之大，即使我們一開始只是小額投資，用不了多少時間，就能靠投資過著非常寬裕的日子。

想想第一守則投資法，與投資公寓房地產相比的優勢。我付完公寓的管理費用、維修費用、保險費、房貸，剩下的錢就能自由花用，類似投資企業的獲利。但我很難將剩下的錢，再投入到這間公寓上，我只能再去找一個跟這間公寓一樣好的房地產投資。而且，我還得把自己所有的獲利再砸下去。投資企業與投資公寓不同。一家理想的企業，會替我將獲利再投資，為我創造越來越高的投資報酬。

你能想像退休以後什麼也不做，完全不必費心，就能看著你二十年前投資的 1 萬美元，現在每年給你 15 萬美元嗎？

這就叫做極樂退休。

在一切完美的世界裡，我們也許能極樂退休；但在真實世界裡，企業將我們的獲利再投資，卻難以創造很高的投入資本報酬率，因為競爭對手會找到攻破護城河的方法，整個產業有可能被新發明消滅，戰爭與經濟危機也會長期癱瘓市場。所以要只投資一家理想的企業就實現極樂退休，是一個很美好卻很難實現的理想。我們該怎麼辦？

答案是：賣出。

是的，有時候是該賣出。但什麼時候賣呢？

賣出的時機

賣出的時機有兩個：

一、企業不再理想。
二、市價高於標價。

1. 企業不再理想

第一守則定義的「理想」企業，是我們想擁有它、能理解它，且本身

具有穩定持久的護城河，以及第五級領導的企業。理想的企業顧名思義，通常會維持在理想狀態。換句話說，除非遭遇重大變故，否則這些企業會永遠理想。一家企業從理想變成不理想，只有兩個原因：（一）外部攻擊，以及（二）內部叛徒。

「外部攻擊」指的是競爭對手攻破護城河，開始拆毀城堡。會出現這種狀況，是因為我們的管理團隊沒能保護護城河，或是產品被競爭對手淘汰。就好比文字處理器問世，打字機就被淘汰。也好比鐵路無法與飛機競爭。又好比DVD消滅了錄影帶，CD消滅了黑膠唱片與錄音帶，線上下載消滅了實體唱片行。外部攻擊經常成功，因此我們絕對要了解自己持有的企業，也堅持要有耐久的護城河。耐久的護城河顧名思義，就是能輕易抵禦外部攻擊的護城河。

內部叛徒則比較不明顯。內部叛徒是企業的執行長，本來站在你這邊，後來變成站在**他自己**那一邊。這種現象很常見，因為成功企業的執行長，往往鍾情於擴張企業，更甚於為股東著想。

在現實世界，每家企業的成長成本，都會隨著時間過去而上漲。執行長即使將獲利再投入企業，也無法創造先前那麼漂亮的投入資本報酬率。他花更多錢打廣告，但來店的新顧客卻沒有那麼多。到了這個地步，身為股東的我們還寧願他發放股利。這樣一來我們還比較開心，因為可以把錢拿去投資另一家成長更快的企業。

但我們的執行長也許不這麼想。他可能認為：「嘿，這些多餘的現金要是不必還給股東，而是可以拿來收購其他的企業，該有多好？」對於很多執行長來說，併購企業、打造帝國，比打高爾夫球有意思多了。多餘的現金應該發給我們股東，好讓我們再投資能每年成長15%的企業。但變成內部叛徒的執行長為了維護自己在兄弟面前的面子，不惜讓我們吃虧。

從五大數字，可以看出外部攻擊與內部叛徒的問題。如果五大數字不再漂亮到值得我們繼續持有這家企業，那就賣出。

2. 市價高於標價

這是一個我們樂於看到的問題。我們在 2000 年買進像阿波羅集團這樣的企業，當時市場先生很喜歡科技，對於單純的教育企業估價過低。市價比標價低 75%。我們準備好了。這家企業繼續成長，市場先生終於發現自己估價有誤，於是股價開始漲漲漲。不到四年，這家企業的價格已經比標價高。

那現在該怎麼辦？這家企業的成長依然強勢。營收、每股盈餘、淨值以及現金，全都穩定成長。投入資本報酬率一直維持在高點。我們是不是應該繼續持有就好？不是應該要永遠持有嗎？

阿波羅集團仍然是個好例子，所以我們再來看看：阿波羅集團 2004 年的股價是每股 95 美元。四年前，它的標價是 40 美元，安全邊際價格是 20 美元，我們那時以每股 10 美元買進。那它現在（2004 年）的標價是多少？

這家企業不斷成長，所以我們必須重新計算標價。再說一次，這就像烤蛋糕，必須準備好所有的食材。我們得從財經網站蒐集下列資料：

- 2004 年起算，過去十二個月的每股盈餘：0.90 美元。
- 分析師預計的每股盈餘平均成長率：23%。
- 過往本益比：62。
- 市價：95 美元。

我們蒐集了所需的全數材料，再看看五大數字，就能算出每股盈餘成長率。我看了以後，發現分析師預估的 23% 的成長率很不錯。也就是十年後會翻三倍（72 除以 23）。每股盈餘是 0.90 美元，十年後翻三倍就是 7 美元左右（0.9 到 1.8，1.8 到 3.6，3.6 到 7.2）。過往本益比太高，所以我們要採用第一守則的預設本益比，亦即成長率的兩倍：2*23 = 46。未來的價格就是 320 美元左右。當下的標價始終都是未來價格的四分之一

177

（會有這個數學公式，是因為有十年的間隔，且我們想要有每年 15% 的報酬率），所以標價是 80 美元。

這是快速的概算方式。

我們若是想盡量算得精確一些，當然也可以用 Excel 試算表，或是用我網站上專為解決這些問題而設計的計算機來計算。但很多很高明的投資人，並不使用電腦計算這些。他們已經非常習慣計算方式，看一眼原始數字，馬上就能瞧出端倪。華倫‧巴菲特說過，如果你無法一眼看出這筆交易超級划算，那就表示結果難以預料（不值得出手）。

> 你發現了嗎？阿波羅集團的這些數字，是不是跟我們看到的哈雷在 2000 年的數字一樣？這只是巧合嗎？不盡然。飛快成長的企業，成長率會保持在 24% 左右，而且會一再分割股票，將每股盈餘壓低在 1 美元左右。很多企業都這樣做，所以這些數字變成投資大戶的舒適圈。

> 你可以在我的網站上，計算阿波羅集團的未來股價，以及現在的標價與安全邊際價格，計算的步驟如下：
>
> 1. 開啟「標價與安全邊際價格計算機」。
> 2. 在「每股盈餘」欄位，輸入 0.90 美元。
> 3. 在「成長率」欄位，輸入 23%。
> 4. 在「本益比」欄位，輸入 46（因為成長率乘以 2，低於過往本益比）。
> 5. 「年數」欄位仍舊是 10，不必更動。
> 6. 「可接受最低報酬率」欄位仍舊是 15%，不必更動。
> 7. 點選「計算」，得出下列結果：
>   a. 十年後的每股價值是 327.98 美元。

> b. 現在的標價是 81.07 美元。
> c. 現在的安全邊際價格是 40.53 美元。
>
> 現在的標價是 81 美元，但現在的市價卻是 95 美元（當然所謂的「現在」是 2004 年）。阿波羅集團的股價高於標價，也遠遠高於 41 美元的安全邊際價格。

企業的股價接近標價的時候，往往就是大戶（法人投資人）開始獲利了結的時候，在這個市場尤其是如此。那些法人也是會計算這些的。他們只要發現問題就會開溜，例如分析師不看好的分析報告、負面新聞、政府主管機關調查、產業的壞消息、績效未達預期等，也可能是一時驚慌，於是開始獲利了結。你不必去猜測他們的想法，也不必去想他們賣出的原因，因為原因可能很多，也可能根本就沒有。接著，其他大戶法人也開始一窩蜂跟進賣出，彷彿跳崖的旅鼠。對我們來說，從這一刻開始，我們要尋找更好的投資標的，一個安全邊際大得多的投資標的。

話說回來，我們做了那麼多功課研究阿波羅集團，現在卻要跟它說再見，未免可惜。所以我們賣出後，還是要繼續觀察阿波羅集團。要是再度出現具吸引力的價格（且仍然符合我們的四個 M），我們就可能再度買進。

> 所謂「觀察名單」就是我們正在觀望的幾檔股票清單。市場先生給觀察名單上的企業定了價，只要符合我們的四個 M 標準，我們就買進！而在把理想企業賣出之後，我們也會把它繼續放回觀察名單。這家企業如果仍符合我們的四個 M 標準，股價又重回理想價位，我們就會買回。

阿波羅集團的股價若是跌得夠深，我們又能有很大的安全邊際，我們就會再度買進阿波羅集團，乘勢而上。我之所以拿阿波羅集團舉例，正是

因為它的股價走勢能讓我們低買高賣。股價從2004年中期的95美元，跌至2004年11月的65美元。但我們應該在65美元的時候再度買進嗎（要記住，我們算出來的阿波羅集團的安全邊際價格，是45美元）？這個問題很重要：股價要比標價低多少，我們才該再度買進？如果我們一開始需要50%的安全邊際才能買進，那後來看到較小的安全邊際，應該再度買進嗎？這個問題的答案是：應該。

安全邊際價格的一個例外

兩家企業倘若其他條件都相同，那我寧可買進安全邊際為50%的企業，而不是安全邊際為30%的企業。我當然要買進能創造最大複合報酬率的企業。但在阿波羅集團能給我30%安全邊際價格的同時，還有哪家企業既符合四個M，又能符合理想價位呢？在現實世界裡，很難找到賣價有50%安全邊際、對我有意義、管理團隊我也欣賞，而且護城河很大的理想企業。有可能在阿波羅集團折價30%的整個期間，我從觀察名單上，找不出另一家同樣划算的企業。

你買賣同一家企業幾次，就會發現你投資這家企業，會比投資另一家你沒那麼熟悉的企業，來得更自在。我自己就會一再買進同一家企業，都是趁著市場先生的定價低於實際價值的時候。阿波羅集團、奇可服飾、全食超市、哈雷等都是優質企業，各方面表現都是業界翹楚。股價上漲的過程中只要有所停頓，市場先生給這些企業的定價，就會帶有安全邊際。

身為第一守則投資人的我們，看到這種情況一定樂翻了。所以想想這個問題：就算安全邊際沒那麼大，把錢投資在我們理解的優質企業，豈不是比較好？（答案：當然是！）然而前提是，我們一開始是在有整整50%的安全邊際時買進。這樣就等於用這家企業股價上漲時的獲利，再度買進這家企業，如此一來，我們才算真的有所餘裕。不要把這個安全邊際價格

的例外，當成買進安全邊際不高的企業的藉口，否則是會吃虧的。

儘管如此，這裡還是告訴大家我買回企業的一套原則。在股價很便宜的時候買進（我們真正的安全邊際價格，也就是標價的 50%）。後來的股價走勢證明買進是對的，因為股價一路漲至標價。以先前買進時的獲利，再度買進這家企業。等到股價跌至比標價低 20%，我就會再度買進。優質企業的股價，常會有 20% 的波動幅度。哈雷的股價在 2002 年 1 月漲至 50 美元的標價，所以我賣出。後來股價又在 2003 年 1 月，跌至比標價低 20% 以上。我又可以跟哈雷玩了。哈雷在 2004 年又漲至 62 美元，正好是標價（所以我又賣出），後來又跌至 45 美元，又比標價還低超過 20%。又可以買進了。我寫這段文字的時候，哈雷的股價是 52 美元。只要哈雷的股價繼續朝標價邁進（跟以前一樣年化報酬率能有 15%，甚至更高），我就會繼續買進。用這種方式投資哈雷的報酬率，是每年將近 40%。只要找到符合第一守則的好企業，知道何時該買進，何時該賣出，就能有如此之高的報酬率。（你可能覺得買進買出要繳很多稅，其實不必擔心。我在後面會談到稅務的問題，會證明給你看，第一守則投資人不必因為害怕國稅局先生，就不願反覆買賣一家企業。）

其實多次買賣也是一種自我修正。我們的理想企業的股價越來越不具吸引力，而其他理想的企業會出現適合買進的時機。我們當然要把資金轉到潛在風險最低、且潛在報酬最高的地方。

如果你發現自己以安全邊際較小的價格，買回了先前賣出的企業，那就要把這個現象視為一種警訊，代表你應該開始尋找你喜歡且股價也更便宜的其他企業了。一旦你賣出一家已不再理想的企業，就算它還待在你的觀察名單、期待著你盡快把它買回來，你也不該再執著於它了。請去積極尋找符合四個 M 標準的理想企業。要做功課，不要偷懶。最重要的是，要繼續做個第一守則投資人。要重回市場，你的錢才能幫你賺錢。

消除疑慮

在股價達到標價時賣出，等到股價下跌，即使安全邊際較低，也照樣買回。這種操作方式要能奏效，我們就必須相信自己從一開始就能算出正確的標價。要是沒有信心，則很有可能會陷入猜測與盼望。「這家企業現在的股價**真的**就是標價嗎？分析師對成長率的看法**正確**嗎？我稍微調整本益比會怎樣？我該不該繼續持有這家企業，再等久一些？」

換句話說，我們會變得跟市場先生一樣情緒化，第一守則投資人可不能這樣。我們需要用更好的辦法來確認自己的決策，並對自己的舉措保有自信。

在下一章，我們要學會運用工具，不讓情緒左右投資，這樣也就能避開常見的錯誤。

| 第十一章 |

拿回獲利主動權

機會總是站在謹慎者那邊。
—— 尤里比底斯（Euripides，484-406 B.C.,古希臘劇作家）

　　順利找到了符合四個 M 標準的企業，也就是對我們有**意義**，具有寬廣的**護城河**，有良好的**管理團隊**，而且現在的價格就有很大**安全邊際**的企業，都做到這種程度了，是否還可能犯錯、違反第一守則？當然有可能。我們就算每件事情都做得對，完全沒犯錯，股價難道就絕不可能在短時間內下跌，害我們虧損？

　　如果你還不曾有過這樣的想法，相信我，等到你拿真金白銀，開始按照第一守則投資，你自然就會聽到腦海中的聲音：「我是不是犯了錯，這家公司股價要是下跌，我該怎麼辦？」而我們得想辦法解決這個問題。

解決方案一：假裝

　　你買進一家企業，隔天股價就開始下跌，而且一路跌，沒有止跌的跡象。如果你沒經歷過這種情形，那我告訴你，經歷過的投資人對我說過，這可不好玩。（好吧，我承認，我也曾搞砸、遇過這種狀況。）有一種解決方法，是對自己說：雖然股價下跌，但只要沒賣出，就沒有虧損。換句話說，乾脆假裝沒虧損，所以也就沒違反第一守則。這樣對嗎？不對。大

錯特錯。錯在逃避現實。

想像一下,你對這家企業還有它的價值判斷正確。但雖然你天縱英明,市場先生卻對未來更加悲觀。現在這家企業的股價,連你上個月買進價格的一半都不到。你還是對自己說,你還沒賣出,所以並未虧損。但你要是去銀行申辦貸款,把你的資產拿給銀行看,說這家企業的價值,就是你上個月買進的價格,銀行的人只會笑你,把你踢出去。

銀行的人對你說,這家企業的價值,是市場先生當天給它定的價格,不是你以為、你希望的價格,也不是你上個月買進的價格。市場先生的定價要是比你買進的價格低,那從銀行的角度看,你就是虧損,你的淨值也有所下降。因此如果市場告訴我們,我們持有的企業價值已經低於我們買進的價格,那你我都不能假裝自己沒虧損。因為但凡虧損,即使是短期虧損,都是嚴重違反第一守則。我們一定要想辦法解決問題,不能只是假裝問題不存在。

解決方案二:補足差額

解決問題的第二個辦法,是華倫・巴菲特採用的辦法。他並沒有假裝自己沒有虧損。而是從其他短期投資賺錢,賺到的這些錢,比他在第一守則企業上的虧損還多。如果你也能做到,那這也是個好辦法,巴菲特先生夠聰明,所以能做到。不僅是長期投資績效,他的短期投資績效也是世界頂尖。他短期投資債券、銀、貨幣,以及併購套利等等,賺進數十億美元。

你我能做到嗎?併購、商品以及貨幣交易其實很有意思,我們當然也可以投資這些,但那不在本書範疇之中。我想並不是每個研究第一守則的人,都願意深入研究這些,並且到了能進場交易的地步。不過話說回來,我也相信每一位讀者都不想虧損。以非常精明的短期操作來彌補虧損,那是更進階的方法了,需要更多的時間與練習,所以我們需要別的辦法。

解決方案三：一開始就別虧損

有個故事是這樣的：一位學徒在修道院受訓多年，想成為一名修士。一天，他的老師拿著一根粗糙的手杖走進他的房間，說道：「孩子，你表現很好。現在只剩最後一個考驗。一天後，我會再度回到這裡，只要你通過這個考驗，就能成為修士，成為我們教團的弟兄。要是沒通過考驗，我會用這根手杖把你打到不省人事。」學徒都還沒來得及問考驗是什麼，老師就走了出去，把門鎖上。學生無事可做，只能坐在房間裡，納悶著這最終考驗究竟要考什麼。

隔天老師又拄著手杖回來，問說：「如何？」話還沒來得及說完，學生就跳起來，搶下了手杖。老師笑道：「這位弟兄，歡迎加入。」

我們的第三個選擇，就是搶下手杖。

搶下手杖

這個階段的你，就像這個故事裡的學徒。你已經很清楚，理想的企業應該具備怎樣的條件。但無論你知道多少，市場先生還是可以拿手杖打你，也就是讓你的理想企業的股價下跌。現在我要告訴你，如何拿走市場先生的手杖。本來投資人要花費不少功夫，才能拿走市場先生的手杖，直到幾年前，情況才有所改變。現在的小散戶，擁有一項市場上任何一位大戶都不具備的優勢。我要告訴你如何善用這項優勢，讓市場先生再也無法拉低我們持有之企業的股價，再也無法用手杖打我們。但首先，你必須知道股價上漲與下跌的原因。

我問很多人：「股價為什麼會上漲？」很多人都說，股價之所以上漲，是因為利率調降。也有人說是因為公司盈餘增長。還有人說是因為公司聘請了比較厲害的執行長。或是美元對日圓升值。或是無數其他的原因，反

正沒有一個正確。

股價會往上漲，只有一個原因：想買進的資本，比想賣出的資本多。我在第一章說得很清楚，美國股市目前的 17 兆美元資金當中，超過 14 兆美元來自退休基金、銀行基金、保險基金，以及共同基金。這些統稱為法人基金，規模通常很龐大，投資金額多半超過 10 億美元。所以他們合起來，就**等於是**市場先生。他們能控制自己投資的任何股票的股價。他們投入更多錢，股價就應聲上漲。他們把錢撤走，股價就隨之下跌。

對於像你這樣的散戶投資人來說，這就代表即使一家企業的股價是標價的一半，只要基金經理人持續賣出，短期內**還是有可能繼續下跌，儘管這樣的下跌是不合理的**。請記住，市場先生也會有不理性的時候。正如葛拉漢所言，市場長期而言是一臺體重計，告訴我們每家企業正確的重量（價格）。但市場短期而言是一臺投票機，完全有可能是基於情緒，而非理性投票，呈現給我們的是任何一家企業的錯誤投票結果（價格）。況且法人基金的經理人，才不會以經營企業的思維投資，不會在意企業長遠的成功。他們只在乎企業短期的成功，也就是這一季能賺多少錢。

巴菲特先生長期投資的企業若是股價下跌，他也必須承受短期的虧損。這是因為他花費巨額投資，無法輕易出場。想想他在 2005 年的致股東信裡所說的話：**我們持有的部位太大，隨著股價波動買進賣出的靈活度有限。**

如果巴菲特先生無法「靈活」買進賣出，那其他大戶需要多久時間呢？說來還真讓人意外，紐約證券交易所 2005 年的平均每筆交易規模，竟然是 345 股！（資料來源：Mohammed Hadi, "Tracking the Number," *Wall Street Journal,* June 10, 2005）大概是 5000 美元左右。一點也不大，對不對？你能想像以每筆 5000 美元的速度，要多久才能買進或賣出 20 億美元？要交易四十萬次。假設我持有 1000 萬股的 XYZ 公司。每次交易 345 股，我要交易三萬次才能出清。可能要幾星期才能完成交易，且不至於引

起市場過度恐慌。我要是少數幾次大量賣出，其他基金經理人會發現我在大量賣股，就會恐慌而跟著開始賣出，股價會迅速崩跌，我的獲利也會蒸發。但我一開始想賣出，就是為了保住獲利啊。

> 一檔股票的價格，不會因為世界大事、盈餘增長、執行長被解僱、失去專利，或是其他事件，而改變一毛錢。事件本身並不會影響股價。真正能影響股價的，是法人資金**因應**這些事件而進出市場。看似影響股價的事件，其實是近因，是引發股價改變的訊號。這些事件都不會影響股價的短期表現，因為唯一能改變現在股價的力量，是全體法人基金經理人的動向。他們賣出，股價就下跌。法人基金經理人確實會因為近期事件而買進或賣出股票。但股價漲跌的唯一原因，終究是法人投資的增減。供你參考：過去二十五年來股市飆漲，原因之一是 1980 年代與 1990 年代的基金經理人（法人基金的操盤者），他們掌握的退休帳戶資金，比股市史上任何人都多。這些經理人總得投資些**什麼**。他們將自己管理的退休基金大舉投入股市，股價應聲上漲（漲到讓人驚訝）。股價之所以上漲，是因為搶買股票的資金前所未有地多。

我打個比方，你就能知道這些大戶的問題。想像一下，你坐在擁擠的戲院裡，聞到燒焦味。你是會立刻跑向出口，還是默默地走過去？你要是狂奔，其他人也聞到燒焦味，你的舉動當然會引起恐慌，根本逃不出去。所以你不會這樣做。你默默走向門口，一點也不著急。然而其他人也聞到燒焦味了，雖說你只是默默走著，但他們也起身朝向門口走去。越來越多人要離去，出口處塞成一團，誰都出不去，只能被火燒。

安隆就是這麼一回事。股價在 60 美元的時候，大約有五百檔基金投資數十億美元。有些基金經理人聞到燒焦味，走向出口。沒有聲張，是很有秩序地走向出口。他們默默賣出，股價也在接下來的四個月，慢慢從 60

美元跌至 30 美元。沒有恐慌，沒有跳空下跌，只是有人默默不斷賣出。所有五百檔基金仍有資金投資在這檔股票上，只是有些基金的持股，已經遠少於當初。但現在很多資金都想出場，有些基金經理人也開始擔心自己無法將資金全數撤出。不對勁的跡象越來越明顯。賣出的勢頭也越來越猛烈，股價在一個月內從 30 美元跌至 9 美元。但那五百檔基金手上仍有持股，因為這麼多持股越來越難找到大戶接手。然後就是五百檔基金的大逃竄，股價一夕間從 9 美元跌至 0 元。誰也無法全身而退。而今就徒留大約五百檔基金，等著破產法庭整理劇院燒剩的殘骸，看看還剩幾塊零錢。

工具

那我們能怎麼辦？首先必須知道，我們並不是天才。我們是河川嚮導、家管、企業經理人、老師、律師、燭臺製造商。其次，要知道我們的規模不大，而且很小。我們跟巴菲特先生不同，我們完全可以「靈活買進買出」，並應該好好運用規模小的優勢。

一般的基金經理人，通常需要六至十二週，才能買完或賣完一檔股票。但你我買進一家想買進的企業，需要多久？大約八秒。而且股價完全不會改變。我們賣出也只需要八秒，也不會影響股價。既然基金經理人斥資買進，股價就會上漲，大舉賣出，股價就會下跌，我們要是能看見他們資金的動向，該有多好？就能趕在他們買賣之前，先採取行動。

稍微思考一下。他們要是需要六週的時間，默默買進足夠的持股，同時不斷推升股價，我們要是能看見他們的**動向**，會如何呢？會不會握有優勢呢？答案是**會的**！

準備好了嗎？聰明人設計了一套工具，追蹤市場上每一檔股票、共同基金，以及指數型基金的資金進出。這些工具是專為專業人士設計的（難道你認為會有人為了只有 5000 美元能投資的小散戶，專門去設計這些工

具嗎？你要是只有 5000 美元，那可是連經紀商都不會有！）但誰都想不到，網際網路突然問世，**我們**突然間也能用這些專業的工具了。而且最令人驚訝的是：你我這些小散戶，能把這些工具運用得比大戶好得多。準備好要學了嗎？

我會選擇三套精選的電腦軟體，能追蹤我們喜歡的企業的每一筆交易。我將它們稱為我的「三件工具組」，但這其實不算什麼了不起的祕密。幾乎每個專業人士，就算只是拿來看看競爭對手的狀況，也都會使用這些工具的某個版本。幾乎每個線上經紀商的網站，都會免費提供這些工具。你的經紀商的網站要是沒有這些工具，那你也可以在雅虎財經或 MSN 財經上找到。

這些工具的作用是告訴使用者，大戶何時**買進**、**賣出**任何一家企業。這是因為大戶占市場的 80% 以上。（他們要是像在 1950 年代那樣，只占 15%，那這些工具的作用就很有限。但這些大戶控制市場，而且買賣的速度比我們慢，所以這些工具可以及早提醒我們，任何一檔第一守則股票的資金進出有所變化。）

這些工具有兩大好處：

一、能降低虧損的風險。
二、能排除「情緒投資法則」。

你說「情緒投資法則」是什麼鬼？這是我發明的一套法則，內容是：

> 你要是買進一家企業，一買完股價就會跌、跌、跌。
> 你要是不買進，股價就會漲、漲、漲，直到你買進……
> 然後又會跌、跌、跌。

> 類似 Edmunds.com 的線上保險報價與買車指南，以內行人的角度，告訴我們這些小人物消費者該花多少錢買保險、買車（新車或二手車），徹底改變了保險業與汽車業。這些投資工具，也改變了我們理解市場的方式，帶給我們前所未有的優勢。這些工具的作用，是協助我們做出正確的投資決策，即使整個產業充斥自私自利的「專家」，我們也能在很多方面取得先機。李維特與杜伯納在《蘋果橘子經濟學》說得很好，資訊的原始力量是很強大的：「資訊可以是燈塔、棍棒、橄欖枝、威懾物，端看運用的是誰，又是如何運用。」股票經紀商與基金經理人先前的優勢，多半來自貯藏資訊，不讓我們接觸資訊，或是讓我們誤以為自己無法理解這些資訊。感恩網路！讚嘆網路！資訊透過網路流入我們手中，我們突然就有了籌碼，金融專業人員的優勢也消失大半。李維特與杜伯納就說過，網際網路「大幅拉近了專家與社會大眾之間的差距」。這對我們來說是好事，而且幸好用不著天縱英明，也能學會使用這些工具。
>
> 你可能需要上 MSN 財經與雅虎財經下載或註冊，才能使用進階工具。例如在 MSN，就要（免費）下載「進階投資人工具箱」。下載很方便，而且馬上就能開始使用不只一種工具。你下載了 MSN 的豪華投資工具，點選左側功能列表的「圖表」，就能使用我將在下一章介紹的全數三項工具。（在雅虎，點選左側選單的「圖表」，也能找到三項工具。你可能也要註冊帳號與密碼，才能使用所有的功能。這些都是免費的。）

我在舊金山附近的牛宮體育場（Cow Palace）演說的時候，提到法人投資人，還有他們揮一揮就能影響市場的魔杖。我說，這些法人投資人握有市場上超過 80% 的資金，所以能控制每一檔股票的價格。我說完這些，問了一個不需回答的問題：「那市場下跌是因為誰？」答案當然是巨額資金導致股價下跌，所以控制股價的是法人投資人。但前排座位有位先生卻

說：「就是我啊，我買什麼，什麼就跌。所以一定是我。」這就叫情緒投資法則。

我們要摒棄情緒投資法則，因為別人恐懼的時候，我們一定要願意進場。別人都說不會跌的時候，我們也要願意賣出。換句話說，原則就是第一守則投資人要在別人恐懼時買進，在別人貪婪時賣出。要是染上了情緒投資法則的毛病，那無論企業有多理想，只要你是新手投資人（唉，你投資經驗豐富，說不定還更會這樣），就會對自己的決策沒信心，在該買進時觀望，又在該賣出時買進。

只要按照四個 M 篩選企業，就不會有情緒化投資的問題。我們了解企業，又能以很好的價格買進，就再也沒有理性的藉口不去買進這家企業。現在，只要再排除非理性的藉口就好，也就是情緒化的藉口，亦即情緒投資法則。我是用我的三件工具組來排除它。

在下一章，我會告訴你如何使用這些工具，判斷買進與賣出的時機。換句話說，就是何時該搶下手杖。

該記住的重點：

一、大戶投資人（掌控退休基金、保險基金、共同基金等的那些人）控制了市場，但要轉向只能慢慢來，就像大型郵輪一樣。他們的動作很大，所以很明顯。

二、小戶投資人（就是你和我）可以像水上摩托車一樣迅速轉向。我們的動作又快又小，沒人會察覺。

三、工具能讓我們這些水上摩托車知道郵輪的動向，我們就能率先行動，也能看見郵輪在何時已經轉向太多，無法回頭，留下很大（破壞力也很強）的尾跡。有三項工具在手，我們就能避開尾跡，也就不會虧損！

| 第十二章 |

三項技術分析工具

任何夠先進的技術，都與魔法並無二致。
——亞瑟‧查理斯‧克拉克（Arthur C. Clarke，1917-2008，英國作家），摘自《未來素描》(*Profiles of the Future*)，1961（即「克拉克的第三定律」）

我們一旦找到符合全數四個 M 標準，我們也想買進的理想企業，有三項工具格外好用。有了這些工具，我們就有勇氣「搶下市場先生的手杖」。能搶下是好事，因為我們總不希望被市場先生打。我們當然想晚上睡得安穩，知道自己的資金很安全，不會因為不敢進場（或出場）而虧損。

並不是說除了接下來要介紹的工具，其他我一概不用；但接下來要提到的這些，是我用過最好用的。而且在 MSN 財經、雅虎財經等網站，以及你的經紀商的網站，都能找到這些工具，而且可以免費使用。不過還是要先提醒你，你找到的圖表，大概跟你在這一章看到的不太一樣（我在書中列出的是為了說明使用，不用想著要找一模一樣的）。

每個網站提供的工具會稍有不同，但你看了我在書中提到的例子，對於該如何使用，應該就有概念。當你了解這些工具（也就是某些人口中的「技術指標」）、熟悉了之後，即使每個網站的工具不太一樣也無所謂。不要被這些工具看似複雜的外表嚇到，至少目前不必去煩惱它們的原理。現在你只需要懂得**解讀**訊號，要知道工具是叫你「買進」還是「賣出」就好。你很快就能練就解讀的本事，習慣成自然，就像你閱讀不同類型的書一樣簡單。不過，首先你必須學會看這些圖表。

> 你開車時看到紅綠燈，難道會坐著思考燈是怎麼變紅變綠的嗎？不會，你知道綠燈表示可以走，紅燈表示該停下，你也按指示做，不會問東問西。我希望你看待技術工具，也要像看待紅綠燈一樣。要先知道該怎麼解讀訊號，才能行動，不要本末倒置，反而跑去研究訊號是怎麼產生的。

如果你比較習慣看某個網站的工具，那就儘管繼續使用。重點是要使用你覺得可靠的一套工具，不要給市場先生拿手杖打你的機會。

工具的力量

我在前一章提到這些工具的力量時，你可能認為這些工具是最近才推出的。其實這些工具存在已久，所以我在 2000 年還有之後，才沒跟很多人一起沉船。但是直到大批財經研究資料在網際網路上發表之後，這些工具的功能，才發展到符合一般小額投資人的需求。對散戶來說，最重要的是再也不必花時間自己算。電腦可以幫我們算，也能在瞬間將數據繪成圖表，以前要幾小時才能完成。我們再也不需要計算某檔股票一天的交易造成的變化，再畫成圖表，還要將我們感興趣的每一家企業都這樣計算、繪圖。現在都可以交給電腦自動作業。我們只需要看懂工具顯示的訊號。

直到大約八年前，我才開始使用這些工具，那時我一切都改成在線上作業。有位朋友建議我試試這些工具，於是我去上課，覺得很有收穫。在 1998 年的時候，我還沒感受到差異，不過話說回來，那時候我買什麼都大漲。在 1999 年 8 月，這些工具告訴我該出場了，市場果然下跌，我完全沒虧損。我覺得真好用。後來在 1999 年 10 月，工具顯示很多大戶又重新買進我先前投資的企業，我也跟進。雖然市場一片悲觀，很多人認為千禧蟲會在 2000 年 1 月 1 日肆虐，全球電腦都會失靈，世界末日會降臨，但我

還是目瞪口呆地看著市場一路狂漲。要不是工具斬釘截鐵告訴我，大戶正在買進我先前投資的企業，我不可能有那個膽量進場。到了 2000 年 3 月，工具顯示大戶又紛紛出場。賣壓沉重啊。於是我賣光持股，傻眼地看著市場像自由落體般崩跌。你只要經歷過我們遇到過的 2000 至 2003 年的崩跌，別人都血流成河，而你卻毫髮無傷，你就會相信工具的力量。對於採用第一守則投資法的小散戶來說，這些工具是不可或缺的利器。

有個學生曾經問我：「難道我的基金經理人沒有這些工具嗎？如果他也有，這些工具又這麼好用，那他在 2000 至 2003 年，怎麼會把我的錢賠掉一半呢？」好問題。你的基金經理人當然有這些工具。還記不記得？這些工具本就是專為他們打造的。（我在前一章說過，永遠不要以為這些好用的工具，是專為你我設計的。都給我清醒一點！諷刺的是，初學投資的小散戶，反而比專業人士更懂得運用這些工具，這一點連基金經理人也沒料到。）

你的基金經理人遇到的問題，是我們已經討論過的：他要移動的資金太過龐大，所以他**就是**工具。必須有數百萬美元的資金朝著一個明確的方向移動，工具才會顯示「買進」或「賣出」。但你的基金經理人移動的是數百萬，甚至數十億美元的資金，一動就會改變工具顯示的訊號。如果製造訊號的是你，那再怎麼看工具，也很難看見買進或賣出的指標！你的基金經理人開始進場（要記住，他可能需要幾星期才能買完），訊號就會改變。但他要是等工具通知才進場，那可就太遲了，因為他要花很長時間，才能搬移那麼多錢。等到他好不容易買完，那些率先進場，改變工具訊號的其他大戶，都已經獲利出場了。

你要是不相信，可以投資 5 萬美元買進一檔微型股，就能親自體驗。所謂微型股，就是那種每天交易 5 萬股，每股 10 美分的股票。去買個 50 萬股，看看工具的訊號會不會改變。你會發現，當你開始買進，每項工具都跟著大喊「買進！」你都還沒買完，就會看見股價一路從 10 美分，衝

上15美分、20美分！等你買完，股價可能已經登上80美分。看起來很不錯，直到你開始賣出。你賣出就會發現，你又一次改變了工具，只不過這一次它們是對著全世界大喊「賣出！」突然間買家都不見了，你都還沒出清離場，股價就一路跌至3美分，說不定你**根本沒辦法**出清離場。只要經歷過一次，你就會明白基金經理人要投資數十億美元有多困難，也會知道為何除了第一守則投資人以外，幾乎沒有人能連續打敗市場二十年以上。

好，我們這就來認識這些工具，了解要如何使用。我們一個一個看。

指數平滑異同移動平均線（MACD）

我們工具箱裡的第一項工具，是指數平滑異同移動平均線（Moving Average Convergence Divergence，簡稱MACD）。念起來是不是一大串？這是由一位經濟學家傑拉德‧阿佩爾博士（Dr. Gerald Appel）發明的，大概是反映一檔股票重大趨勢變化的最可靠指標，也絕對是世上最常用的技術指標之一。MACD的作用，其實就是觀察一段時間內，通常是短期之內幾項價格平均值的變化。

> **MACD是兩個移動平均的結合。這兩個移動平均一快一慢，也會互動（相交與背離）。**

它可以看出買壓與賣壓越來越強，就好像消防水帶的水壓表。市場上大多數資金都是法人資金，所以從MACD，可以看出大戶何時偷偷買進，偷偷賣出。

> 直接學會依據MACD來判斷該買還是該賣，比了解其背後的原理簡單多了。MACD採用的是移動平均（MA）。所謂移動平均，意思是一段時間內的平均價格。每天的收盤價揭曉後，就會重新計算移動平均。我們如果採用的是十日移動平均，那就要計算最近十個交易日的平均價格，畫在圖表上，作為持續演進的十日移動平均線的最新的點。（大

多數的 MACD 採用的是指數移動平均〔exponential moving average〕，以得出更平滑的線條，去除不必要的上下振盪。這些叫做指數移動平均〔EMA〕。最近指數移動平均數據的權重，高於最近的移動平均數據。）MACD 採用三種指數移動平均：慢的指數移動平均、快的指數移動平均，以及「觸發」指數移動平均。阿佩爾博士的研究發現，最佳的慢（長期）指數移動平均，是二十六日的指數移動平均。最佳的快（短期）指數移動平均，是十二日的指數移動平均。他的 MACD 電腦程式，計算這兩種指數移動平均，然後再計算兩者的差異。這個數字就是這一天的 MACD 上的一點。不過光有這個還不夠。他繪製那一天的十二日－二十六日 MACD，以及九日指數移動平均線，發現這兩條線有時也會交叉。他的研究發現，MACD 向上突破九日指數移動平均線時，這檔股票的股價很可能繼續上漲。反之則股價就可能繼續下跌。他將這個交叉點稱為**觸發點**。之所以叫觸發點，是因為 MACD 與九日指數移動平均線交叉時，就會觸發「買進」或「賣出」的訊號給我們看。湯瑪斯・阿斯波雷（Thomas Aspray）將直方圖（代表頻率分布）加入 MACD，顯示出谷的交叉，谷在零位線變成山，所以我們就更容易察覺觸發點。阿佩爾博士研發出的 MACD 參數，多會寫成 MACD(12, 26, 9)。我很喜歡其改良版，也就是速度稍微快一些、也更加靈敏的模型，叫 MACD (8, 17, 9)，也就是八日－十七日－九日線的組合。MSN 網站的預設工具是 MACD (12, 26, 9)，大多數網站也都是如此。但我要尋找的是股價會快速上漲的股票，所以更靈敏的 MACD (8, 17, 9)，能掌握更多漲勢，也能讓我賺進更多錢。

我剛才說過，我認為 MACD 就像消防水帶的水壓表，能反映出水帶的水壓。水壓要是上升，就代表有人將更多的水灌進水帶。水壓要是下降，就代表有人把水關掉。同樣的道理，MACD「壓力表」要是顯示壓力上升，就代表有大戶將更多錢投入這一檔股票。「壓力表」要是顯示壓力下降，

就表示大戶（或是很多位大戶）將大筆資金撤出這一檔股票。以下是標準的 MACD 圖：

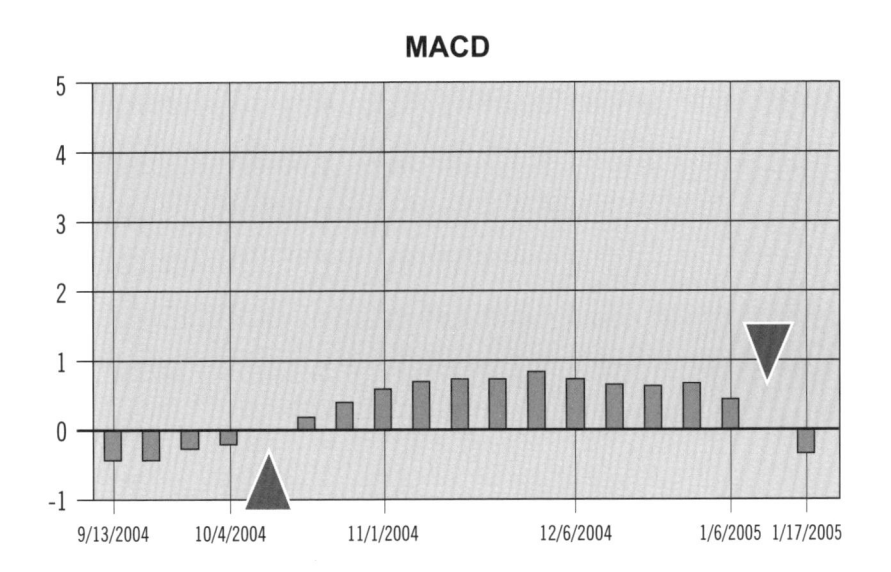

MACD

你可以花錢購買比這個更好判讀的圖表，不過這個是 MSN 網站免費提供的，所以我們就用它。首先，我先解釋你看見的是什麼（MACD 原理的簡介，見第 200 至 201 頁的文字方塊）。

201 頁的圖表，涵蓋 2004 年 9 月 13 日至 2005 年 1 月 17 日，也就是大約四個月的時間。位於零的這條線，叫做**觸發線**。這張圖看起來，在觸發線下方有直方圖組成的谷，在觸發線上方有直方圖組成的山。山與谷是由八日－十七日 MACD，與九日觸發線的直方圖組成。三角形指出 MACD 與九日指數移動平均線，也就是觸發線交叉的時間。在這張圖，交叉的那一刻以直方圖呈現，顯示該買進或賣出的觸發訊號。

在大多數的 MACD 圖，你也會看見一條 MACD，以及一條觸發線。這兩條線交叉的地方，也叫做觸發點。在這些圖表，兩條線交叉的時間，正是谷變成山的時間。你不需要看線又看山與谷，因為兩者代表的是同樣

的東西。但有些投資人喜歡看交叉的線，有些則是喜歡看山與谷。觸發線下方與其平行的是時間軸，所以你會看見日期。我不會使用觸發線上方以及下方的數字。那些是較為複雜的分析才會用到，我們不需要用。你之所以要學會看懂這種圖，只有一個原因：要了解資金的流向，是流入還是流出這家企業。而你只要能察覺山與谷的轉變，就能看出資金的流向。

谷逐漸變成山（我以一個正三角形標出）代表著什麼？這個嘛，這代表在此時，大戶們已經長期將大筆資金**投入**這一檔股票，所以股價即將大漲。我們想在這個時候買進。在這個時候，股價下跌的風險是最低的。在山開始變成谷的時候（我以一個倒三角形標出），大戶們已經大量**賣出**這一檔股票，股價即將大跌。在這種時候，我們虧損的風險當然會升高，所以我們出場。就這麼簡單。

山開始出現，就該買進。
谷開始出現，就該賣出。

問題在於：你上網看 MACD 圖，會發現解讀的方式不只一種。例如你可以改變圖表的設定，加快或放慢山與谷的繪製速度。就好比調整消防水帶的壓力表。可以調整它對於壓力變化的敏感度。

如果要按照我的方式看 MACD 圖，就必須先設定 MACD，也就是輸入三個數字。要知道你可以使用預設數字的 MACD 圖，但你改變數字，訊號也會跟著改變。想按照我的方式使用這些工具，就要稍微調整一下大多數工具的預設值。在網站上找出能調整預設值的地方。在 MSN 財經，你選擇 MACD 圖，再點選「設定」選單，就會右圖出現這樣的畫面。

你現在可以將設定值從十二日－二十六日－九日線，改為八日－十七日－九日線。你調整了數字，「壓力表」就會更靈敏。我喜歡靈敏一些，因為我不介意先進出，等到幾天後市場轉向，我再回頭調整。你可以按照

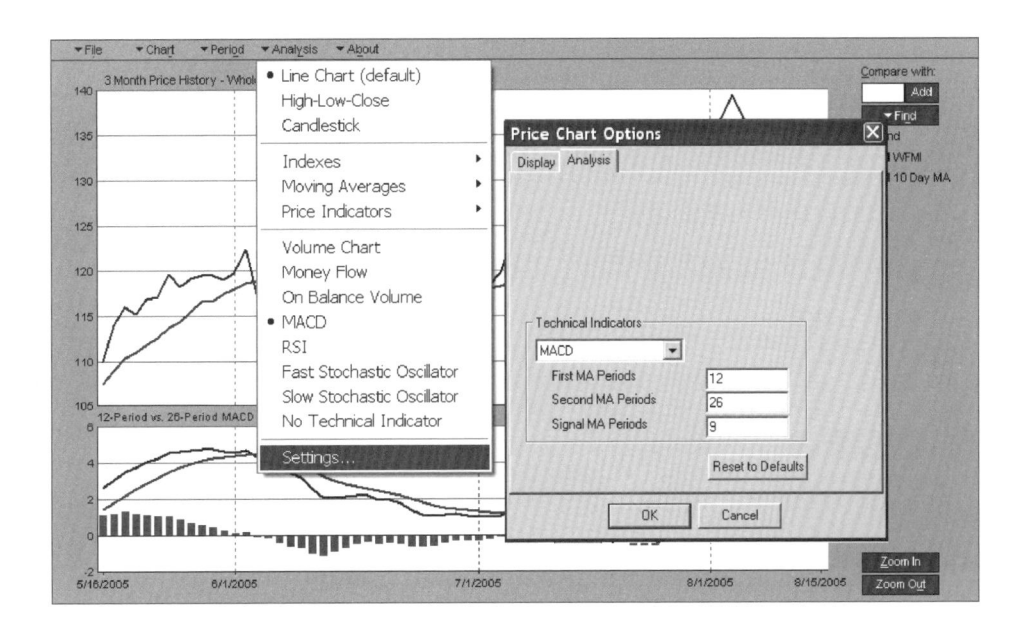

自己的意思使用這些工具。相信我，專家對於該如何使用的看法相當分歧。如果你想學技術交易，有很多課程可以選擇，也可以買很炫的專利軟體。但我們的目的是打好第一守則投資的基礎，所以我教你的東西就夠用。

我們當然不是只用一項工具。我們要從**很多**管道確認大戶們是進場還是出場。所以需要備用工具。

> 你找得到工具嗎？如果你在 MSN 或雅虎，都找不到這些工具，那可能是沒有下載並安裝能存取、瀏覽這些財經資料的應用程式（而且它完全免費）。舉個例子，如果你在 MSN 財經輸入股票代號，點選左側選單上的「圖表」，卻無法看見全部三項工具，那就代表你的電腦缺少進階工具組。這時候，電腦可能會提示你下載應用程式，因為你的電腦發現，你看不到你想存取的資訊。在我寫下這段文字的時候，雅虎並未開放使用者手動調整 MACD 工具的設定值，MSN 則是開放。不過在雅虎倒是可以瀏覽不同的移動平均線、時間軸，以及其他指標。

即使你沒有高速網際網路連線，下載應用程式都不需要太多時間。在雅虎，你需要設定使用者帳號與密碼，才能瀏覽雅虎全部的財經研究工具，而設定這些都是完全免費的。雅虎的工具都可以在「圖表」處找到，在每檔股票網頁的左側選單的「技術分析」選項下方。

最好時時更新你的電腦瀏覽器，才能使用 MSN 或雅虎之類的網站所提供的所有資訊。

隨機指標

在我們工具組裡的第二項工具，是喬治・連恩博士（Dr. George C. Lane）研發的隨機指標（Stochastic，一稱 KD 指標）。這是一項反映動能的工具，能追蹤一檔股票的超買與超賣現象。所謂超賣，就是一位法人大戶開始賣出，其他人也跟進。股價下修的壓力就會很沉重，法人短期內就會非常擔憂，也就是恐懼。在這種情況，其他法人就會等到他們覺得股價已經跌至最低，才會開始買進。等到他們買進，隨機指標工具就會察覺，也就會叫我們買進。以下是隨機指標圖的範例：

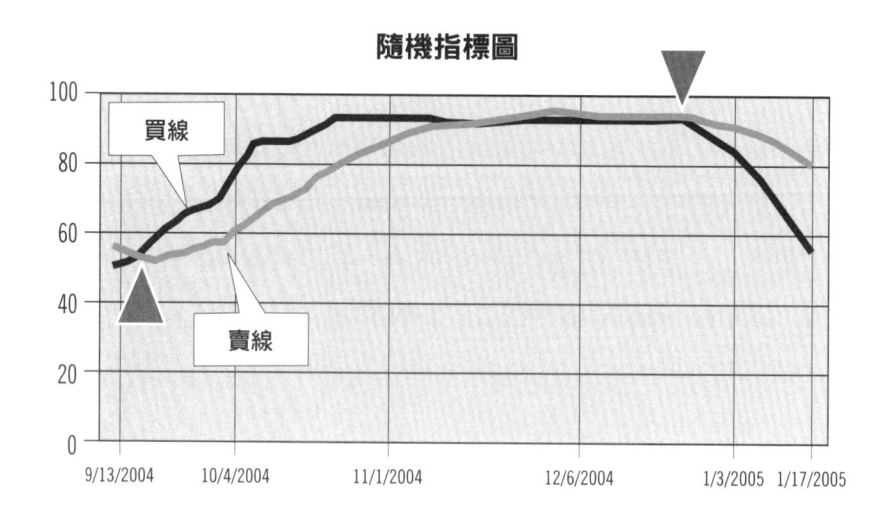

隨機指標圖

其中一條線叫做「買線」（Buy line），另一條叫做「賣線」（Sell line）。買線突破賣線（我以正三角形標出），隨機指標圖就顯示這檔股票從超賣（賣方太多）變為超買。這是該買進的時候。買線變為低於賣線（我以倒三角形標出），就代表超買（買方太多）逐漸轉為超賣。也就是該賣出的意思，沒什麼好說的。

買線突破賣線就買進，買線低於賣線就賣出。

> 隨機指標圖呈現出一檔股票在一段時間的高價與低價。連恩博士的研究顯示，以十四個交易日作為評估期間最理想。他研發的電腦程式，能找出十四個交易日的高價與低價，並計算當天的收盤價落在高低價範圍內的百分比。若隨機指標為 57，意思是過去十四個交易日期間，以 0 作為最低分，100 為最高分，今天的價格位在第五十七個百分位，也就是大概在中間。這個分數本身的作用有限，然而連恩博士以及後來的許多學者卻發現，股價若是低於第二十個百分位，就代表這檔股票被超賣，賣方太多，買方卻不夠多。股價若是上升到第二十個百分位，往往就代表大戶們開始大舉買進，這檔股票脫離超賣狀態，交易漸趨正常，所以股價可望上漲。股價若是漲至遠高於第八十個百分位的地步，就代表這檔股票步入超買狀態，買方太多，賣方卻不夠多。股價若是跌至第八十個百分位以下，往往代表大戶們大舉獲利出場，股價即將下跌。在 MSN 網站，隨機指標線是與五日指數移動平均線（5MA）比較，兩者的交叉處就是觸發點。用這種方式看隨機指標圖，可以比觀察第二十至第八十個百分位，更早察覺股價走勢的變化。

正如 MACD，你可以按照自己喜歡的方式，設定隨機指標圖，也就

是你希望訊號有多靈敏。隨機指標有所謂的「快」與「慢」。我比較喜歡設定成適中的交易速度，才不會一天到晚受到指標影響（慢速的隨機指標，給出的錯誤訊號比快速的隨機指標少）。我偏好的慢隨機指標，採用兩種數字。第一個數字是期間，我採用的是十四個交易日。第二個數字會產生移動平均，以製造觸發點。我喜歡五日的移動平均。MSN 網站的預設值是五－五，我覺得這樣製造出來的觸發點太多。所以我們使用的兩個數字是十四－五。圖的左側是百分比。隨機指標線突破第二十個百分位，就是正面的訊號，低於第八十個百分位，則是負面的訊號。在訊號出現之前，十四日線與五日線通常會先交叉，代表走勢有變。這是我們該買進的訊號。第二十至第八十個百分位，只是進一步確認而已。

移動平均線

我喜歡用的第三項工具，叫做**移動平均線**（Moving Average，簡稱 MA、均線）。這項工具追蹤一檔股票在某段時間的平均價格。很多做技術交易的人，是依據移動平均線進行買賣。移動平均線能消除每日股價波動的最高峰與最低谷，投資人就能看清股價走勢（做技術交易的人，根本不會去思考企業的價值。他們只想依據這些指標，或是類似的指標，判斷股價會漲還是跌。他們倒退回市場效率假說的年代，跟當時的投資人一樣，以為所有企業的價格永遠都是正確的。做技術交易的人心想，既然如此，那就完全不需要參考基本面，唯一重要的就是動作要比別人快。）

> 移動平均線就是某段期間的每日收盤價，除以這段期間的交易日數。

某些移動平均，就像股價上漲與下跌的心理界線，可以當作股價的上限或下限。股價突破移動平均線，創造短期的新高股價，也就突破了心理的上限，這也代表市場對這檔股票的態度轉趨正向。股價要是突破下限，

就代表市場的態度轉趨負面。你還是要在你用於研究的網站上，調整網站的設定，設定移動平均計算的速度。

在 MSN 網站，你有兩種選擇：十日與五十日。我喜歡用十日的移動平均線，因為我使用這項工具的目的，與使用 MACD 和隨機指標線不同，我希望得到早期的訊號。移動平均線通常是顯示該「買進」或「賣出」的最後一個訊號，因此把它設定成快速，步調才更能跟上另外兩項工具。

圖中的黑線代表股價，灰線則代表移動平均線。當股價線突破移動平均線時（我以正三角形標出），就是股價突破上限，市場對這檔股票的看法趨於樂觀，這是我們該買進的訊號。若股價線低於移動平均線（我以倒三角形標出），就代表股價突破下限，市場心理轉趨悲觀。這就是該賣出的時候。要弄懂並不難。

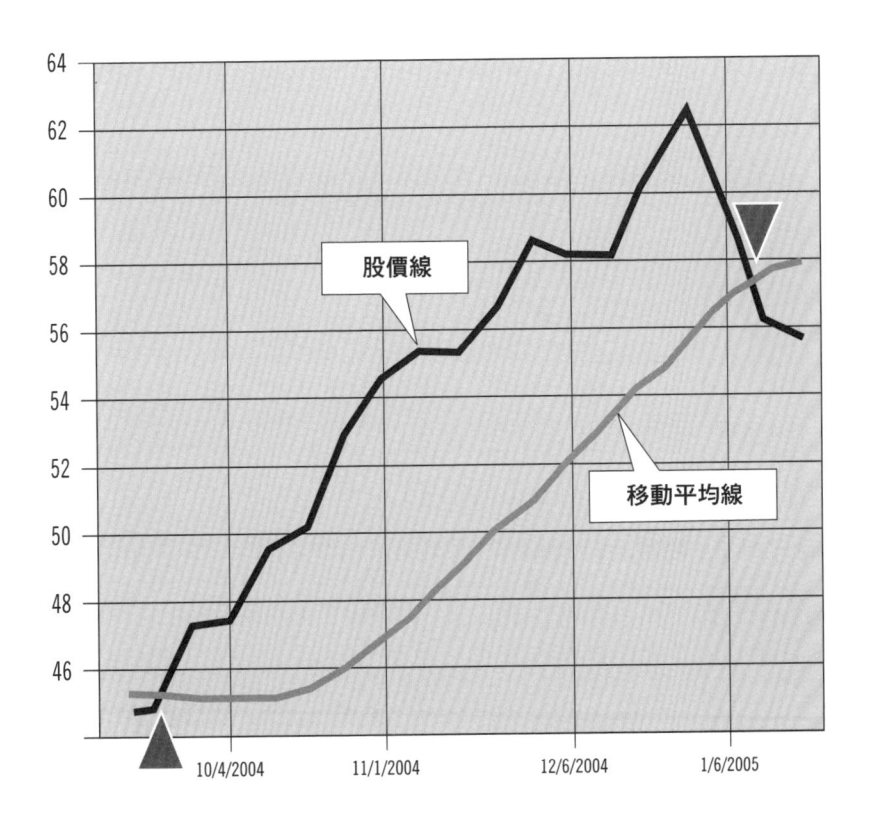

> **股價線突破移動平均線，就代表該買進。**
> **股價線低於移動平均線，就代表該賣出。**

從這三項工具，就能看出市場趨勢、市場動能和市場心理。很多網站都提供這三項工具，幾乎每一家線上經紀商網站也免費提供，但你可能會覺得很難閱讀。有些可能要使用一段時間後，才能看懂。我建議你多做一些模擬交易，就是所謂的「紙上交易」，我等一下會說明。做紙上交易，就能運用工具，也能領悟這些工具有一個絕佳的作用：避免你賠錢。

由於你才剛開始接觸技術指標（如果不是，那要恭喜你，你已經知道這些工具有多好用），所以我們就講得簡單一些：**三項工具都說「買進」**，就代表現在該進場。三項工具都說「賣出」，就代表現在該退場。（是的，要等三項都給出訊號。）看看第 210 頁的圖，從星巴克的例子，就知道當一家理想企業出現了有吸引力的股價，且三項工具又都說「進場」時會發生什麼。

你發現第一項說要「進場」的工具，是 9 月 20 日的隨機指標圖。按照我們設定的方式，隨機指標往往會成為較早發出訊息的訊號。移動平均線在隔天也說「進場」，因為股價突破平均值，創下短期新高，但我們還需等待 MACD 圖。我們要有耐心，每天白天或晚上抽空看看圖，直到三項指標都說「進場」。在這個例子，等了兩星期才等到三項指標都說「進場」。在那時，也就是 2004 年 10 月 7 日，MACD 終於與觸發線交叉，三項工具都叫我們進場。當時的股價是 49 美元。

假設我們已經確認這檔股票符合四個 M 的標準，49 美元的股價也有很大的安全邊際，於是我們買進。不受情緒影響，也不是用猜的。我們了解這家企業，知道大戶們都在買進，於是也跟進。從此我們只需要每天看圖表，留意出場的訊號。需要看多久？大約十五秒，然後就該去玩耍。不必做其他的事。在這個例子，我們 10 月、11 月、12 月每天都看，沒看到

星巴克公司
移動平均線與股價歷程

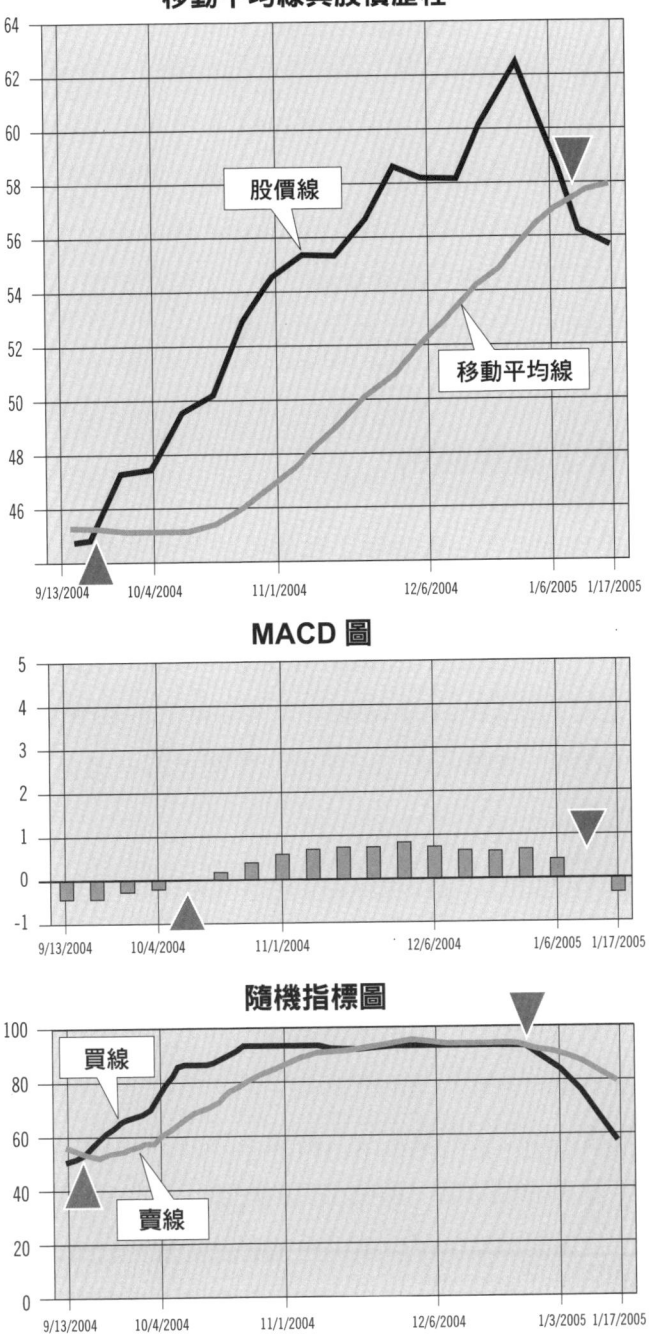

股價線

移動平均線

MACD 圖

隨機指標圖

買線

賣線

205

任何改變。後來在12月底,隨機指標圖給出了第一個出場訊號。

現在可要注意了,我們不想回吐獲利(但此時只有一個負面訊號,所以股價還是有可能繼續上漲,我們要靜觀其變)。股價在下跌,這可不是好現象,到了2005年1月,在股價大約是57美元的時候,另外兩項工具大喊「出場!」於是我們出場。這一次交易,我們就在三個月內,賺進16%的豐厚報酬。最棒的是,我們不必承擔風險,不必一臉無助看著星巴克股價崩跌,又只能猜測,盼望會漲回來。(我們出場之後,股價確實從57美元一路崩跌,一直跌到46美元的低點才回升。)

只靠工具是不會賺錢的

一天到晚有人問我,**若這些工具能告訴我們何時該買進,何時該賣出,那又何必再研究四個M的標準?為什麼不直接依據工具的訊號買賣就好**?原因如下:從長期來看,除非你了解你買進的企業的價值,否則光靠這些工具是賺不到錢的。要記住,企業短期的股價會受到各種因素影響,但市場先生有一套衡量的工具,會正確衡量每一家企業,在某個時候會給出正確的價格。

你要是不理會四個M,不小心買到股價高於價值的企業,那股價終究還是會修正,回到接近標價。所以,儘管短期的趨勢、動能,以及心理都是看漲,長期的趨勢、動能,以及心理還是看跌,就跟重力一樣是向下的。

只依據工具買進賣出,就會因為股價下修至真正的價值,所以東虧損一點,西虧損一點,一而再再而三虧損。用工具交易一檔走跌的股票,就像被千刀萬剮凌遲而死。即使每次只虧損0.5%、1%,或2%,也是有限度的,累積多了就會變成慘虧。這些工具的好處,是你買進的價格**如果**低於企業的價值,也就是標價,那使用這些工具就能避免虧損。

以我的淺見(巴菲特先生與葛拉漢先生等幾位重量級人物,也與我所

見略同），無論投資什麼，保證獲利的唯一方法，就是以遠低於價值的價格買進。能做到這一點，就會非常富有，還不會冒著一貧如洗的風險。我覺得這比賭運氣好太多了。我喜歡有把握，也會盡力做有把握的投資。

但萬一你犯了錯，沒有以遠低於價值的價格買進企業，該怎麼辦？你要是弄錯了每股盈餘成長率或是本益比，該怎麼辦？你要是（事後才發現）自己買在高點，該怎麼辦？即使如此，工具對你的保護，也遠勝於猜測、盼望。

2000 年的蘋果公司，是一家深不可測的企業，五大數字也太不穩定，我無法算出標價。不過蘋果是個很好的例子，證明了這些指標確實是指引你賣出任何一檔股票的明燈（見下頁圖）。如果你一時興起，在 2000 年 9 月買進蘋果，當時的股價是每股 30 美元（分割調整後）（於 9 月 8 日衝上 32 美元的高點）。在 9 月的最後一週，三項工具全都在說「出場！」你會怎麼做？你會賣出。股價繼續下跌，兩週後的賣價是每股 28 美元。

然後蘋果宣布，這一季的預測全都無法達成，全年的表現也會遠不如預期。蘋果是在收盤後才宣布，這也是標準作法，誰都必須等到下一個交易日開盤才能買賣。隔天早上開盤，很多法人都想賣出蘋果。但 28 美元的賣價找不到買方。半個也沒有。27 美元、26 美元、20 美元、18 美元的賣價，還是沒人買。一路跌到每股 13 美元，才有買家。後來又從每股 13 美元，重挫到 12 月中的 7 美元。

這個故事的道理很明顯：你手上有工具，也懂得善用，就會在 30 美元左右的價格出場。如果你仍然認為蘋果是一檔不錯的第一守則股票，要記住你要先了解這家企業才能買進，我覺得除了賈伯斯以外，誰都不了解蘋果，但你如果覺得你了解，也能算出蘋果的價值，那你就可以在股價跌至 8 美元時買回。我們就是如此運用工具保護自己。

對了，在賈伯斯宣布壞消息的兩星期之前，三項工具都說該賣出，是不是很有意思？你要是不熟悉這些工具，可能會以為它們會通靈。但現在

**蘋果電腦
移動平均線與股價歷程**

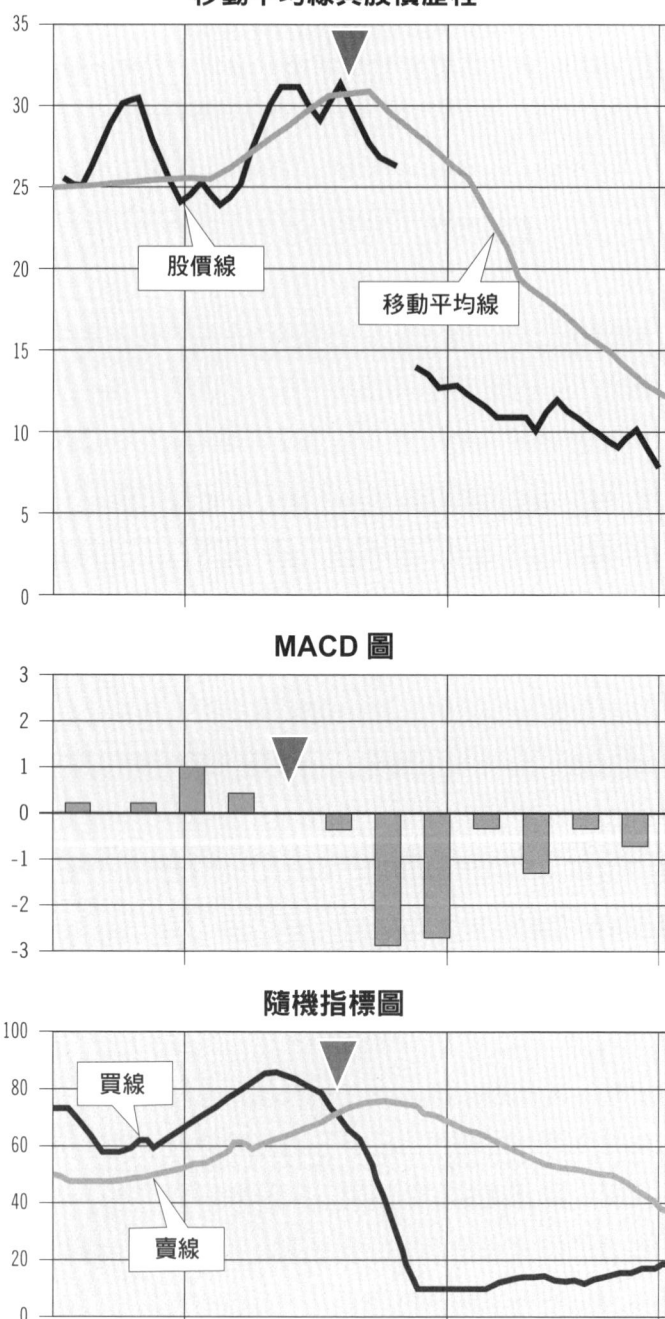

股價線

移動平均線

MACD 圖

隨機指標圖

買線

賣線

你知道是誰在改變訊號：你的基金經理人，還有所有其他的法人投資人。這些人有數十億美元的資金投資在蘋果，你覺得他們會不會跟公司高層聊天？會不會帶他們一起去看棒球賽還有超級盃？知不知道公司高層的子女叫什麼名字？

我想那些法人投資人大概會打電話給蘋果的高層，說道：「這一季的情況怎樣？」高層說：「呃呃呃呃呃呃……這個嘛……其實我也不方便說……」法人投資人掛上電話，轉向電腦，開始默默大賣蘋果股票，只是沒有驚動市場。要倒貨可是需要時間的。他們知道，情況要是真的不妙，那手上的持股就無法全數出清，但他們越早開始賣，就越能領先同一條街上另一檔基金的經理人。全國廣播公司商業頻道（CNBC）要是問他們喜不喜歡蘋果，他們當然會大肆吹捧這家公司。記者要是把麥克風塞到他們面前，問一個直球對決的問題：「你那麼看好蘋果，那你手上有蘋果的股票嗎？」這些法人投資人就會很不好意思地看著鏡頭，說：「被你發現了。是，我們手上有持股。」但他們內心想的卻是：**我還要賣給你呢，你這個白痴。**

我們有這些工具在手，就能趕在崩跌之前賣出，因為大戶們幾乎都能提早得知情況不妙，率先賣出。大戶們賣出，工具的訊號就會改變，我們也跟著出場。等塵埃落定，我們就能低價買回。依循第一守則，因為了解蘋果才會買進的投資人，就會按照工具的指示，在股價來到 30 美元時賣出，再以 8 美元買回。因此他們會看著自己的投資部位在四年間，從 8 美元漲至 40 美元。那是 500% 的報酬率，也是 50% 的複合投資報酬率。這就是致富之道。

小小的遺憾，大大的獲利

如果你想當個第一守則投資人，也想學會使用這些工具，那你可能

會有多小小的遺憾,因為有些你無法判斷價值的企業,後來股價漲翻天。我有個朋友常喜歡對我說,我按照第一守則投資法,結果錯過了多少檔飆股。但我完全沒有重大的遺憾。我早在 2000 年崩跌開始之前,就已經依據第一守則以及這些工具變現出場。我的這位朋友再也不投資股票了,我沒問過他原因,但我想他應該分不清估價過高與估價過低的企業,也沒有工具提醒他該出場。

這裡值得記住的重點是,2000 至 2003 年的崩盤,也許是未來事件的縮影。再說一次,誰也說不準市場會怎麼做,但無論市場怎麼做,只要按照第一守則,善用這些工具,就能趕在市場先生拿手杖打你之前,先搶下手杖。你也會有**充裕**的資金,趁優質企業在跳樓大拍賣時買回。

在下一章,我們要整合第一守則與所有的工具,一併運用。

| 第十三章 |

一步一步來

構想就像兔子。你養個兩隻,知道怎麼照顧,很快就會有十幾隻。

――約翰・史坦貝克(John Steinbeck,1902-1968,美國作家)

你已經知道為何要投資自己的錢:因為那些大戶做不到。你已經知道投資的祕訣其實很簡單:以具有吸引力的價格,買進理想的企業。你已經知道能幫你確認一家公司確實理想,股價也的確有吸引力的四個 M。

你已經知道賣出理想企業的時機有兩個:五大數字顯示護城河被攻破,或是股價高於標價。你已經知道,市場上大多數的資金都掌握在大戶手裡,他們買完或賣完一檔股票,都需要幾星期才能完成。你也知道可以運用三項工具(MACD、隨機指標,以及移動平均線),判斷買進與賣出的正確時機。你已經了解了不少。現在的問題是:你要投資嗎?

答案是:當然,只是要一步一步慢慢來。我在這一章就要這麼做。我們要一步一步慢慢來。

2003 年的範例,從頭到尾走一遍

還記不記得第一章的道格與蘇珊・康奈利夫婦?他們認為二十年後若想擁有優渥的退休生活,就不能只投資政府公債。他們就像很多參與我的課程的學員,想知道如何運用第一守則,才能開始收穫每年至少 15% 的

報酬。他們已步入中年，夫妻倆的年收入總和約為6萬美元，有還在就學的子女，漂亮的住宅還有貸款。他們喜歡旅遊，（經常）外食對他們來說是一種休閒娛樂。但他們所沒有的，是一大筆投資的資金，至少無法讓他們在二十年後過著寬裕的退休生活。他們的個人退休金帳戶（IRA）有2萬美元，他們覺得每月大概可以提撥500美元到這個帳戶。他們覺得除了社會安全退休金之外，每月還需要4000美元，才能維持現在的生活水準。

他們有個很大的問題，也是他們想了解第一守則投資法的原因，就是如果把積蓄交給基金經理人投資，市場要是沒上漲，那二十年後的報酬率很有可能會是零。那他們夫妻就只能依靠社會安全退休金，還有大約15萬美元的積蓄（是他們原本的2萬美元，以及每年儲蓄6000美元，累積二十幾年的結果）。退休以後把15萬美元投資在類似美國政府公債的低風險產品，如果不動用本金，每個月就只有500美元的收益。跟他們需要的4000美元也未免差太遠。他們以後就不得不賣掉房子，離開熟悉的老鄰居，縮衣節食。

如果他們不把錢交給基金經理人投資，而是投資美國政府公債，追求安全且有保障的報酬，那到了退休的時候，就會有大約23.5萬美元的資金，每月有800美元的收益。距離他們想要的4000美元還是太遠。

剩下的唯一選擇（在他們了解第一守則投資法之前），是從事房地產投機，也許也從事黃金之類的商品投機。所謂投機，就是不知道標價是多少，就按照市場先生索要的價格購買，指望以後會有人不管這家企業的真正價值，就加價向你買。但康奈利夫婦知道投機就像賭博，有可能輸光所有錢，兩位都不想冒這麼大的險。他們覺得理財的前景無望又可怕，還好有第一守則投資法帶來一線希望。

我們這就跟著他們夫妻，走過第一守則投資法的每個步驟，看看他們如何在2003年，運用2萬美元的本金，按照第一守則投資，也驗收他們在2005年中期的成績。

第一守則投資人要踏出的第一步，永遠是要判斷自己願意持有，也了解的企業是哪一種。要記得第一個 M：意義。於是道格與蘇珊開始思考三個圓圈：熱愛、才能，以及金錢。

> 在這個例子，我用來做研究的網站是雅虎財經與 MSN 財經。這兩個網站都是免費的。

他們一致認為，同時具備這三項特質的是餐廳。他們喜歡去各類型的餐廳，也覺得自己看好的餐廳一定會成功。對他們來說，花錢上館子就是一種休閒娛樂。就這麼簡單。是，他們也承認自己沒投資過餐廳，也不知道經營餐廳的訣竅。但他們也知道，不需要弄得如此困難。他們只要投資對他們有意義，產品與服務也是他們所熟悉的企業。他們夫妻三天兩頭外食，好比愛酒人士品嚐美酒，所以也有信心從消費者的角色，判斷誰是餐飲業的績優生。

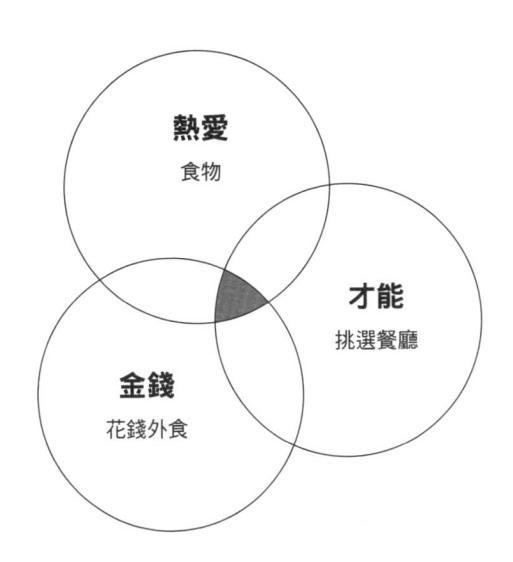

```
        熱愛
        食物


                    才能
                    挑選餐廳
    金錢
    花錢外食
```

他們從餐飲業開始研究第一守則。他們上 www.yahoo.com 網站，在網頁最上方點選「財經」（Finance），然後再點選「投資」（Investing）標籤，在「投資」下方的彈出式選單，點選「股票」（Stocks）。有一個

213

大標題是「分析師研究」（Analyst Research），下方是「板塊／產業分析」（Sector/Industry Analysis）。點選之後就會出現以下網頁：

他們點選「服務」（Services）板塊，就會看見第 215 頁的產業列表。在 R 開頭的地方找到「餐廳」（Restaurants）（要是不確定餐廳屬於哪個板塊，可以點選任一板塊，看看涵蓋的產業是否與餐廳類似。很快就能找到正確的位置。）

他們點選「餐廳」之後，就能看到我們都熟悉的企業清單。這裡只是其中的一小部分。

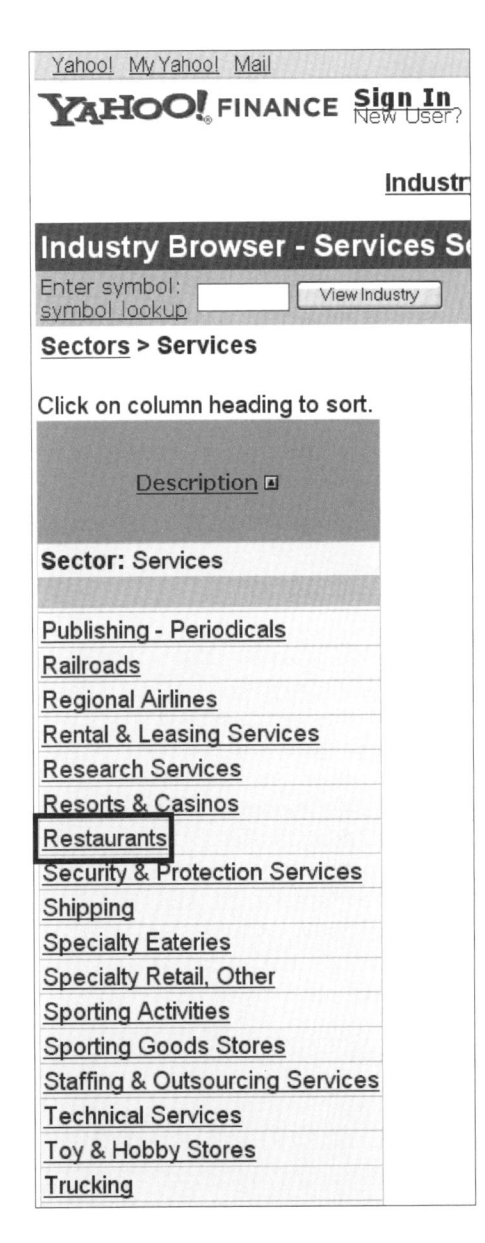

他們看到很多餐廳類型的企業。隨便點選一家，都能看到關於這家的許多資訊。他們看見芝樂坊餐館（The Cheesecake Factory），因為很喜歡這家餐廳，所以就點選，看到以下網頁。

215

```
Cheesecake Factory Inc (CAKE)

MORE ON CAKE

Quotes
Summary
Real-Time ECN
Options
Historical Prices

Charts
Basic Chart
Technical Analysis

News & Info
Headlines
Company Events
Message Board

Company
▶ Profile
  Key Statistics
  SEC Filings
  Competitors
  Industry

Analyst Coverage
Analyst Opinion
Analyst Estimates
Research Reports
Star Analysts

Ownership
Major Holders
```

Profile

Cheesecake Factory Inc

DETAILS	
Index Membership:	S&P 400 MidCap S&P 1500 Super Comp
Sector:	Services
Industry:	Restaurants

BUSINESS SUMMARY

The Cheesecake Factory Incorporated (TCFI) operates upscale, full-service, and casual dining restaurants in the United States. The company operates its restaurants under The Cheesecake Factory and Grand Lux Cafe trademarks. The Cheesecake Factory restaurants offer approximately 200 menu items, including appetizers, pizza, seafood, steaks, chicken, burgers, pasta, specialty items, salads, sandwiches, and omelets, as well as desserts, such as cheesecakes and other baked desserts. Grand Lux Cafe offers American and international

　　他們可以盡情瀏覽芝樂坊餐館的相關資訊，但他們先注意到雅虎提供的餐廳業資訊非常豐富。例如，只要點點滑鼠，就能知道芝樂坊餐館最激烈的競爭對手是誰。道格點選「競爭者」（Competitors），就看見了右圖。

　　現在他們有很多類似企業可以分析，看看哪家才符合第一個M的標準。只要點選餐廳的企業代號，再點選直接競爭對手，就能整理出一份對他們有意義的餐廳清單，也就是他們很喜歡、也樂於持有的餐

```
Competitors                          Get Competitor

DIRECT COMPETITOR COMPARISON

   CAKE      EAT      Pvt1      DRI      Industry

EAT = Brinker International Inc
Pvt1 = Carlson Restaurants Worldwide, Inc. (privately held)
DRI = Darden Restaurants Inc
Industry = Restaurants
```

| RESTAURANT COMPANIES RANKED BY SALES ||
Company	Symbol
McDonald's Corp	MCD
Yum! Brands Inc	YUM
Darden Restaurants Inc	DRI
Starbucks Corp	SBUX
Autogrill S.p.A.	Private - \
Brinker International Inc	EAT
Wendy's International Inc	WEN
KFC Corporation	Private - \
Whitbread Group PLC	Private - \
Outback Steakhouse Inc	OSI

廳。他們想縮小範圍，只需思考哪些是他們很熟悉、且知道為何往後能繼續成長的餐廳。他們的清單包括下列幾家：

一、CAKE：芝樂坊餐館（旗下有 Grand Lux Café）

二、LNY：蘭德里（Landry's，旗下有 Rainforest Café、Chart House 和 Joe's Crab Shack）

三、DRI：達登餐飲（Darden Restaurants，旗下有 Red Lobster、Olive Garden）

四、EAT：布林克國際（Brinker International，旗下有 Chili's、Macaroni Grill 和 Maggiano's）

（你做這項練習，整理出的清單也許會是一群不同的企業。第一守則投資法的一大重點，是第一個 M 是**個人的**。你可以自行決定自己喜歡什麼，又不喜歡什麼。換句話說，不要犯買進**別人**喜歡的企業的錯誤。）

到目前為止，這些都是他們夫妻認為理想，也對他們有意義的企業。接下來該怎麼做？要研究護城河。

蘇珊身為第一守則投資人，知道企業要有護城河，才能預測未來。所以她與道格討論的第一個問題，是對於這些餐廳來說，怎樣的獨占權算是一種護城河。他們探討五大護城河：**品牌、機密、收費、改換，以及價格**。餐廳的經營並不是依靠機密，你買漢堡不需要支付使用費，改換餐廳也沒什麼大不了。有些餐廳是以低價競爭，但這五家不會。這樣就只剩下**品牌**。果然這些餐廳都是知名品牌，能一再提供令消費者滿意的產品。顯然這幾家餐廳都是以品牌護城河保護自己。

現在他們想看看這些企業的五大數字，確認每一家的護城河都很健全。他們在雅虎財經可以看到五大數字的其中幾項，但 MSN 財經有十年的數字，所以他們還是參考 MSN 財經（蘇珊點選了 www.msn.com/money）[9]。為了確認護城河是否健全，她想看五大數字最重要的一個：投入資本報酬率。她在 MSN 財經，輸入清單上的第一家企業的代號：CAKE。看見這個網頁：

她點選「財務結果」（Financial Results），再點選「重要比率」（Key Ratios），最後再點選「投資報酬」（Investment Returns）：

---

[9] 原書註：MSN 要求使用者必須升級至 MSN Money Software，才能看見 MSN 財經網站最佳的圖表。這項服務免費，而且升級只需要一點時間。前往 MSN.com，點選「理財」（Money）。點選「投資」（Investing）標籤。點選「股票」（Stocks）。看見方塊下方「升級 MSN Money Software？」的一行字。點選之後再依照指示進行即可。

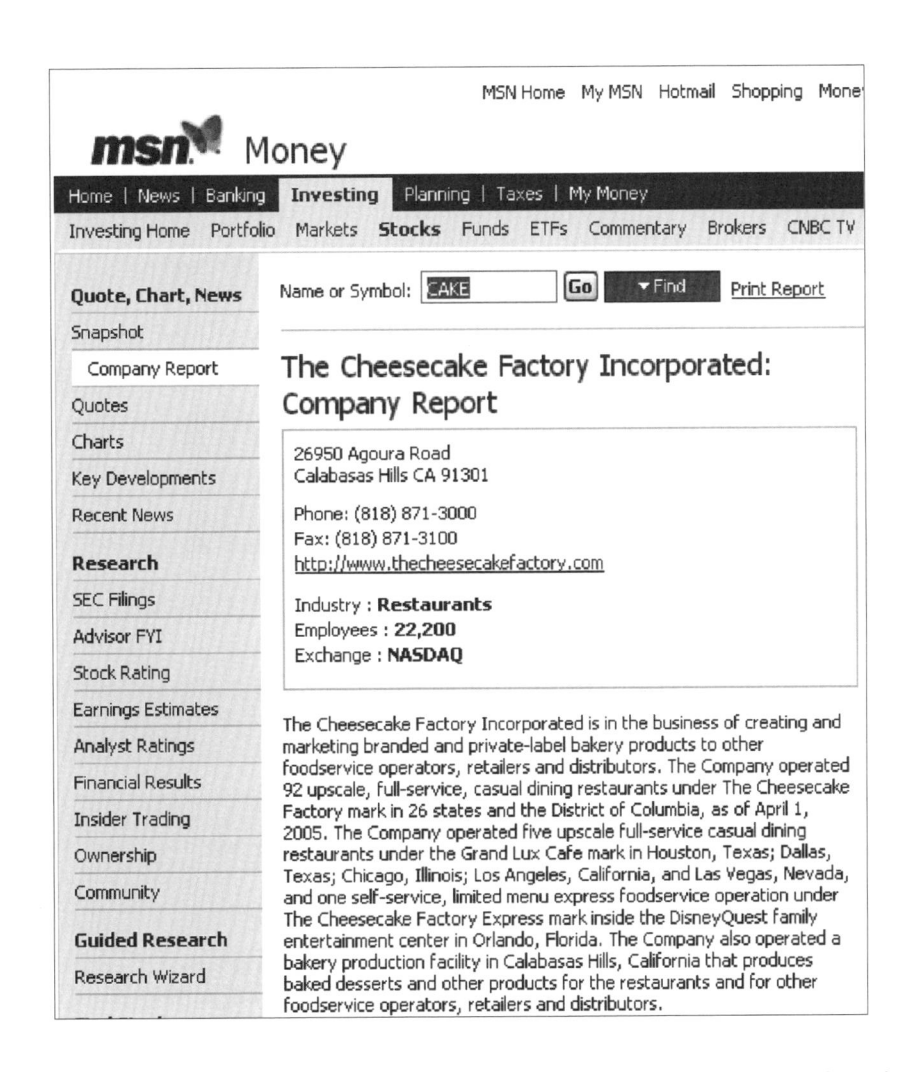

她看見「資本報酬率」（Return on Capital）。那就是我們要找的投入資本報酬率。網站上有五年期以及一年期的投入資本報酬率：12.8%以及12.2%。這些數字很理想（高於我們10%的最低標準）。以投入資本報酬率研判，品牌護城河確實很大。

接下來就要看看淨值成長率。要記得巴菲特先生說過，淨值成長率最能代替標價（也就是他所說的「內在價值」）的成長率。

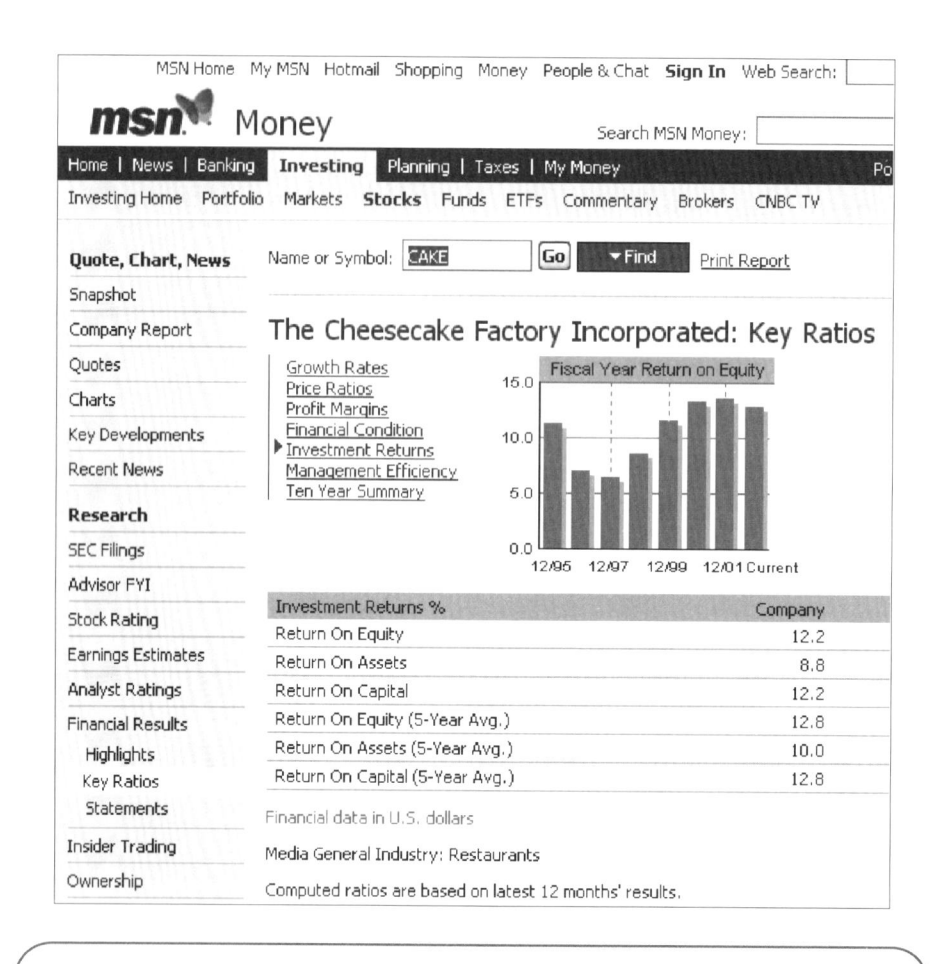

提醒你：不要誤解原始淨值數字的意義，與淨值成長率意義的差異。我們判斷護城河與安全邊際的時候，其實並不在意淨值數字有多高或多低，但會很在意淨值**成長率**有多高或多低。這兩者是完全不同的東西。舉個例子，在 2005 年中期，麥當勞的市值是 420 億美元，淨值價值則是 140 億美元。Google 的市值是 860 億美元，淨值價值是 30 億美元。（「市值」的定義是每股價格乘以股數，換句話說就是「全部買下來」的價格。）Google 的價格是麥當勞的兩倍，淨值卻不到麥當勞的四分之一。顯然市價並不是依據總淨值判斷。不過話說回來，市價終究還是與淨值成長率密切相關。麥當勞過去十年來的淨值成長率，是每年平均

約 7%。Google 的淨值成長率則是超過每年 100%。這表示麥當勞的現金盈餘成長非常緩慢，而 Google 的現金盈餘成長率則是極高。任何企業的淨值成長率，都是取決於盈餘成長，而盈餘就是企業創造的價值。如果我的檸檬水攤每股賺 20 美元，但我必須用這個每股 20 美元更新桌子、果汁機以及倉庫空間，那身為所有人的我，並不能留住這 20 美元。這就不叫盈餘。那這個企業對我來說有什麼用？這個企業若是不能製造出我能留下來的東西，那就毫無價值可言。我若是一定要將獲利花掉，才能繼續經營下去，那我持有這家企業也不開心。但我如果不需要拿每股 20 美元去買東西，而公司明年仍然創造盈餘，那我就可以讓企業將這一年的盈餘拿去打廣告，追求業績成長，我明年就不會只賺每股 20 美元，而是每股 30 美元。企業有盈餘，就有現金能追求成長，所以企業成長的速度，通常就是盈餘成長的速度，也就是淨值成長率。如果麥當勞一年只成長 7%，Google 每年成長率卻是高得驚人，那 Google 現在的價值，很容易會變成麥當勞的兩倍。

蘇珊可以點選「成長率」，就能看見營收與每股盈餘一年期與五年期的平均成長率，但她真正想看的，是過往的淨值成長率。她需要運用七十二法則稍加運算（想確認計算結果，可使用我的網站上的計算機）。於是她點選「十年摘要」（Ten Year Summary，見第 222 頁圖），看見一欄是每股帳面價值，另一欄是本益比（還有其他欄位）。

每股帳面價值與淨值是一樣的。數字只追溯至 1995 年，所以我們能看見的是七年的成長率。蘇珊將最古老的每股淨值數字 1.39，四捨五入至 1.4，再屢次翻倍，直到接近 2002 年的每股淨值 5.07 美元，以算出成長率：

● 第一次翻倍：1.40 至 2.80
● 第二次翻倍：2.80 至 5.60

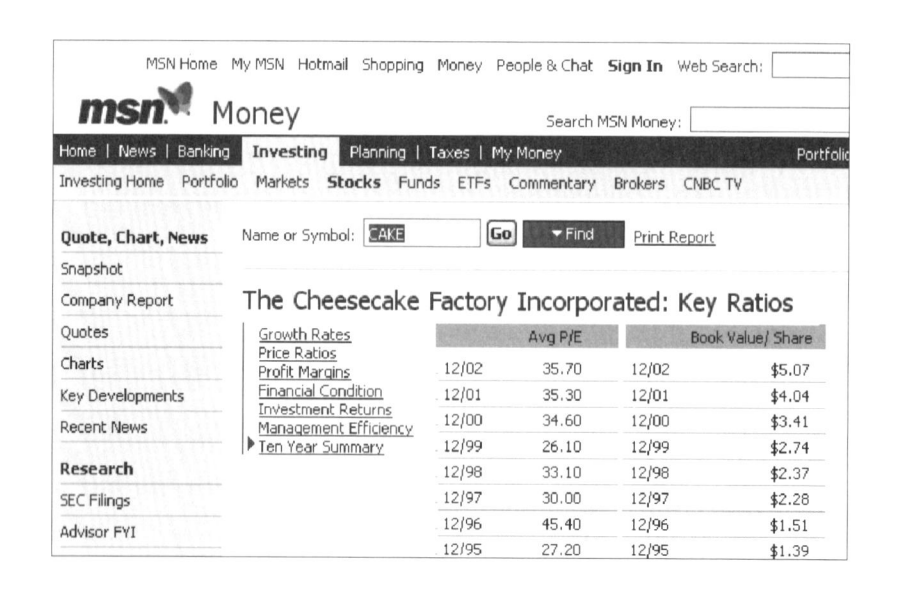

The Cheesecake Factory Incorporated: Key Ratios

	Avg P/E		Book Value/Share
12/02	35.70	12/02	$5.07
12/01	35.30	12/01	$4.04
12/00	34.60	12/00	$3.41
12/99	26.10	12/99	$2.74
12/98	33.10	12/98	$2.37
12/97	30.00	12/97	$2.28
12/96	45.40	12/96	$1.51
12/95	27.20	12/95	$1.39

七十二法則的「小抄表」（亦見於第九章）

翻倍一次約需年數	2	3	4	5	6	7	8	9	10
成長率	36%	24%	18%	15%	12%	10%	9%	8%	7%

5.60 美元稍微超出 5.07 美元，所以就是七年來翻倍不到兩次。七除以二是三·五，因此翻倍一次約需三·五年。將七十二除以翻倍一次所需的年數，七十二除以三·五約等於二十。所以成長率是 20%。還是少算一些。就算過去七年是 19% 好了。

蘇珊再看看過去五年的帳面價值成長率，觀察 19% 的成長率是否已趨緩。1997 年的每股淨值是 2.28 美元。取整數至 2.30，再持續翻倍，直到抵達 5.07 美元為止。

翻倍一次：2.30 至 4.60

還不到 5.07 美元，但再一次翻倍就從 4.60 美元至 9.30 美元，那又超

出太多了。所以淨值在五年間，翻倍一次又多一點。不到五年翻倍一次。七十二除以四是 18%。七十二除以五是 15%。她經常運用七十二法則，也熟悉固定會出現的數字。姑且算 17% 好了，比 19% 稍微衰退了一些。

蘇珊想知道歷年的淨值成長率，所以她不是從五年看到一年，而是觀察過去三年的淨值成長率，看看 17% 的成長率有無進一步趨緩。她將 2.74 美元取整數至 2.75 美元：

翻倍一次：2.75 美元至 5.50 美元

比 5.07 美元稍微高一點，但夠接近七十二除以三，也就是 24%。芝樂坊餐館的淨值最近成長得較快。

最後再確認一下一年的成長率。芝樂坊餐館的淨值從 4 美元成長至 5 美元。增加 1 美元。4 美元增至 5 美元，顯然是 25% 的成長率。（如果你希望 4 美元能翻倍，一年後完成了四分之一，以這樣的速度，三年後就會翻倍至 8 美元。三年翻一倍，參考小抄表，這就大概是 24% 的成長率，接近較為正確的 25%。）淨值很穩定。

每股帳面價值逐漸成長：19%、17%、24%、24%。這是好消息。居高不下，而且淨值創下新高。這真是太好，**太好**了。

蘇珊在 MSN 的這個網頁上，寫下過往平均本益比。她看了本益比的欄位，估計的數字是 35。現在她回到財務結果選單（Financial Results，見下頁圖），點選「報表」，再點選下拉式方塊，瀏覽「十年摘要」。

她在這裡找到能計算營收成長率、每股盈餘成長率的數字，也看見現金流量與長期債務的數字。我就不介紹蘇珊計算每股盈餘成長率與營收成長率的過程，總之她計算的方式，就跟剛才計算帳面價值成長率（淨值）的方式一樣，只是使用不同的數字。蘇珊算出下頁表格的結果，因為數字都很漂亮，所以她再用 Excel 計算一次，確認自己粗估的結果正確。

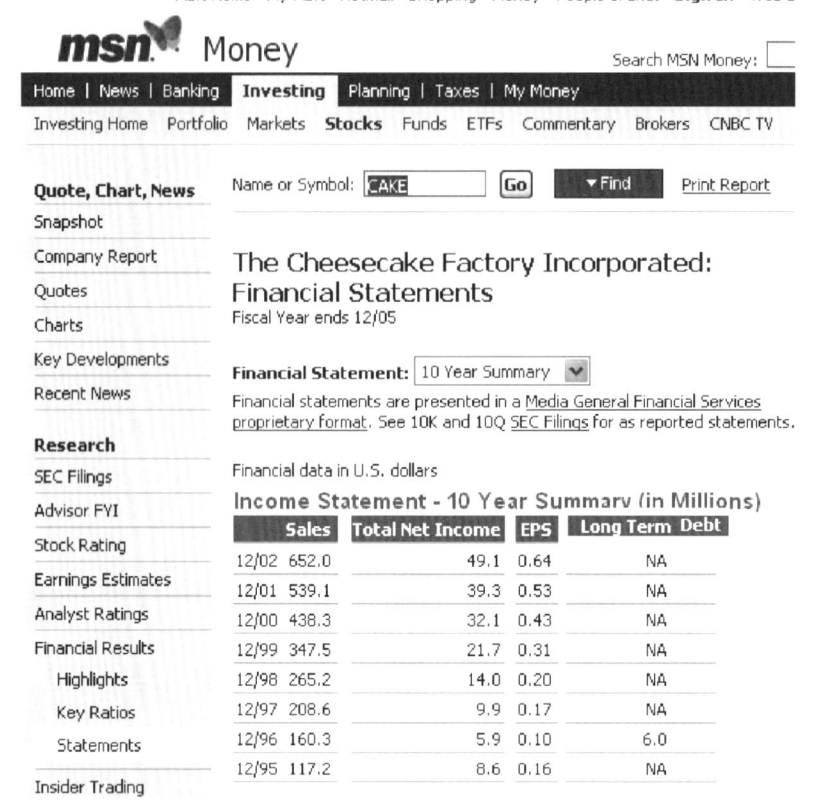

MSN Home | My MSN Hotmail Shopping Money People & Chat **Sign In** Web S

msn Money

Search MSN Money:

Home | News | Banking | **Investing** | Planning | Taxes | My Money
Investing Home　Portfolio　Markets　**Stocks**　Funds　ETFs　Commentary　Brokers　CNBC TV

Quote, Chart, News
Snapshot
Company Report
Quotes
Charts
Key Developments
Recent News

Research
SEC Filings
Advisor FYI
Stock Rating
Earnings Estimates
Analyst Ratings
Financial Results
　Highlights
　Key Ratios
　Statements
Insider Trading

Name or Symbol: CAKE　[Go]　▼Find　Print Report

The Cheesecake Factory Incorporated: Financial Statements
Fiscal Year ends 12/05

Financial Statement: 10 Year Summary ▼

Financial statements are presented in a Media General Financial Services proprietary format. See 10K and 10Q SEC Filings for as reported statements.

Financial data in U.S. dollars

Income Statement - 10 Year Summary (in Millions)

	Sales	Total Net Income	EPS	Long Term Debt
12/02	652.0	49.1	0.64	NA
12/01	539.1	39.3	0.53	NA
12/00	438.3	32.1	0.43	NA
12/99	347.5	21.7	0.31	NA
12/98	265.2	14.0	0.20	NA
12/97	208.6	9.9	0.17	NA
12/96	160.3	5.9	0.10	6.0
12/95	117.2	8.6	0.16	NA

計算方式	營收成長率				每股盈餘成長率			
	七年	五年	三年	一年	七年	五年	三年	一年
七十二法則	24%	24%	24%	20%	20%	30%	24%	20%
Excel 精確計算	28%	26%	23%	21%	22%	30%	27%	21%

備註：所有數字皆為年平均值。

蘇珊也可以用我的線上計算機來算，只要前往 ruleoneinvesting.com，找到「淨值成長率計算機」即可。蘇珊只要輸入「7」年，最舊的數字「1.39」，最新的數字「5.07」，再點選「計算」即可：20%。她以同樣的方式，計算五年、三年，以及一年的每股淨值，結果分別是 17%、

23% 以及 25%。與她用七十二法則算的結果稍有不同,但也夠接近了。

要注意精確的數字(以 Excel 計算的結果)呈現的情況有所不同,尤其是營收。以七十二法則計算的營收成長率除了前一年之外,其他都很穩定。但精確計算卻發現營收成長率節節下滑。每股盈餘倒是沒什麼變化。任何人只要稍加練習,都能學會使用精確的計算機。雖說用計算機比心算稍慢,但能得到精確的結果,還是值得努力練習。你只要使用 Excel 之類的程式,以及使用我的網站上的公式,更好的方法,是用我的網站上已經設定好計算方式的計算機,你就能輕鬆得到精確的結果。

那負債呢?蘇珊發現這個網頁上也有債務資料。她看見長期負債是「NA」,意思是無。這可是好事。

目前看到的數字都很理想,也很穩定,這就只剩下現金。她點選下拉式選單,網頁轉換到「現金流量」(Cash Flow)。她看見過去五年的自由現金流量,如下表所示:

	1998	1999	2000	2001	2002
自由現金流量	15	617	15,990	101	6,833

她發現自由現金流量的數字起伏很大。這些數字不可預測,所以對她來說沒什麼用。顯然,這是之後要煩惱的問題。

蘇珊把五大數字整理在一起。

投入資本報酬率		淨值				營收				每股盈餘				自由現金		
5	1	7	5	3	1	7	5	3	1	7	5	3	1	4	3	1
12.8%	12.2%	19%	17%	24%	24%	28%	26%	23%	21%	22%	30%	27%	21%	不可預測		

把五大數字整理在同一個地方,就更能看出數字是否穩定。從上表可

以看出，五大數字中有四個很穩定，也很好預測。自由現金卻難以預測，忽高忽低的。不過她也知道，優質企業的自由現金也有可能不穩定，因為高層將多餘的現金用於擴張。

遇到上沖下洗的自由現金流量，有個很好的判斷方法：如果你分析一家可能不錯的公司，發現這家公司的自由現金流量起伏不定，或是最近大減，那就看看這家企業的「營運現金流量」，在「現金流量表」也可以找到。所謂營運現金流量，意思是企業在買進需要更新的設備，或是付出大筆股利之前，從能營利的業務製造出的現金。企業的營運現金流量最好能每年增長。企業的管理階層決定加碼或減碼要花錢的計畫，自由現金流量也會隨之增減，而營運現金流量則是應該更穩定，最好能持續增加。在這個例子，芝樂坊餐館的營運現金穩定成長，每年成長率略高於24%。

> 看不懂一家公司的自由現金流量怎麼辦？要知道一家企業決定投入資金在需要花錢的計畫，例如在新地點展店，那自由現金流量就會大減。這並不見得是壞事。營運現金流量則是企業營運一段時間之後，所剩的現金。並不包括貸款或賣出股票所得的現金，也未扣除維持營運所用的現金。而自由現金流量，則是企業高層花用維持營運所需的現金之後，剩餘的現金。理想的第一守則企業，並不會花費很多現金維持營運，所以一家可能符合第一守則標準的企業，自由現金流量應該與營運現金流量相去不遠。不過還是有很多例外，所以不應該太在意這一點。
>
> 所以如果你想判斷一家企業的自由現金流量是否嚴重不足，就看看「營運現金流量」數字是否穩定。你可以用計算企業的自由現金流量成長率的方式，計算營運現金流量成長率，再互相比較。營運現金流量若有所增加，那自由現金流量只需看看就好，不必太擔心。
>
> 而且要記住，這些數字的「優先次序」，按照重要性排序是這樣的：
> （一）投入資本報酬率、（二）淨值成長率、（三）每股盈餘成長率、

（四）營收成長率，以及（五）自由現金成長率。現金流量數字（無論是「自由」還是「營運」）永遠要跟五大數字的其他幾個放在一起看。

道格與蘇珊認為，既然數字如此穩定，那這家企業的品牌護城河一定很穩固。

他們也知道，接下來要依據五大數字，判斷未來十年該有的每股盈餘成長率。就他們對餐廳業的了解，芝樂坊餐館絕對有能力延續過去七年的成長。從這家企業的營收、每股盈餘，以及帳面價值研判，過去七年每年的成長率超過 20%。從五大數字判斷過往成長率，只是有所憑據的猜測。重點是猜測不應該是僥倖。道格不應該猜測營收成長率會有 28%，或是淨值成長率會有 25%。他們是約略估計，但也該有個合理的範圍。

道格認為應該採用九年的淨值成長率，也就是 19%。蘇珊覺得 19%太保守，畢竟最近的淨值成長率是 24%，而且每股盈餘、營收，以及現金的成長率都達到 20%，甚至更高。夫妻倆都認為，大多數的數字都達到甚至高於 20%，而且 20% 也沒有超出這家企業過往的成長率範圍。因此，他們認為這是他們最能接受的過往成長率。

蘇珊認為此時應該研究一下管理階層，但道格覺得既然每股盈餘成長率很不錯，接下來應該計算有安全邊際的價格，看看芝樂坊餐館目前的股價是否理想，比較能節省時間。（他覺得如果一切條件都很好，那他今天就要買進。）道格覺得要是股價不理想，那就沒必要再研究下去，應該另尋一家很理想、目前股價也有吸引力的企業。如果能算出具有安全邊際的價格，那他們可以再回頭研究這家公司的管理階層。

要算安全邊際價格就要先知道標價。要知道標價就要先知道三樣東西：

一、目前每股盈餘：他們從公司的報表得知是 0.64 美元。
二、未來十年的預估每股盈餘成長率：他們估計是 20%。

三、十年後的預估本益比：蘇珊發現平均值是 35。

然而要知道，預估的每股盈餘成長率，是要取過往成長率以及分析師的五年估計值的較低者。道格想知道專業人士怎麼說，於是他點選左側選單的「盈餘估計值」（Earnings Estimates），然後點選「盈餘成長率」（Earnings Growth Rates）標籤。

他看了圖表，發現分析師預期的成長率，平均是 21%，幾乎跟他們夫妻想得一模一樣。兩人額手稱慶。看見自己判斷的數字與專家研判相去

不遠，總是令人欣慰。

他們也想確認一下，自己算出的未來本益比是否正確。本益比的另一種算法，是將成長率乘以二。成長率是20%，乘以二就代表芝樂坊餐館的本益比是40。但過往本益比是35，所以他們還是採用比較保守的35。現在計算標價所需的三個數字都到齊了：

一、目前每股盈餘＝0.64美元。
二、未來十年的預估每股盈餘成長率＝20%。
三、未來十年的預估本益比＝35。

蘇珊心想，以每年20%的成長率，要多久才會翻倍一次（七十二除以二十，就是翻倍一次要三・五年）。她要預測的是十年，所以翻倍一次要三・五年，十年後大概是翻倍三次。她將0.64取整數至0.60，再翻倍三次：

● 翻倍一次：60至120
● 翻倍兩次：120至240
● 翻倍三次：240至480

她發現十年後的每股盈餘會是4.80美元左右。就算5美元好了。5美元乘以本益比35，十年後每股就會是175美元。她知道第一守則能接受的最低報酬率是15%，也就是十年後翻倍兩次。所以要算出標價，只要將未來的股價175美元除以四，瞧，標價大約是44美元。具有安全邊際的價格，就是標價的一半，也就是每股22美元。

再說一次，蘇珊現在只要上 ruleoneinvesting.com，點選「標價與安全邊際價格計算機」，在正確的位置輸入10年、0.64，20%，以及35，點

229

> 選「計算」，就能看見下列結果：
>
> 1. 未來價值：138.60 美元
> 2. 標價：34.65 美元
> 3. 具有安全邊際的價格：17.33 美元
>
> 你一看就知道，用七十二法則算出的安全邊際價格是 22 美元，而精確的安全邊際價格是 17 美元。精確是比較好，但你若想自己算，用七十二法則也能算出幾近正確的結果。

　　道格確認了芝樂坊餐館那天的股價：18.40 美元。比安全邊際價格還便宜幾塊錢。太好了。道格與蘇珊這下子越來越興奮了。他們找到了理想的企業，而且這天的股價就很有吸引力。他們找到了花五毛錢價格、買到一塊錢價值的機會。現在該研究公司的管理階層了。

　　道格點選選單上的「美國證券交易委員會檔案」（SEC Filings，見右頁圖），馬上就找到公司的最新申報資料。他要找的是公司交給美國證券交易委員會的年報，又稱 10K 年度報表（10K Annual Filing）。

　　他點選報表（見第 232 頁），可以看見公司如何成立、如何經營、競爭對手是誰、有什麼風險、管理階層對公司營運的看法，還有最重要的是，經營這家公司的人是誰。

　　道格發現，公司的董事長兼執行長是大衛‧奧弗頓（David Overton）。在 1972 年時，他與父母一同創立了這家企業。蘇珊知道，如果企業的經營團隊，會把該企業當成全家人未來百年的生活依靠，那這家企業就值得投資。所以從創辦人開始研究，是一個好的開始。蘇珊在網路上找到很多關於奧弗頓先生的文章。她發現奧弗頓先生曾在美國加州就讀法學院，後來是個知名的搖滾樂團鼓手。他加入家人的小型烘焙事

業，以母親製作的起司蛋糕為主，設計出獨特的商業模式。一家人於1972年開設餐廳。後來的事情就像他們說的，已經載入史冊。

道格在一篇關於奧弗頓先生的文章，看見一句特別有意思的話：「但奧弗頓說，他還要積極保護、宣傳他的商業模式。他堅信，公司即使必須追求成長，也不可能犧牲他經營理念中種種讓客戶滿意的強而有力的特質。」

換句話說，芝樂坊餐館的經營者，不願意為了滿足大戶投資人為成長而成長的要求，而犧牲公司的品牌護城河。這位經營者著眼的是企業的百年榮景。道格認為，這就代表奧弗頓先生是符合第一守則的經理人，為公司長遠的利益著想，也不會受到為成長而成長的觀念影響。這就是第一守則投資人愛聽的話，因為我們想要確認，這家企業十年後仍會興盛，否則我們就無法預測盈餘成長，要是沒辦法預測盈餘成長……就無法計算標價

231

employees worked in our corporate center and restaurant field supervision organization. None of our employees are currently covered by collective bargaining agreements, and we have never experienced an organized work stoppage, strike or labor dispute. We believe our working conditions and compensation packages are generally comparable with those offered by our competitors and consider overall relations with our employees to be favorable.

Trademarks

We have registered, among other marks, "The Cheesecake Factory", "Grand Lux Cafe", "The Cheesecake Factory Bakery", "The Cheesecake Factory Express", "The Dream Factory" and "The Cheesecake Factory Bakery Cafe" as trademarks with the United States Patent and Trademark Office. Additional trademark applications are pending. We have also registered our ownership of the Internet domain name "www.thecheesecakefactory.com" and other names. We regard our trademarks as having substantial value and as being important factors in the marketing of our restaurants and bakery products. We have registered, or have pending applications to register, one or more of our trademarks in more than 70 foreign countries, although there can be no assurance that our name and marks are registerable in every country for which registration is being sought. The duration of trademark registrations varies from country to country. However, trademarks are generally valid and may be renewed indefinitely as long as they are in use and/or their registrations are properly maintained, and they have not been found to become generic.

Executive Officers

David Overton, age 56, serves as our Chairman of the Board and Chief Executive Officer. Mr. Overton co-founded our predecessor company in 1972 with his parents.

Gerald W. Deitchle, age 51, serves as our President and Chief Financial Officer. Mr. Deitchle has over 26 years of executive and financial management experience with national restaurant and retail chain operations. He joined our Company as Senior Vice President, Finance and Administration and Chief Financial Officer in July 1995.

Michael P. Berry, age 54, joined our Company in July 2002 as President and Chief Operating Officer of The Cheesecake Factory Restaurants, Inc., our largest restaurant subsidiary. Prior to joining us, Mr. Berry served as President of Barnes and Noble Booksellers. His prior experience also includes service as a senior operations and foodservice executive with The Walt Disney Company, Harvard University, the University of California at Irvine and the University of California at Los Angeles.

CHEESECAKE FACTORY INC   Filing Date: 12/31/02

Peter J. D'Amelio, age 41, was appointed President and Chief Operating Officer of our Grand Lux Cafe restaurant operations in October 2002. Mr. D'Amelio joined our Company in 1990 and steadily advanced through our operations organization, with his most recent position as Senior Vice President of Restaurant Operations.

Max S. Byfuglin, age 57, serves as Executive Vice President of The Cheesecake Factory Bakery Incorporated, our bakery subsidiary. Mr. Byfuglin joined our bakery operations in 1982 and worked closely with our founders, serving in nearly every capacity in our bakery over the past 20 years.

或安全邊際價格。

蘇珊與道格看遍所有關於奧弗頓先生與芝樂坊餐館的資料，特別留意有沒有任何不應買進這家企業的理由，卻找不出半個。所有關於這家企業以及管理團隊的文章，呈現的都是正面消息。現在該看看奧弗頓先生自己

對於自家企業的看法。

他們前往芝樂坊餐館的網站，閱讀奧弗頓先生寫的公開信。他強調，「唯一能妨礙我們實現每年成長目標的因素，是我們難以吸引、訓練、留住我們管理餐廳所需的優質員工。」他接著說道公司如何解決這個問題。他也提到公司要如何追求成長：新增的門市將有助於成長，他認為公司要長期維持每年百分之二十幾的成長率並不困難。這家公司十年的平均投資報酬率超過 26%，更是讓蘇珊與道格對於奧弗頓先生的預測有信心。

蘇珊跟道格認為，這家企業符合四個 M 的標準。

一個解決了。現在他們想看看，還能不能找到更理想的企業買進。

他們清單上的下一家企業是蘭德里。蘇珊輸入代號「LNY」，馬上前往「重要比率」看看投入資本報酬率。（見下圖）

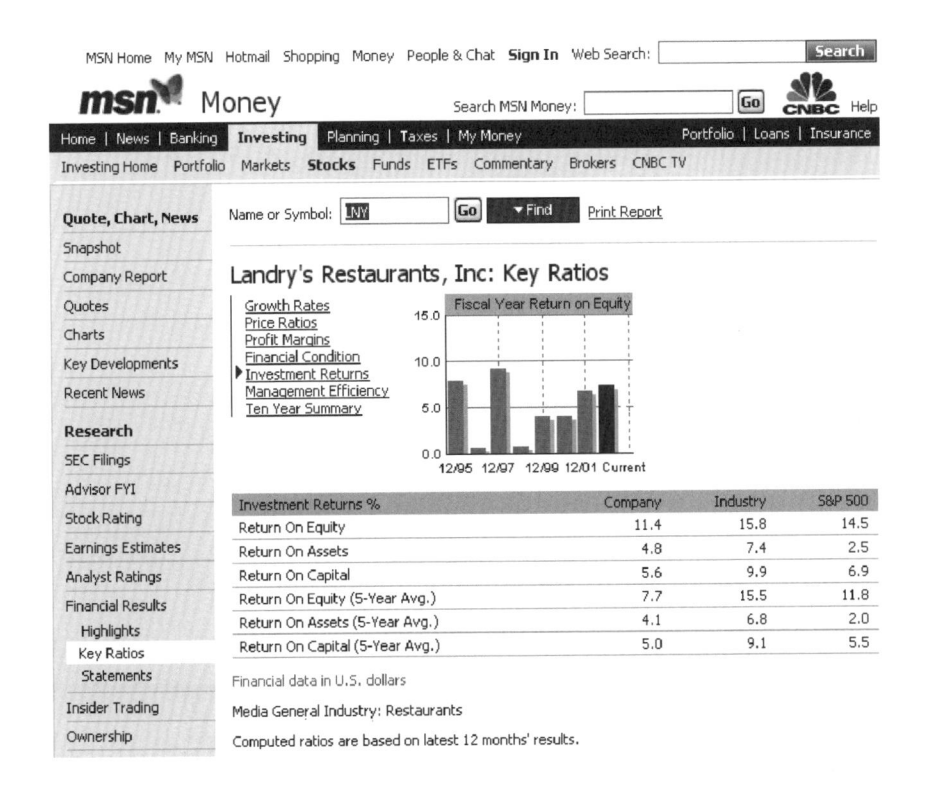

Landry's Restaurants, Inc: Key Ratios

Investment Returns %	Company	Industry	S&P 500
Return On Equity	11.4	15.8	14.5
Return On Assets	4.8	7.4	2.5
Return On Capital	5.6	9.9	6.9
Return On Equity (5-Year Avg.)	7.7	15.5	11.8
Return On Assets (5-Year Avg.)	4.1	6.8	2.0
Return On Capital (5-Year Avg.)	5.0	9.1	5.5

Financial data in U.S. dollars
Media General Industry: Restaurants
Computed ratios are based on latest 12 months' results.

蘭德里五年的投入資本報酬率是 5.0%，一年的投入資本報酬率是 5.6%。這些都很低。真可惜。投入資本報酬率如此低，顯然根本沒有很大的品牌護城河。這對道格與蘇珊來說，是一大警訊，也是勸退訊號。真糟糕。這並不代表蘭德里以後不會是檔優質股，也不代表投資人絕對不會賺大錢，更不代表長期經營績效會低迷不振。投入資本報酬率如此低，背後也許有合理的原因，但道格與蘇珊並不是手握 MBA 學位、喜歡做研究的厲害角色。只要投入資本報酬率不符合第一守則的規定，那就不必再考慮蘭德里。不過依據第一守則分析，確實能學到很重要的道理：要記得從最重要的數字，也就是投入資本報酬率開始。要是沒達到 10% 的最低門檻，那就不必再探究那麼多數字，直接放棄就好。要按照下列順序分析五大數字：

一、投入資本報酬率：只要達到 10% 的最低門檻，那就繼續研究……
二、淨值：只要達到 10% 的最低門檻，那就繼續研究……
三、每股盈餘：只要達到 10% 的最低門檻，那就繼續研究……
四、營收：只要達到 10% 的最低門檻，那就繼續研究……
五、現金：只要達到 10% 的最低門檻，那就繼續研究……管理階層與安全邊際價格。

那就看下一家企業吧。

達登餐飲（DRI）。投入資本報酬率不差，但淨值成長率只有 6%。下一家。

布林克國際（EAT）。投入資本報酬率不差。淨值成長率是 9%。不理想。過往五年的每股盈餘成長率，已經放緩至不到 10%。

道格與蘇珊找到了一家符合四個 M 標準的企業：芝樂坊餐館。他們現在有 2 萬美元的資金可以投資。那接下來呢？

功課做完了。現在幾乎就是該買進的時候。但道格想先確認，現在芝

樂坊餐館內部的人在做什麼。他重回 MSN 財經，輸入代號 CAKE，點選「內線交易」（Insider Trading），發現沒有明顯的內線交易。很好。

> **評估內線交易**
>
> 要用常識判斷內線交易究竟是該留意的警訊，還是不需警覺的正常交易。如果公司多位高層賣出 30%，甚至更多的持股，我認為不是好現象。MSN 財經與雅虎財經這兩個網站，都會揭露每家企業的每位高層持有的股數。在任一家公司的股票主頁，如果是 MSN，那就前往「內線交易」查詢。如果是雅虎財經，那就前往「股權結構」（Ownership）查詢，在網頁上也可找到通往「內部交易」以及「內部人士名單」的連結。

道格點選「圖表」，看看法人基金經理人現在是買進還是賣出。他與蘇珊知道無論一家企業有多理想，無論安全邊際有多大，要是大戶們都在賣出，那就會跌得更深。

道格與蘇珊看了芝樂坊餐館在 2003 年初的三張圖表（移動平均線、MACD，以及隨機指標，見下頁圖），發現三項工具都在大喊「買進」。道格與蘇珊至此已經再也沒有不買進的理由。CAKE 是一家符合四個 M 標準的理想企業，股價也具有安全邊際，而且大戶們都回頭買進。道格夫婦已經將兩萬美元，存入線上經紀商帳戶。現在他們下單買進 1000 股的 CAKE，等到隔天開盤就會執行交易。

在美國東部時間早上九點三十一分，他們的線上經紀商以 18.90 美元的價格，買進 1000 股的 CAKE。接下來兩年的績效是這樣的：（見 236）

他們以將近 19 美元的價格買進，在兩年間與大戶們一起進出十一次，又投入每月 500 美元的儲蓄。到了 2005 年 7 月，他們每年的複合報酬率高達 56%。當初投入的 2 萬美元，現在已經價值 7.8 萬美元。兩年能有這樣的報酬率非常不錯。這當然是極高的報酬率。道格與蘇珊知道，每年

芝樂坊餐館公司
移動平均線與股價歷程

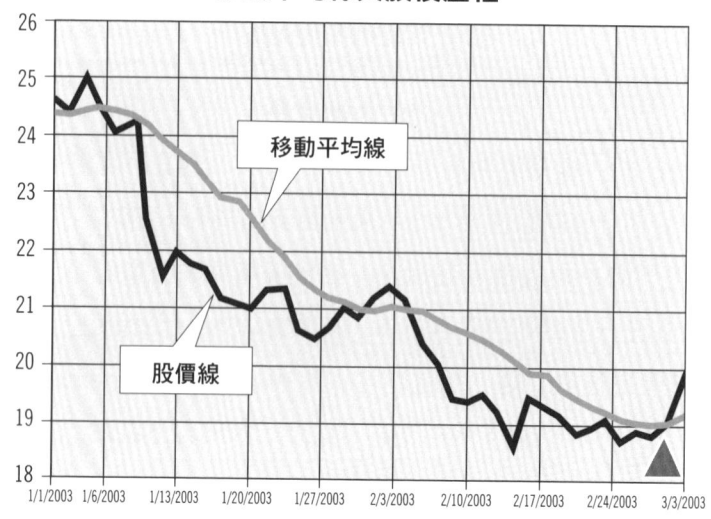

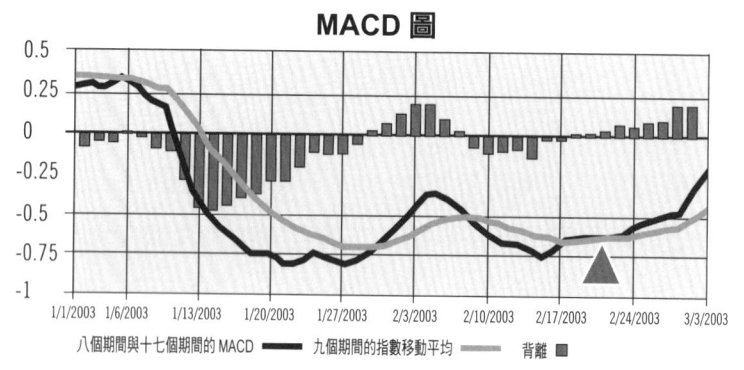

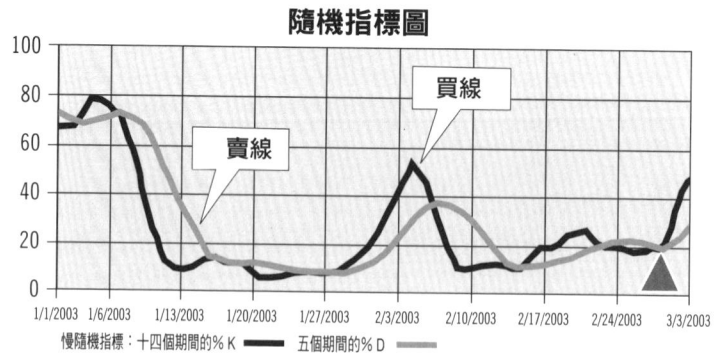

MACD 圖

八個期間與十七個期間的 MACD   九個期間的指數移動平均   背離

隨機指標圖

慢隨機指標：十四個期間的 %K   五個期間的 %D

（備註：在 MSN 財經網站上，其實只能看見指數平滑異同移動平均線圖與隨機指標圖的其中之一。但為了清楚說明，我把三張圖都放在這裡。）

50%的報酬率很難長久。他們也知道，幾乎每一位理財規劃師，都會批評他們不分散投資。他們只持有一檔股票，大家都知道這比持有五十檔股票更危險。但這個「大家」可不包括第一守則投資人。

是，他們現在有將近8萬美元的資金，是該考慮分散投資幾家企業。但也要先徹底了解產業才行，所以要研究另一個產業。兩年後，夫妻倆覺得很有信心，即使CAKE的股價開始下跌，他們也不會虧損。他們現在在等待自己發現的其他企業，出現具有安全邊際的理想價格。從這個角度看，截至2005年中期，他們與高手所見略同。巴菲特先生的波克夏海瑟威，現金部位大約有400億美元。他也在等待同樣的東西，就是以有吸引力的價格，買進另一家理想企業的機會。

對於道格夫妻而言，第一守則帶來的最大好處就是：現在他們知道，

芝樂坊餐館公司 股價歷程

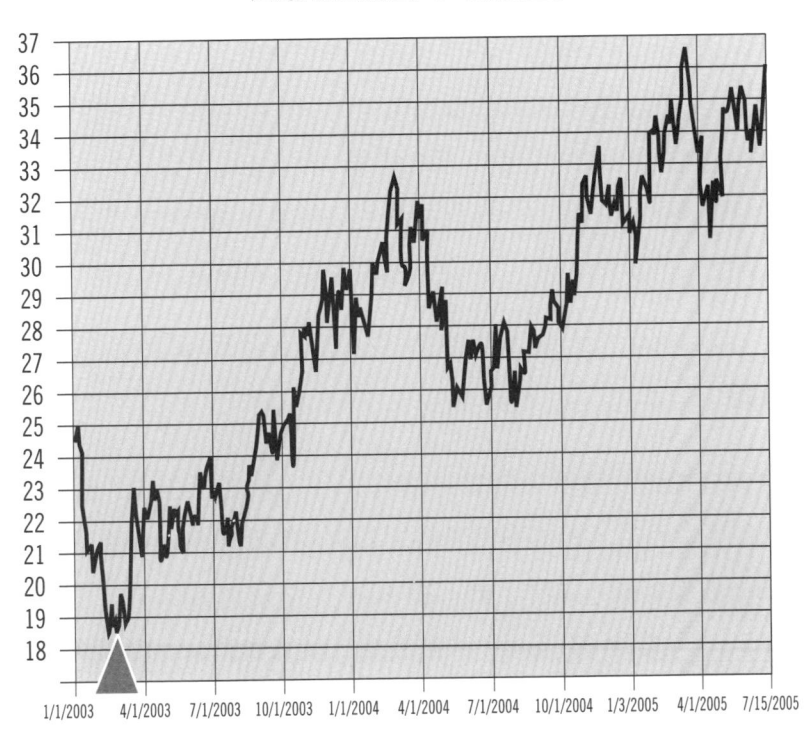

在整個退休期間，每年15%的報酬率，是完全有可能實現的。各位朋友啊，他們的人生也會因這點徹底改變，因為他們在退休之前必須累積的退休金，遠比他們原本以為的還要少。

他們現在有8萬美元，如果每年繼續獲利至少15%，僅僅十年後，他們的退休金就會增至32.3萬美元。從那時候開始，他們繼續創造每年15%的報酬，平均每月就能領取大約4000美元，可以自由花用，無須動到32.3萬美元的退休金本金。他們不必在二十年後慘澹退休，而是可以在僅僅十年之後，就過著優渥的退休生活。這給了他們很大的動力。

他們夫妻還能享有另一個好處。既然他們打算在二十年後才要退休，如果他們一邊儲蓄，一邊按照第一守則投資，那等到退休的時候，就會累積將近150萬美元的退休金。他們退休以後，每年有22萬美元的投資獲利，可以好好思考該怎麼花用。那可是每個月1.8萬美元，每天有超過500美元可以花用，而不是只有一個月500美元。這可是截然不同的退休生活。不必煩惱沒錢付電費，而是要商量要到哪個加勒比海的島嶼過冬，還有明年夏天要帶兒孫們去哪個歐洲國家。

希望你也想趕快開始行動，哪怕你覺得自己的準備不如道格夫婦充分。那也沒關係。我們還有一些課程，可以指導你邁出接下來的幾小步。下一章要探討你在開始之前，必須克服的幾個天然障礙。

後續追蹤

我在前面提到，道格夫婦覺得很有信心，即使CAKE的股價開始下跌，他們也不會虧損。結果不出所料，CAKE的股價後來一路崩跌，而且道格夫婦不但沒虧損，還賺了錢。從2005年7月至2006年1月，CAKE的股價從36美元跌至24美元，跌幅高達33%。他們夫妻按照三項工具的指示，跟大戶們同時進出這檔股，又賺進1.8萬美元。到了2007年1月，

他們的 CAKE 投資總值 9.6 萬美元。他們要是從 2005 年 7 月至 2007 年 1 月沒有出場，而是一直持有，那 7.8 萬美元就會減至 5.2 萬美元。你只要上 MSN 財經查詢 CAKE，將圖表的日期設定在 2005 年 7 月，至 2007 年 1 月，就知道他們是如何操作。這並不是什麼高深的學問。這只是尋常人掌握了前所未有的工具，運用工具跟著大戶，以有吸引力的價格買進優質企業，再跟著大戶賣出。道格夫婦只要股價理想，又喜歡這家企業，就不會去猜測股價短期的走向。他們只會依照工具的指示，跟著大戶們進出。要記得，市場先生終究會給 CAKE 正確的定價。但大戶們短期內的想法，還是會受到情緒以及短期思考左右。沒有工具相助，你就只能在股價上沖下洗的過程中，自行克服情緒。有工具幫忙，你就能在上沖下洗的期間獲利，而且永遠不會違反第一守則。

| 第十四章 |
移除絆腳石

> 即使單從財務角度來看,有錢總比貧窮好。
> ——伍迪・艾倫（Woody Allen,1935-,美國導演）

　　如果你照著這本書教的去做,那你應該已經找到至少一家對你有意義的企業,也就是你了解、也願意持有的企業。我們就假設你已經這樣做好了。你看見了護城河,也經由五大數字,確認護城河確實存在。你研究了管理團隊,上 Google 搜尋這家企業,也看了相關文章,也前往公司網站閱讀年報與執行長的公開信。你也計算了標價與安全邊際價格,與市場先生的要價相比較。你依據三項工具,判斷法人大戶是買進還是賣出這檔股票。說不定你們當中有些人已經找到符合每項第一守則標準、三項工具也都說「買進」的企業。你想現在就將錢存入交易帳戶,買進這家企業。

　　不過,在你踏出這一步之前,必須先確認是否已排除第一守則投資法中,五種最常見的障礙:

一、壞債
二、資本利得稅
三、過度分散投資
四、你的基金經理人
五、恐懼

甩掉壞債

成功路上的第一個障礙是壞債。是的，債務也是有分好壞的。好債就是你以低利率借得，用於賺進高報酬的債務。好債又稱 OPM（Other People's Money，其他人的錢）、槓桿。有個很明顯的例子，是你借錢買一戶大樓。可以用租金收入還債，也許幾年後是如此。壞債可就不一樣，是因為消費而負債，是你以很高的利率借錢，買不會增值，也不會創造收入的東西，例如汽車、冰箱、衣服，還有去歐洲旅行。很多人都曾這樣做，也都付出了代價。壞債的代價，就是複利的威力不是對你有利，而是對你有害。如果你有年利率 18%，甚至更高的信用卡債或銀行貸款，那就是 18% 的複利在侵蝕你的退休基金。第一守則的最高指導原則，就是不虧損，所以想做個高明的第一守則投資人，首先就要還清壞債。

想一想：你的第一守則目標報酬率是 15%，結果欠的信用卡債卻要付 18% 的利息。這就代表我們的獲利只有 15%，卻要支出 18% 的借款利息。就算我們按照第一守則的投資報酬率還不錯，但整個算下來，每年還是以複利 3% 的速度虧損。這可是投資路上天大的障礙。照這個樣子下去，要想致富只能靠中樂透，不然遲早會破產。但我們要是顛倒過來，把原本要用於投資的錢，用來還清年利率 18% 的債務，那就不會每年損失 3%。就算沒有錢可以投資，至少也是不賺不賠，而且沒有違反第一守則。只要沒違反第一守則，而且繼續練習、學習、儲蓄，總有一天會致富。

對於第一守則投資人來說，也有所謂的好債。如果你能以 4% 的利率借到錢，而且你是一個經驗老道的第一守則投資人，能持續創造很高的複合報酬率，例如 16%，那借錢投資就是合理的。我們支出 4%，獲利 16%，就是在運用槓桿，讓所有資金的整體報酬率更快增長。所以要遵守下列的債務三大指導原則。除非具備下列條件，否則不要負債：

一、你是經驗豐富，績效卓著的第一守則投資人。

二、債務的利率不到你的預期報酬率的 33%。例如如果你的**預期報酬率**是 21%，那你就可以借利率為 7% 的債務。

三、你的負債總額（不含你的房貸與車貸）是你可以用不到一年的儲蓄還清的。你的儲蓄就是你每月的收入減掉開銷，所剩餘的錢。

儘管如此，為了更快提升整體報酬率而舉債，算是一種「高級戰術」。我其實不太願意在書中談這個，就是不想鼓勵大家這麼做。還是別這麼做。除非你**真的很有把握**，否則千萬不要負債，或者應該先專注在還清債務。在還債期間，你還是可以透過紙上交易，練習第一守則投資法，我接下來就會說明該怎麼做。依據第一守則模擬真實交易，而不是真正投入金錢到市場，對於初學者來說是非常重要的練習。紙上交易能提供足夠的訓練，等到你還清債務，就做好了進場的準備。不久之後，你製造的就會是財富，而不是債務。你說棒不棒？

稅務

我們要是買進之後一直持有不賣出，那就沒有稅務的問題。問題是我們不是天才，不知道現在的股價已經是底部，不可能更低，市場先生也太不理性，不值得信任。於是我們運用工具，跟大戶們同進同出，盡量不在一個可能會崩跌的市場長期持有。太好了。唯一的問題是聯邦政府要向我們收稅。我們身為奉公守法的好國民，要好好照顧總有一天會風燭殘年的自己，所以有義務要盡量以合法的管道避稅。美國政府甚至貼心提供許多避稅管道，好讓我們延遲納稅。這些避稅管道叫做 SIMPLE IRA、Roth IRA、SEP IRA、401K，以及確定給付制（Defined Benefit Plans）（還有很多很多）。我們甚至可以成立信託，就能延緩納稅。

別急著把穀種吃掉

很多人把收入全都花在生活開銷上，結果不只現在沒有足夠的錢可以退休，以後也不會有。老一輩的農民會說：「別把穀種吃掉。」農民會把穀種留到明年耕種，未來才能種出作物以維持生計。要是把穀種吃掉，這一年也許可以活得很好，但明年問題可就大了。很多把穀種吃掉的人，應該好好向農民學習。

你希望十五年後退休，但現在的生活方式卻把收入花得一毛不剩，該怎麼辦？你需要做一些不容易做的選擇，也要採取行動：

選擇一：研究、學習第一守則，同時也要兼差，每個月增加 500 美元的額外收入，投入 IRA 退休帳戶。然後開始實踐第一守則，創造 15% 的獲利。

選擇二：研究、學習第一守則，每月節省 500 美元的開銷，存入 IRA 退休帳戶，再以第一守則投資法，創造 15% 的獲利。

好消息是：只要你學會第一守則，就能創造平均每年 15% 的獲利，你需要的退休金總額，就會遠低於你原以為的數字。能接受每年開銷 5 萬美元的第一守則投資人，只需要 30 萬美元即可退休。對第一守則投資人來說，即使現在一毛錢存款都沒有，但只要每月存下 500 美元，不到十五年後，就會有 30 萬美元。

如果你能做到，那你十五年後退休，年年會有 5 萬美元的收入，可以終身領取。你要是現在就有 5 萬美元（這是嬰兒潮世代家庭的平均積蓄），那你十年後就能退休，也許更早。

你做得到的。

只要別急著把穀種吃掉就好。

我是河川嚮導，不是稅務律師，也不是合格會計師，所以我不會指導你該怎麼建立這些帳戶。我就直說了，我不怎麼喜歡 401k 計畫，因為這類的退休計畫，多半會強迫你投資共同基金。401k 計畫唯一勝過 IRA 的時候，是你的任職公司，其提撥金額至少是你投入金額的 50% 的時候。若是遇到這種情形，那免費的錢不拿白不拿，但你提撥的金額只要跟公司一樣多就好。超出的部分，就開設一個 IRA 帳戶，提撥到最高上限，因為你可以運用能自主投資的 IRA 帳戶，實踐第一守則投資法！Roth IRA 還能永遠免稅！你將稅後的資金投入，資金就會在 Roth IRA 帳戶裡增長，完全不需要繳稅。等到退休以後提領，也永遠不必負擔資本利得稅。這個我喜歡。我的子女們也有 Roth IRA 帳戶，因為他們所處的所得稅級距很低，而且短期之內不會改變，所以將稅後所得盡可能塞進 Roth 帳戶，享受永遠不需繳交資本利得稅的好處，是最有利的作法。

任何一家線上經紀商都可以透過電話，告訴你如何開設這類帳戶。手續很簡單，而且大概只要五分鐘。他們也可以告訴你，如何轉移你的雇主不再提撥的 401k 帳戶。有些退休金帳戶能提撥的金額很低，適合二十幾歲的人，但不太適合五十幾歲的人。（你的會計師可以幫你選擇最適合你的，以及你每年可以提撥的金額。）SIMPLE IRA 之類的計畫非常理想，你只要符合資格，每年可以存入一大筆錢，而且免稅。重點是要把錢存入能延後繳稅或免稅的帳戶。

當然並不是每一個人都把能用於投資的每一塊錢，都放在免稅帳戶裡。有些人能投資的金額，比美國政府允許我們放進退休帳戶的還多。你的投資本金，可能有一部分放在應納稅的帳戶。至於是該獲利了結，還是應該長期持有，以避免短期的稅負，我簡單說說我的看法。你可以研究研究，認定長期持有顯然比較有利，但我不會長期持有。

我之所以不長期持有，是因為像這種長期價格被高估的股市，隨時都有可能崩跌。不見得一定會發生，因為不能以過往的情況斷定未來會怎

樣,但絕對有可能發生。而且一旦發生,你又長抱,那這一抱恐怕真的會很長很長。如果你抱著一檔股票,在一次崩盤中從 100 美元一路跌到 20 美元,那這檔股票必須上漲 400%,你才能打平。從風險的角度衡量,每逢大戶們開始出場的時候,你寧可繳稅也要獲利了結,難道不是比較合理的作法?你可以自己想想。

我覺得我不能在短時間內,將我的獲利用於投資另一家企業,這簡直沒道理。美國國會的那些人為什麼就是不懂,每次拿走我獲利的 40%,搞那些浪費公帑的事情,就等於是抽走能創造就業機會的資金?但國會碰到商用不動產,似乎就明白這個道理了。你透過《一〇三一同類資產交換法案》(1031 exchange),就能延繳資本利得稅。不動產可以,那為什麼企業不可以?我從來沒看過哪個社會是靠興建公寓與摩天大樓致富。創造財富的,是生產產品、提升我們勞動效率的的企業。所以懲罰投資企業,鼓勵投資不動產,是不是精神有問題?真的是瘋了。

分散投資

關於自行分散投資,我有話要說。電視上常有人鼓吹分散投資,但分散投資被吹捧得太嚴重,而且結果通常很慘。你已經知道我對分散投資的看法了。無知的人才這麼做,而現在你已不再無知,所以不會為了分散投資,而去買五十檔股票。那樣太蠢了。你也不要為了分散投資,去買進投資一百檔股票的共同基金。那也太笨了。沒腦袋才這樣做。你要把錢集中投資在少數幾家對你有意義的企業上。不要光為了「分散投資」,就去買進自己不懂的科技股,還盼望科技股哪天上漲,讓你也能賺到錢。縱然吉姆‧克瑞莫這樣的投資大師從旁鼓吹,我們也不會這樣做。

我很喜歡吉姆‧克瑞莫,也很喜歡他的節目。如果你很喜歡這本書的內容,那我建議你看看他的節目。你會聽見關於投資的一些高見。雖然他

並沒有稱之為第一守則,但他看的是基本面,所以跟我們是同類。克瑞莫照他自己的方法做,是因為他是克瑞莫。這位先生身為避險基金經理人,已經從他的歷練歸納出大概五十條守則。如果你還不知道,那可要曉得他是個非常聰明的人。比我聰明多了。他那麼聰明,所以很了解很多事情。我的聰明才智只夠知道一樣東西:第一守則。

克瑞莫與我還有另一個差異,他一直都在市場裡。我則是有時候才在市場裡,而且只有在大戶與我所見略同的時候才是如此。他也坦言,像他這樣投資,是要付出不少時間的。朋友,那是絕不可能每星期只花十五分鐘的。他說,按照他的方式,僅僅是做研究,每星期至少要花五小時。你就知道克瑞莫有多麼熱愛投資。任誰都看得出來!但是坦白說,並不是每個人都對投資股票那麼有興趣。有些人既想釣魚,也想一年獲利 15%。如果你也這樣想,那你就該始終遵守第一守則!第一守則投資人會認真做功課,深入研究幾家企業。

你可以把雞蛋放在同一個籃子裡。只要看好這個籃子就好。

還有另外一種分散投資:分散投資各資產類別。現金是一種資產類別。房地產是一種資產類別。股票是一種資產類別。債券是一種資產類別。對我來說,我覺得我在公開交易的股市持有的投資部位,既是現金也是股票,因為我可以迅速賣出我持有的部位,馬上拿到現金。房地產與未上市企業投資的流動性則是低得多,要變現也費時得多。在我看來,債券是短期停泊現金的工具。我比較喜歡短期美國政府公債。天期若是超過一兩年,就會有許多市場風險。在找不到能買進的企業,交易帳戶裡現金又太多、覺得不太保險的時候,我就會配置債券。但你短期之內不會遇到這種問題。

我分散投資的項目很簡單:現金、企業、短期政府公債,當然還有一些房地產。這是三個資產類別。

我以前持有**很多**房地產,遠比現在持有的多。那時候我還沒學會運用

第一守則與三項工具,穩穩投資股票。後來我減少手中的房地產,主要是因為我很懶,管理房地產很累人。我要跟管理員、銀行貸款人員打交道,要留意收入與支出報告,而且整體來說,我也看不出持有很多房地產,與經營一家真正的企業有何不同。兩者都是**苦差事**。你也知道,我還寧願騎著我的哈雷。所以我現在差不多都忘了手上的房地產。我要留給子女們。

我其他的錢則是依照第一守則投資法操作,大多數部位流動性都很高。

大多數理財規劃師並不是第一守則投資人,所以經常會建議你年紀漸長後,就要調整資產配置以降低風險。他們有一些資產配置的特殊公式,例如:「三十歲的你,應該把全數資金配置在股票,等到六十歲,無論如何都該配置多少比例的債券。」但是第一守則投資人是不必在乎年齡的。只要你思路清晰,就可以投資股市。你已經知道退休基金以 15% 的複利累積,和以 4% 的複利累積,生活會有怎樣的差異,尤其是在退休之後。你依照第一守則投資,就能更早退休,退休後也能更寬裕,只要你不偏離第一守則。

告別基金經理人,迎向財商素養

賽門與葛芬柯二重唱(Simon & Garfunkel)那首歌的歌詞說得很好,有五十種告別基金經理人……讓自己自由的方法(差不多啦)[10]。別忘了,你的基金經理人想留住你的錢。(留住你的錢,就跟為基金尋找投資機會一樣,都是他們的重要職責。)那些把手伸進你口袋的經紀商,還有專業金融服務人員也是一樣。他們會端出以下說法:

---

[10] 編註:此處指的是二重唱之一,保羅・賽門(Paul Simon)於 1975 年發行的知名歌曲,〈告別戀人的五十種方式〉(50 Ways to Leave Your Lover)。

一、你不擅長投資。

二、你沒有經驗。

三、投資就像腦科手術，最好交給專業人士處理。

四、誰都不可能打敗市場。

五、業餘人士絕對不可能每年能有 15% 的報酬率，所以不必妄想了。

六、專業人士都做不到了，你也不可能做到。

七、你要是做得到，那誰不會做？

八、這個鼓吹第一守則的傢伙到底是誰？

不妨從這個角度想想：幾百年前，像你我這樣的尋常人，是生活在歐洲農村裡的農民。每個村裡都有一個人幫大家看信、回信。這個人識字。大家當然很敬重他。他能讀會寫。你要是問他，**你**該不該學習讀寫，他也許會咯咯笑著，從書架取下一本厚書，打開給你看書頁上那些複雜的拉丁文字，他是看得懂，但你看了就覺得跟海灘上的石堆一樣沒意義。他也許會對你說：「你有**時間**當然可以學。但想學需要老師教，也需要這本書這樣的工具，老師與工具可都是很昂貴的。你雖然在馬棚當馬蹄鐵匠助手，有份不錯的工作，但我覺得你可能負擔不起。而且這本書是拉丁文。*tu assimus dumbus*（你這個傻子），你懂拉丁文嗎？再說你根本不用這麼麻煩。我可以幫你，我也很樂意幫你。你有看不懂的東西，就直接拿給我，我馬上就會處理。再怎麼說，我們都是朋友一場。」

於是你離去，將學識字的念頭拋諸腦後，覺得這根本是愚蠢的空想，是在浪費時間。不過僅僅幾年後，古騰堡（Gutenberg）就會發明能大量生產書本的技術。不久之後，尋常百姓也應該要能讀會寫的觀念，會有越來越多人認同。

我覺得財商素養就跟識字一樣，也會有普及的一天。你僅僅是閱讀這本書，就已經參與了財商素養的普及。培養財商素養並不困難，不久之

後人人都會這麼做。只要你繼續練習，學習第一守則投資法，你就能成為第一批自行投資的人（當然也有少數幾位投資人，已經按照第一守則投資了幾十年），也能因此受益。一天到晚有人問我，要是全世界的投資人都向共同基金經理人拿回自己的錢，改成自行投資，會發生什麼事，彷彿會有什麼滔天的災難一樣。其實持有一家企業，並不是零和賽局。並不是其他人一定得輸，你才能贏。企業能憑空創造價值。有人發明了某樣東西，本來要十小時才能完成的作業，突然就變成十秒鐘就能完成。省下十小時昂貴的人力，就是財富。沒有人必須犧牲，才能成就能嘉惠眾人的財富。你要是持有發明這種東西的公司，那你要賺翻了，因為這個東西無論是什麼，大家一定都想買，你持有的企業會發展成規模龐大，也會大肆獲利。

所以說，如果所有投資人都自行理財，且都按照第一守則投資，那唯一會發生的事，就是企業的價格再也不會不理性，你買進時很難有很大的安全邊際。但在另一方面，那些欺騙股東的管理階層，不會有人投資；不道德的企業，也不會有人投資。市場先生能擺脫兩極化的瘋癲狀態，投資人會以企業老闆的思維投資，國家也因此受益。我們的整體投資報酬率也許會下降，因為要想找到很大的安全邊際，會更加不容易，但市場崩跌的風險也會降低。長期來看應該是利大於弊，但這還要很久以後才能實現，說不定也不會有實現的一天。與此同時，我們這些第一守則投資人，就先盡情享受市場先生定價不理性的好處吧。

接下來就說到恐懼。

克服你的恐懼

還記得情緒投資法則？所謂情緒投資法則，就是你一買進一家企業，這家企業的股價就會下跌。而你怕的就是這個。想克服恐懼虧損的心態，唯一的辦法是知道你不可能虧損。

老是有人問我：「我最少能以多少錢投資？」答案是：零元。我希望你就從 0 元開始。一開始投資 0 元。

　　要記住，第一守則的精髓，就是不要拿辛苦賺來的血汗錢去冒險。你要是沒搞懂就貿然開始投資，即使是按照第一守則投資，還是有可能犯錯，損失自己的血汗錢。而且你還會恐懼。我不希望你害怕虧損。那樣就沒意思了，投資應該是超好玩才對。如果你從來沒經歷過，那相信我，在短短的時間內賺進幾十萬美元，真的超有意思的。所以不要害怕……因為我們完全不冒險。

　　我們一開始先不用真錢，而是用假錢。這叫做紙上交易（又稱模擬交易）。你只需要準備一本筆記本，把你的決策全都記錄下來，還要有成為億萬富豪的意願。（也可以參考一些教你開戶，練習紙上交易的線上課程。這些網站模擬市場，也會記錄你的損益。）

　　要進行紙上交易，首先要尋找一家股價有吸引力的理想企業。要用四個 M 的標準篩選企業，直到找到理想的一家。在你的筆記本，寫下這家企業的名稱、股票代號、標價，以及具有安全邊際的價格。也在一個欄位寫下你持有的現金總額。你可以隨便寫 10 萬美元之類的投資金額，或是你想投資的金額。你自己決定。你的資金越多，就能投資越多家企業，學得也就越快。所以我會以 10 萬美元開始。

　　以三項工具分析你想買進的企業，三項工具要是都說「買進」，那就在紙上買進。要記下買進的價格，彷彿使用的是真錢。在你用於研究的任何一個網站，比方說 MSN 財經，查詢這檔股票目前的賣價。如果已經過了紐約的交易時間（早上九點半至下午四點），那就盡量等到隔天早上九點半（美國東部時間）再查詢。包括 MSN 財經在內的大多數免費網站，都有二十分鐘的延遲，所以你看見的價格，不見得就是最新的賣價。想掌握正確的價格，如果可以，那就開設一個交易帳戶（我在下一章會介紹，可能必須存錢才能開新帳戶），就能收到線上經紀商傳來的最新價格。

現在要在筆記本寫下你買進的日期，每股價格，買進股數，以及交易總金額。別忘了計入每筆交易 10 美元的手續費。從你的現金餘額，扣除交易總金額。

現在要看看三項工具。從買進股票的那一刻起，你該做的就是留意三項工具發出的賣出訊號。只要一點時間即可完成。你做過幾次就會發現，只要選定了幾家優質企業，每週真的只需花費十五分鐘。

三項工具要是都叫你賣出，那就查詢股價，記錄下來，再次向你自己收取 10 美元的手續費。把交易總金額記下，就知道交易的總報酬。你買進與賣出的金額差異，就是你的獲利或虧損。把獲利或虧損的金額，也寫在筆記本。現在把剩餘的現金，加入你的現金餘額。

我將道格夫婦投資 CAKE 的過程，製作成如下的交易日誌。從日誌看來，他們在 2002 年 2 月，以 2 萬美元開始投資，後來又投入 5500 美元的積蓄，到了 2003 年末，已經累積了 3.95 萬。（我的網站上的日誌會自動計算。）等到你開始用真正的錢投資，你的經紀商當然都會自動幫你記錄這些。

Buy Date	Stock symbol	Buy Price	# of Shares	$ Out	Broker Comm	Total $ Out	Sell Date	Stock symbol	Sell Price	# of Shares	$ In	Broker Comm	Total $ In	Banking Date	Deposits and Withdrawals	Cash Balance
														15-Jan-02	$ 20,000	$ 20,000
13-Feb-03	CAKE	$ 19	1000	$19,000	$ 10	$ 19,010										$ 990
														15-Feb-02	$ 500	$ 1,490
														15-Mar-02	$ 500	$ 24,000
							4-Apr-03	CAKE	$ 22	1000	$22,000	$ 10	$22,010			$ 24,000
														15-Apr-02	$ 500	$ 24,500
6-May-03	CAKE	$ 22	1100	$24,200	$ 10	$ 24,210										$ 290
														15-May-02	$ 500	$ 790
														15-Jun-02	$ 500	$ 1,290
														15-Jul-02	$ 500	$ 27,100
							7-Aug-03	CAKE	$ 23	1100	$25,300	$ 10	$25,310			$ 27,100
														15-Aug-02	$ 500	$ 27,600
28-Aug-03	CAKE	$ 21	1300	$27,300	$ 10	$ 27,310										$ 290
														15-Sep-02	$ 500	$ 790
														15-Oct-02	$ 500	$ 1,290
							18-Nov-03	CAKE	$ 25	1300	$32,500	$ 10	$32,510			$ 33,800
														15-Nov-02	$ 500	$ 1,290
2-Dec-02	CAKE	$ 25	1300	$32,500	$ 10	$ 32,510										$ 1,790
														15-Dec-02	$ 500	$ 1,790
							30-Dec-03	CAKE	$ 29	1300	$37,700	$ 10	$37,710			$ 39,500

要進行多久的紙上交易，取決於你的信心。這個階段的重點，是你要練就能自行投資，而且不會賠錢的信心。即使稍有虧損（1-2%），也要

有耐心。最優質的企業也難免會有下跌的時候。但只要你確實按照四個M篩選（而且整體市場並非處於崩跌期），你的股票久而久之就會上漲。一次上漲通常就能抵銷幾次的小幅虧損。有些新手投資人需要六個月，甚至更久的紙上交易。就算練兵快要一年還沒進場，也不要灰心。市場又不會跑掉，每一次的紙上交易都是學習。有些新手投資人可能只需要練習紙上交易兩個月。如果你在紙上交易的績效很好，那你就會覺得沒使用真錢很可惜。很多人都這麼覺得。總之還是要從紙上交易開始。

我收到一位先生的來信，我就叫他弗瑞德好了（免得他婚姻破裂）。弗瑞德學會了第一守則投資法，對妻子說他要開始拿他們的錢自行投資。妻子說：「想都不要想。我太了解你了，你根本就不懂。」他要妻子別擔心，他要做的是紙上交易。妻子看著他做了兩個月的紙上交易，平均獲利19%。於是妻子對他說：「弗瑞德，你幹嘛不用真錢呢？」說真的，在紙上交易可能讓人覺得很遺憾，尤其是績效超好的時候，因為眼前的驚人獲利並沒有真正落袋。如果你漸漸有這種感覺，那也許該想想用真金白銀投資市場。下一章會詳細告訴你該怎麼做，尤其是新手該怎麼做。

| 第十五章 |

開始你的第一守則投資

擬定能實現願望的具體計畫,無論是否做好準備,都要立刻開始行動。
——拿破崙·希爾(Napoleon Hill,1883-1970,美國作家)

　　我剛開始投資的時候,金融業並不適合微型散戶。經紀商連資金不到 10 萬美元的人都不感興趣了,更何況是資金只有 1000 美元的人。光是蒐集資訊就花了我幾個禮拜。我索取的年報,十天後才會出現。我還得到圖書館找資料,每次都很難找。我聽不到基金經理人與企業高層在電話上聊未來前景。我老是太晚才發現內線交易的資訊。內線交易的資訊很少揭露,難得揭露也是在交易發生很久之後,這麼晚得知也就沒用了。

　　那時也沒有技術工具。要是沒有人牽著我的手一步步教我,像我這樣的河川嚮導,根本不必妄想會有能力投資。金融業一百年來始終是如此,始終迎合有錢的大戶。有錢的大戶有財力可以購買金融業人士牢牢掌控的資訊。難怪金融服務業至今依然堅信,小散戶最好把錢交給專業人士投資(理財專員與顧問還是希望靠你謀生)。百年來,他們自稱唯有他們知道該怎麼投資你的錢。這話在以往或許有理,但如今再也不是了。

　　你已經見識過,只要點點滑鼠,就能在電腦上找到多少金融資訊。現在的問題應該說已經倒過來了。美國證券交易委員會頒布公平競爭法令,網際網路也迅速傳播重要資訊,小散戶瞬間能得到的資訊如此之多,很容易被嚇到。有了第一守則,我們能將寶貴的時間與資源,集中在以正確的

方式，尋找真正重要的資訊，就能解決這種問題。依循第一守則，就有了克服情緒投資法則所需的知識與工具。但縱然如此，我們如果從未有過投資的經驗，那等到要拿真金白銀投資市場，還是要克服內心的恐懼。

在這一章，我要帶你走過將錢從你的活期存款帳戶領出，投資你認為理想、股價也有吸引力的企業的整個過程。我也要預先恭喜你完成這些重要的步驟，因為完成之後，你就能輕鬆享受第一守則投資法的好處。

開設經紀商帳戶

你我都可以直接向企業購買股份，不需要透過經紀商，就好比也可以直接向屋主買房，但持有之後，要自己賣出就沒那麼簡單。無論是房地產、石油與天然氣、企業，還是股票，經紀商都是讓買賣便利的關鍵。經紀商的作用，就是讓你知道別人願意花多少錢買東西。如果你想買進或賣出一樣東西，經紀商也會確保買賣雙方辦妥相關手續，以完成交易。經紀商會處理所有的文書作業，讓買賣得以輕鬆執行。

房地產交易的進度非常慢，你可以看見整個流程。經紀商刊登待售的房地產，帶看房地產，與你一起決定要出價多少，處理文書作業，向賣方出價，在議價過程中處理更多文書作業，讓各方滿意，再交由履約保證帳戶，處理更多文書作業，最後完成交易。你買進一家企業，或多或少也要經歷這些過程，只是完成得很快，你完全不會看見。完成交易不需要六十天，而是六秒左右。與買股票相比，房地產經紀商的交易速度跟冰河移動一樣慢。

股票經紀商之所以能在幾秒鐘完成交易，是因為有很多同樣的產品（一家企業一模一樣的股份），市場上有很多買家與賣家，有時候他們自己也買賣股票。任何時候買進與賣出的平均股數，是 345 股，價值大約是 5000 美元，但這完全不會影響股票交易的速度。小額交易的速度遠比大額交易快（還記不記得大戶只能悄悄進出？）多年來逐漸發展出一個流程，買賣

股票變得超乎想像地容易，比我所知道的其他事情，例如購買雜貨還容易。

要加入這個流程，首先就要開設經紀商帳戶。你有三種選擇：全套服務經紀商（如美林〔Merrill Lynch〕）、折扣經紀商（如史考特證券〔Scottrade〕、嘉信〔Schwab〕、道明宏達理財〔TD Waterhouse〕），以及線上經紀商（如 E-Trade）。折扣經紀商的種類非常多（想不到吧，折扣經紀商還有所謂「高級」與「基本」），所以你最好花些時間，找到最能滿足你的需求的一家。各家「折扣」經紀商的交易手續費及其他費用，差異可能很大，但幸好近年來經紀商之間競爭激烈，許多費用也因而調降。比較各家經紀商的優劣，應該要思考服務範圍、費用，以及使用的簡便程度。

摩根士丹利（Morgan Stanley）、瑞銀（UBS）、花旗美邦（Smith Barney），以及美林這幾家全套服務經紀商，向投資人提供個人服務，但他們服務的對象，通常是擁有至少 25 萬美元資金的人（最低門檻往往是 50 萬美元）。但即使你有 50 萬美元，與全套服務經紀商合作，你的錢買到的通常是情誼，而不是高明的建議。大多數的經紀商沒有能力，也沒有工具能教你一年獲利 15%。少數有這種本事的經紀商，也不會為你服務，除非你有幾百萬美元的資金。儘管如此，有些人在乎有人指導更甚於結果，也不介意支付高昂的手續費。以 50 萬美元的投資資金來說，全套服務帳戶的費用，大約是一年 1 萬美元。線上經紀商則是五十次交易只要 500 美元。花這麼多錢請別人告訴你一切會很好，可真不便宜。巴菲特先生曾說：「世上只有在華爾街，才會有客戶坐著勞斯萊斯前來，把自己的錢交給一個搭地鐵上班的人打理。」

在一家會接你的電話的線上經紀商開戶，就能兩全其美。要選擇一家優質的線上經紀商，首先要上 Google 搜尋「線上經紀商評等」。（你應該知道要怎麼上 Google 搜尋吧？前往 www.google.com，輸入「線上經紀商評等」，再點選「Google 搜尋」。）就會搜尋到一份經紀商評等機構的名單。

最後要決定要在哪一家線上經紀商開戶，要想想要不要用經紀商帳

戶，在線上繳帳單，要確認經紀商會替你開設 IRA 退休金帳戶，而且不是只能投資共同基金。如果你開戶資金在 2500 美元以下，那也要確認你選擇的經紀商能接受。

> 以下是應該問你可能合作的經紀商的基本問題：
>
> ● 你們的交易費與手續費是多少？
> ● 你們有哪些種類的帳戶？
> ● 你們某些類型的帳戶的最低存款金額是多少？
> ● 你們的現金帳戶的利率是多少？
> ● 你們提供哪些金融服務？
> ● 我能買進的產品可有任何限制？

開設交易帳戶，其實就跟在銀行開設活期存款帳戶一樣。選擇一家，下載表格（或是請經紀商郵寄紙本表格給你），寄給經紀商一張符合最低存款金額要求的支票。這個最低金額可能是 1 至 2500 美元。你的帳戶幾天後就會開立，裡面有你存入的金額。現在可以用這筆錢投資。

你可以開設的帳戶類型很多。我在前一章討論資本利得稅的時候，提到過幾種。最常見的兩種，是個人（Individual）以及 IRA 帳戶。我真心建議你至少要開設 IRA 帳戶，不但可以將退休金用於投資，還可以免稅。每一家優質的線上經紀商，都提供專人電話諮詢服務，能告訴你如何將目前退休帳戶內的資金，轉移到投資帳戶，而且不必補繳稅款。手續很簡單，經紀商每個禮拜都要辦理很多次，所以你大可完全掌控自己的退休金。

我先前也說過，許多退休帳戶都有限制，例如你每年能提撥的金額上限。你要依據自己的收入，還有能投資的資金，決定該開設哪一種帳戶。目標是要盡量多提撥一些資金，到稅負最低的帳戶。再說一次，我在前一

章說過，若是不知道該怎麼做，就找你的會計師或稅務顧問商量。你的線上經紀商也許也能幫忙。

買進股票

開戶完成後，你買進一檔股票，經紀商就會從你的帳戶扣除款項，買進你指定的股數，持有股權證書，直到你賣出股份。你賣出股份，賣得的錢會存入你的帳戶。你的帳戶餘額會顯示你目前持股的價值，以及你可投資的剩餘現金。

每一家線上經紀商，在你每一次買進或賣出，都會收取手續費。幾乎每一家的手續費都是固定的金額。無論你在一筆交易買進多少股，一筆交易就是只要付一次手續費。舉個例子，無論你買進 100 股還是 1000 股，手續費都一樣是 9.99 美元，或是你的經紀商收取的金額。手續費從 4 至 20 美元不等，一分錢一分貨。舉個例子，Sharebuilder 收取 4 美元的手續費，但僅限每星期二執行的「自動」交易。很適合買進、持有、分散投資的那些人，但不適合擅於投資的第一守則投資人。我建議你在提供線上交易服務的知名經紀商開戶，例如史考特證券、富達（Fidelity）、E-Trade、德美利（Ameritrade）、Options Express、嘉信（還有其他家，你可以研究一下）。每筆交易的手續費大約是 10 美元，你每年要是買賣十次，一年下來的手續費大約是 100 美元。你每次買進或賣出，經紀商都會從你的現金帳戶扣除手續費。

現在的手續費與以前相比看似低廉，但要是你投資的本金不多，長期累積下來依舊可觀。想想你如果只投資 1000 美元，10 美元的手續費就是你投資金額的 1%。等到你賣出，又要花 10 美元的手續費，又是 1%。這就代表股票必須上漲 2%，你才能打平。我靠漲幅 2% 的交易賺了很多錢，你也該如此。因此等到你習慣（或是一旦能投資更多的錢），最好就把投

資金額上調到 5000 美元左右。投資金額到達 5000 美元，兩筆 10 美元的手續費，就不會吃掉一大塊獲利。

你開設了帳戶，按第一守則做了功課，準備好要投資，還要做一些選擇。

你開啟帳戶，點選「交易」按鈕，會看到一個輸入要買進的股票代號的空格。還有一個類似「報價」的按鈕，按下之後，經紀商就會呈現買方的最新出價，這個價格叫做**買進報價**。經紀商也會告訴你賣方的最新出價，這個價格叫做**賣出報價**。最後也會告訴你**最新成交價**，也就是股票最近一次成交的價格。

在我寫這段文字時，全食超市（WFMI）的買進報價是 134.62 美元，賣出報價是 136.68 美元，最新成交價是 135.95 美元。注意最新成交價是介於買進報價與賣出報價之間。無論要買進還是賣出，盡責的線上經紀商，都會替你爭取到這個中間價。黑心經紀商會替你以高價，也就是賣出報價買進，以低價，也就是買進報價賣出，你就被坑了一兩塊錢。老牌經紀商不會這樣做，所以最好還是選擇老牌經紀商。買進報價與賣出報價有時會差很大，不過符合第一守則定義的理想企業，買進報價與賣出報價多半差異不大。

你按下「買進」按鈕，網站就會請你輸入買進股數，以及股票代號。我通常會將這次打算投資的金額，除以最新成交價，再將所得的股數取整數。舉個例子，你要以一萬美元買進沃爾格林，最新成交價是 34.51 美元。你以 1 萬美元除以 34.51 美元，算出的結果是 289.77 股。取 290 股的整數最簡單，再加上 10 美元的手續費，這筆投資總共要花費 10017.90 美元。如果你的帳戶只有 1 萬美元，那就買進 289 股，投資金額加上手續費就是 9983.39 美元，帳戶裡就會剩下 16 美元。

你輸入了買進股數與股票代號，網站就會要你選擇市價單還是限價單。你點選市價單，就等於告訴經紀商替你以當下的賣價買進股票。以這個例子為例，你買進的價格大概會是 34.51 美元左右，因為最新成交價最接近市場先生的要價。如果股價正在上漲，那你買進的價格可能會貴一

些，如果在下跌，那你買進的價格可能會便宜一些。你只要買進 290 股，應該一次交易就能買完，因為每筆交易的平均股數是 345 股。如果你要買進的是 1000 股，那大概要交易兩、三次，每次買進 300 至 500 股，而且買進的價格可能不會一樣，只會很接近。不過你只需要付一次交易的的手續費（我喜歡以市價單買進，因為我可以看著交易在幾秒鐘之內完成，然後我就可以去單板滑雪了）。市價單很有意思，因為很快就能成交，往往是你都還沒點選是否成交，就已經成交。

限價單、停止交易單，以及停損單

不過有時候我們要買進的企業價格波動太大，一筆交易的價格，可能會跟上一筆相差 1 美元。一般來說，符合第一守則的企業很少出現這種情況，因為往往是難以預測的新興小型企業，股價才會劇烈振盪。但我們若要買進一檔股價上沖下洗的股票（尤其是投資高風險企業，我在後面會解釋），就會下所謂的限價單，就能避免以太高的價格買進。

你點選「限價單」，網站就會請你輸入你願意付出的最高價格。假設我要買進沃爾格林，願意支付的最高價格是 34.80 美元。我以這個價格下了限價單，經紀商就會盡量替我爭取低於這個價格的最佳價格，但不會以高於 34.80 美元的價格成交。如果沒人願意以這個價格，或是更低的價格賣出，那我的限價單就會留在經紀商那裡，直到股價降至 34.80 美元。倘若股價真的降至這個價格，經紀商就會買進，會以能成交的最佳價格買進。很多精明的投資人只使用限價單。你也可以指定下單的有效期間，因為你設定的價格如果一直沒出現，你下的單也會被取消。

在實際情況，你有時候會想買進小型企業，也許也想買進首度公開發行的股票。最好還是等一兩年，你熟悉了投資的訣竅再說。先從**可預測**的企業開始投資。儘管如此，有時你會看見理想的企業，股價便宜到不可思

議,而且成交量不大。成交量低的股票「流動性差」,意思是除非你願意大幅降價,否則很難賣出。我認為任何一檔股票每日的平均交易量,至少應該有 50 萬股。我知道 50 萬股聽起來很多,但其實一點都不多。微軟每日的交易量大約是 **5000 萬股**。如果你想買進一家一天成交量只有 5 萬股的企業,那我敢跟你保證,你要是買進,就會體驗到身為大戶,除非降價求售,否則無法賣出的窘境。

我有一次買進一家單日成交量大約 2 萬股的小型企業。我買進 3 萬股。我一邊買進,一邊看著股價上漲,幾個禮拜後我清醒過來,賣出時也看著股價崩跌。我一路倒貨,都還沒完全賣完,股價就已經從 1.2 美元跌至 0.80 美元。法人大戶每天都有這種感覺。我一點都不喜歡這種感覺,你也不會喜歡,所以除非累積了足夠經驗,否則還是不要買進交易量稀少的企業。

追蹤停損是個很好用的機制,即使你沒有密切注意股價,也不會因為股價下跌而虧損。追蹤停損是一種停損單,設定只要目前股價達到一定的跌幅,就要賣出。股價若是上漲,自動執行停損的股價門檻也會隨之調整。這種機制對於不喜歡時時盯盤的人來說非常實用。獲利的時候不受限制,虧損達到一定程度則會停損。市價若是比標價低 20% 以內,就更是需要使用停損或追蹤停損。股價到了這個地步,大戶們會開始撤離,所以有可能會突然發生很多事情。追蹤停損通常是在跌幅達到 5% 的時候使用。

跟你的經紀商確認能使用哪些工具。使用停止交易單,通常不需額外付費,只是你平常交易的一部分。想執行追蹤停損,只要點選大多數網站都有的「賣出」按鈕,再選擇「追蹤停損」即可。

「市值」的意思是總發行股數(投資人賣出與持有)的總價值。企業「市值」的計算方式,是將總發行股數,乘以目前的市價。

想評估市值以及一家企業的市值是否大到值得投資,有個很好的辦法。一般來說,你要投資的企業,每天的交易量應該超過 50 萬股。如果每

> 股股價不到 1 美元，那交易量門檻應該要調高到每天 100 萬股以上。重點是交易量要夠大，你賣股出場才不會影響股價。
>
> 另一個好辦法，是確認你的持股價值，不到成交金額的 1%。例如全食超市每日交易量大約是 90 萬股，每股 130 美元，成交金額大概就是 1.2 億美元。在任何時候，我都不會投資超過 100 萬美元的資金在全食超市。汽車經銷商 NowAuto 的每日交易量大約是 25 萬股，每股 1 美元，成交金額大概是 25 萬美元。按照我的規則，我不會投資超過 2500 美元在這檔股票。要是投資超過 2500 美元，那一旦出清持股，就會引發拋售潮。

要記住，總要先累積一些資金，才能用真錢投資。我建議你從一開始學習第一守則投資法，就要省吃儉用，別再花錢妝點門面，就為了討好那些你不認識的人。我剛開始以第一守則投資的一大優勢，是我只需要一個睡袋，一個帆布背包，就能活得很自在。我從十九歲就過著這樣的日子，十三年來都這麼過，直到認識狼先生，開始投資才有所改變。把賺來的每一毛錢盡量留住，對我來說並不困難。我只是大致維持同樣的生活方式。呃，我承認我用第一守則賺進一筆財富之後，很快就買了一間房子，還有一輛捷豹。但除此之外，我不斷用賺來的錢投資其他理想生意。（狼先生勸我，花錢可以稍微大方一些。我覺得這話有理，所以買了捷豹。我一開始有些不自在，後來也就習慣了。後來車子有點問題，畢竟是二手的，我又開始覺得不自在了，於是我把車賣了……賣價比我前一年的買價還高！我就買了一輛吉普，更符合我的風格。記住，第一守則適用於許多市場，包括房地產、汽車以及鑽石。只要以五毛錢的價格，買進一塊錢的價值，你就一定能獲利。）

> 你該持有多少家企業？巴菲特先生大約是三十家，但他的投資金額高達 600 億美元。如果你的資金在 1 萬美元以下，那你應該持有一家企業。

如果你有 2 萬美元，那就可以持有兩家。不要持有超過五家。當然久而久之，你的觀察清單會累積三、四十家企業。這些企業應該分屬市場的不同產業，而且符合第一守則的所有標準，只是目前的股價沒有安全邊際，或是市場先生興趣缺缺，所以無法吸引法人買家。法人買家要是進場，就會推升股價，三項工具也會顯示「進場」。你觀察這些可能會買進的企業，等到他們再度變得理想，就可以考慮買進，賣掉價格已經不理想，或是已經不受法人青睞的企業。無論在任何時候，你的資金都該集中投資你很了解，價格也等於或低於標價的一至五家企業。巴菲特將 GEICO 的資金交給盧·辛普森（Lou Simpson）打理。辛普森將 25 億美元的資金，投資到大約八家企業上。（對了，GEICO 的資金在辛普森先生的打理之下，二十四年來每年複合報酬率超過 20%，比標準普爾 500 指數還高出 7%！翻成白話文就是：在 1980 年拿 1 萬美元投資標準普爾 500 指數，現在會變成 24 萬美元。同樣拿 1 萬美元交給辛普森先生打理，現在價值就會是 100 萬美元。）

如果以標價買進一檔股票是安全的，那乾脆不用管安全邊際，直接以標價買進，這樣豈不是很好？但安全邊際顧名思義，就是萬一出錯還能有所保障，即使算錯標價，也不至於虧損。要是算對了標價，就可以享受從安全邊際價格到標價的一大波漲幅。我們希望在這波漲幅當中，報酬率能遠高於 15% 的目標。一旦跟上這波漲幅，只要這檔股票繼續上漲，能達到或超出標價，我們就可以繼續持有。但在此之後，（一）這樣的報酬率不太可能長久，以及（二）我們只要留心，一定能發現其他符合第一守則、價格又有安全邊際的企業。既然多做一點功課，就能長期擁有 20% 甚至更高的報酬，那又何必只接受 15% 的報酬呢？

你的第一筆 1000 美元

現在你準備好了。那就將 1000 美元，全數用來買進符合第一守則每一項標準的企業。就算你有更多資金可以投資，還是從 1000 美元開始就好。等到你能駕馭「真實世界」的投資，就可以加碼。買進一家企業。運用三項工具。接下來的幾天，幾週，甚至幾個月，**每天都要抽空**看看這三項工具。不必一開盤就緊盯市場。只要養成每天查看三項工具的習慣。三項工具的其中之一，遲早會顯示負面訊號，那就是該出場的時候。通常股價會陷入橫盤整理，然後 MACD 圖或是隨機指標圖會給出負面訊號。你要仔細觀察第三項工具何時給出負面訊號。一旦負面訊號出現，你就回到線上經紀商帳戶，將你持有的這家理想企業的股票全數賣出。然後再等三項工具告訴你，大戶們又回來了。

要有心理準備。這些工具的作用是（一）讓你避開崩盤，以及（二）提醒你一大波漲幅即將到來。你需要的也只有這些。

提醒你：永遠不要忘記，如果你買進的價格已經遠高於標價，那即使參考這些工具，恐怕也無法獲利。你判斷標價要是嚴重失準，那市場先生一再壓低價格，低於你認為該有的價格，你大就只能依據工具的指示，不賺不賠出場。在投資之前，務必要依據第一守則全盤分析（要用四個 M 的標準）。如果你連續幾次交易，都是不賺不賠出場，那大概需要重新檢視這家企業的四個 M，尤其要確認你確實了解這家企業。

無論你有多少錢可以投資，我都建議你一開始只投資 1000 美元，原因是我希望你親眼看見，你投資真錢的績效，就跟紙上交易一樣好。等到你即使算錯標價，按照第一守則投資也不會虧損時，就可以拿更多資金投資。把你的投資資金提高到 3000 美元，並且始終不要讓情緒左右你的投資行為。只要能控制好情緒，手頭又方便的話，那就把投資資金提高到 5000 美元。

當你準備了 5000 美元的投資資金，買進賣出的手續費就再也不重要了。例如在史考特證券，一年買進賣出同一家企業五次，手續費總共是 70 元。投資金額達到 5000 美元，70 美元是一年當中只占 1.4% 的開銷。

你當然不想付資本利得稅，所以要盡量透過 IRA 帳戶投資，就無須繳稅。你現在知道該怎麼做了：選一家股價有吸引力（就是有很大的安全邊際）的理想企業，要避開資本利得稅，也不要擔心 10 美元的手續費。只要跟著大戶們一起進出就好。

高風險企業

你練就了第一守則投資法，有一筆不小的資金在市場投資，例如 5 萬美元，你就會開始好奇心作祟。你會想多研究幾家公司，也會用第一守則分析你很看好的幾家新創公司。第一守則有沒有例外的情況？

我三不五時會發現一家新創公司或是科技公司，覺得應該符合大多數的四個 M 標準，但這並不算完全符合第一守則。因為這種公司要嘛太新，還沒有十年的績效可供參考；要嘛就是太高科技，不是一個河川嚮導能搞懂的。不過我還是覺得我懂的夠多，而且就目前所有的五大數字來看，公司的發展正好，管理階層也是世界級的。喔，而且市場先生正在以遠低於標價的超低價出售。Google 不就是這樣的公司嗎？**太太太太太太誘人了。**其實我早就禁不起誘惑了。我這個人的個性，就是沒辦法一輩子打安全牌。我也超想擁有一家能改變世界的企業。於是我建立了所謂的高風險企業投資組合。規則如下：

一、你在股市的投資額至少達 5 萬美元。
二、你只投資 10% 的資金在高風險企業投資組合。
三、即使你並不真的了解，你依然認為自己知道這家企業在做什麼。

四、你時時緊盯三項工具。

高風險企業很有趣。而且更棒的是，只要你精於投資，就能靠高風險企業賺進極高的獲利。然而我也只大賺了幾次，所以我才稱之為「高風險」。第一次投資大賺，是一家小型生物科技公司，第二次是一家小型軟體公司。這兩家都還沒發展到很大，就被更大的企業併購了，但我的投資報酬簡直高得嚇人！拿1000美元出來承擔高風險，看著它在四年後變成100萬美元，真的很有意思。而且在工具的幫助下，大大降低了下修風險。（對了，我的朋友在高風險投資組合操作「買入選擇權」。以這種方法交易，無論企業有多穩定，無論你有多了解企業，這家企業都會自動變成「高風險企業」。你用買入選擇權拉高槓桿，有可能一下子發生一堆不好的事情，讓你不得不違反第一守則。我在這本書不會介紹選擇權，只能說，在你考慮操作選擇權之前，要先知道風險。）

無論如何，莫忘基本原則。找到一家股價會飆漲的熱門企業，真的很令人興奮。將高風險企業納入投資組合，也確實可能讓整個投資組合的表現更上層樓，但除非你對一年獲利15-20%這件事感到厭煩了，否則別這麼做，好嗎？（而且也不要以為這沒有風險！）

那就行動吧

我到了這個階段，我的老師對我說：「好，現在就開始行動吧。」一步一步慢慢來，不要著急。市場先生是個瘋子，所以優質企業的股價，總會有便宜的時候。你該做的就是慢慢來，而且永遠不要違反第一守則。我剛開始的時候，一天花在投資上的時間，頂多十五至三十分鐘。等你找到幾家你想買進的理想企業，你花在投資上的時間，就會減少到每週十五分鐘。所以，去挑選便宜的績優股，享受第一守則帶給你的富裕人生吧。

| 第十六章 |
疑難問答集

> 任誰都不需要放臺電腦在自己家裡。
> ──肯・奧爾森（Ken Olsen，1926-2011，迪吉多創辦人），1977

問：**完全沒投資經驗怎麼辦？我從未投資過、也不懂股市。我能學會嗎？**

答：我最喜歡你這種學生。你當然學得會。你一開始就能學正確的作法。只要一步一步慢慢來，先別用真錢投資，而且要記得第一守則。現在就開始尋找可以買進的企業。你越快找到幾家可以買進的企業，就能越快買進，那些聰明的商人也就能更快讓你致富。**不要**因為不肯運用第一守則投資法的人這麼說，就以為自己做不到。他們憑什麼決定你二十年後會有多美好的人生？

問：**到底該怎麼把資金投資在市場？我需要找經紀商嗎？**

答：你要找經紀商，但不必每筆交易都付很多手續費，頂多 5 至 14 美元。隨便在一個線上搜尋引擎，例如 Google，搜尋「線上經紀商」。你會找到各家經紀商的網站。我在寫這段文字的時候，上 Google 搜尋「線上經紀商」，找到的第一家是史考特證券。這家不錯，每筆交易收費 7 美元。德美利也不錯，每筆交易收費 11 美元。選一家，撥打免費服務電話，就會有親切的專員告訴你如何開戶。你可以選擇一家在你家附近有實體據點的經紀商，但沒有也無所謂。現在大半的手續，都可

以透過網路或郵件完成。

開設經紀商帳戶，就跟開設活存帳戶一樣。只要存一筆錢到帳戶，例如 1000 美元就行了。你可能需要一點時間，練習操作你的經紀商的網站，不過各家的網站都大同小異。你點選交易按鈕，輸入你想買進的公司代號，以及想買進的股數，點選「市價單」，檢視你下單的內容，如果正確無誤，就點選「買進」。就這麼簡單。經紀商會立刻以最佳價格買進股票，從你的帳戶扣除款項。你賣出股票，也是重複類似的步驟，只是變成經紀商幫你把股票賣出，將錢存入你的戶頭。（如果你賣出的價格與買進的價格不同，經紀商當然就不會將相同的金額存入你的帳戶。你賣出股票，經紀商是以市場的價格，買回你的股票，所以可能比你買進的價格高，也可能更低。）就這麼簡單。

問：我要花多少時間，才能學會第一守則投資法？要犧牲多少工作還有與家人相處的時間？

答：我每週大約花十五分鐘檢視投資組合，計算一下損益。有時候花的時間較久，如果我在做功課，那也許需要幾小時。但大多數時候，我每天花的時間不到一分鐘。之所以這麼快，是因為我有興趣買進的企業其實不多，且好用的工具能幫我節省不少時間。如果我看好的某家企業，開始有不少法人資金湧入，那我就出手買進。否則我就什麼也不必做。有些投資大師與我的處理方式不同。有些大師認為每星期該花一小時處理一家企業，而且至少應該投資五家企業。那就是每星期五小時。不過話說回來，這些大師長年都在市場，且想賺取巨額報酬。我的方法則重在不虧損，而且我一連幾個月不進場也無所謂。

問：我要怎麼開始？投資的第一步是什麼？

答：以下是我的第一守則投資法的十個步驟：

一、要記住你的目標：花五毛的價格買進一塊的價值。

二、要作功課，找出幾家符合四個 M 的前三項，亦即**意義、護城河、管理階層**的企業。要記住，只有「理想」的企業，才有可預測的未來。你必須了解這家企業，想擁有它，而且這家企業也具備堅實的領導，以及持久的護城河。

三、想確認自己真的花五毛買一塊，就要知道企業的價值，也就是你必須能預測企業的未來。估算一個保守的標價，然後再……

四、設定具有安全邊際的價格。

五、找出幾家你有興趣買進的企業，列入觀察名單。

六、耐心等待。

七、市場先生的要價若是符合你的預期，那就準備**行動**！

八、觀察三項工具，了解何時該進場。等到三項工具都給出「進場」訊號，就買進。

九、按照工具的指示，與大戶們一起進出市場，直到市場先生對於你的理想企業的定價，等於或高於標價。

十、市場先生的價格若是高於標價，那就將這家企業放回觀察名單，另外找一家企業買進。

問：第一守則投資法有教學網站嗎？

答：有，就是我的網站：ruleoneinvesting.com。

問：我需要高速網路嗎？

答：不需要。撥接網路也行。要是沒有網路，也可以去你家附近的圖書館、網咖、金考快印（Kinko's）或任何提供便宜又方便的網路的地方。現在要找到能上網的地方並不困難，而且只要稍加練習，就能輕鬆學會上網。（相信我，就算有電腦恐懼症，也比學習英文字母容易。）

問：您能不能告訴我們，菲爾・湯恩，也就是您，以前買過或是避開過哪幾檔股票？

答：如果你是希望我報明牌，那顯然你不明白我寫這本書的目的。我希望你專注在學會第一守則投資法，也就是找到對**你**來說有意義、**你**能理解、**你**也想擁有的企業。這樣的企業，只有你自己才能找到。我告訴你我以前買了什麼、賺錢或是賠錢，對於你學習第一守則投資法毫無幫助。報明牌有違我的第一守則哲學。要記住，第一守則的重點，是持有一家企業，而不是投資股票。持有一家企業，是以行動展現個人的價值觀、知識以及理解，也反映出你的為人。儘管如此，我在書中提到的股票，有些我有買，有些我沒買。

問：我在過程中會犯錯嗎？你可曾犯過大錯？

答：當然有，我也犯過幾個大錯，但我沒犯過會讓自己虧錢的大錯。我失去過一些獲利，因為抱股太久，就跟巴菲特先生持有可口可樂一樣。我曾經買進一家軟體公司，名稱我就不透露了，投資大約 50 萬美元，一度讓我賺進 100 萬美元，但我覺得會到 2000 萬美元。後來也真的到了 2000 萬美元，但到了那個時候，股價已經被嚴重高估，然後，想不到吧，又大跌回原點。我出場時只賺了 100 萬美元，還差點來不及跑。這次經驗讓我明白，股價等於或稍高於標價，就該賣出。（那時工具尚未問世，現在即使一路持有到遠高於標價，等到情況不妙的第一個跡象出現再出場，風險也遠低於以往。）

問：你常常談到巴菲特，所以我想知道：我該不該投資他的公司？該不該投資他投資的公司？

答：我喜歡巴菲特先生的投資原則，他是投資界的偶像，有一定的可信度。如果你已經看完這本書，那你已經知道這個問題的答案：從四個 M

的角度分析波克夏海瑟威，看看（一）你覺得這家企業是否理想，以及（二）目前的股價是否理想。如果你覺得很理想，股價又便宜，那就買進。至於巴菲特先生透過波克夏海瑟威持有的企業，有些是可口可樂以及《華盛頓郵報》之類的公開上市公司。按照四個 M 的標準分析這幾家公司，如果你覺得理想，股價也便宜，那就買進。但你可能會發現，這些公司很理想，卻也不便宜。如果是這樣，那就納入觀察名單，一年大約更新四次標價，等到這些公司變便宜再買進。但**千萬不要**只因為別人買進，就跟著買。巴菲特先生買進企業，常常是因為要操作套利與可轉債。一家企業只要不符合第一守則的標準，我不管誰買進，都會另尋一家企業。

問：你依據第一守則，分析波克夏海瑟威這家公司，結果會是如何呢？
答：請看：

以第一守則分析波克夏海瑟威（BRK-A，約於 2005 年 9 月進行）

目前價格：$82,990

目前過去十二個月的每股盈餘：$4,736

五大數字	多年	五年	三年	一年
投入資本報酬率	11%			
淨值	21%	9%	15%	12%
每股盈餘	24%	27%	144%	-10%
營收	37%	25%	25%	16%
現金	21%	23%	-2%	-16%

五大數字成長率：17%（我的估計）

分析師估計的成長率：11%

第一守則成長率：11%

過往本益比：22

翻倍成長率本益比：34

第一守則本益比：22

未來每股盈餘：$13,447.50

未來價值：$295,845

標價：$73,128

安全邊際價格：$36,564

（在不考慮其他分析師的估算，）與我的估計值整合後：

未來每股盈餘：$22,765.14

未來價值：$500,833

標價：$123,798

安全邊際價格：$61,899

如果你相信巴菲特，預估成長率採用更接近波克夏海瑟威過往成長率21%的數字，那麼，要是你本來就有買進這檔股票，就還可以繼續買進，不過也只是勉強能買。所以我還是會不時買進賣出。但你若是覺得分析師的看法正確，那我寫這本書的時候，波克夏海瑟威的股價已被高估。大多數第一守則投資人，都不會貿然買進這檔股票。你該投資的企業，應該是你與分析師看法一致，或是你的預測更為保守（低於分析師的預測）的。

問：假設一個聰明人研究一家企業，該做的功課都做了，覺得這家企業前景可期，但沒有一位基金經理人認同，且股價也始終沒上漲。投資的關鍵，不就是預測大多數人會怎麼做嗎？不就是從大多數人的角度看市場嗎？

答：這個問題的問題，就是與投機還有投資股票有關。我再怎麼重申都不為過：我們身為第一守則投資人，要當成自己是企業的買家在買進企業，而不是買進股票。我們不在意別人怎麼做。我們不在乎股市。我們只想以好價錢，買進理想的企業。別人怎麼做、怎麼想，我們不需要在意。我們越少在意電視上的專家怎麼說，越少在意股市的起伏，就越好。我們要是以具有安全邊際的價格，買進理想的企業，就有把握能賺到錢，只是不知道什麼時候會賺到。之所以有把握，是因為市場先生遲早會給出正確的定價。換句話說，我們不必因為「大多數人」的看法不同，就改變自己的決策，因為我們知道，大多數人的看法遲早會與我們一致。

絕對會是這樣。

問：我要是有一段時間沒辦法盯著市場，例如去度假，或是一連幾天都沒有網路可以用，也無法交易怎麼辦？限價單與停損單又該怎麼辦？

答：如果你沒辦法時時盯著你的投資部位，那最好還是使用停損單。停損單能把損失降到最低。你向經紀商下單，指定要在某個價格，賣出某檔股票，例如比你買進的價格低 10% 就賣出。我使用停損單，會設定在比目前價格低 5% 時賣出，因為我知道 5% 的跌幅，通常會引發退場的技術訊號。（跌幅一旦達到 5%，三項工具都會顯示「退場」。所以我就算沒時間觀察訊號，停損單也會在三項工具叫我該賣出的時候賣出。）

如果你能安排會隨著股價變動的**移動**停損單，那就這麼做。大多數的

經紀商網站稱之為**追蹤停損單**。當然你也可以先變現，暫時先不理會市場幾個星期，也不會受傷。我去年跟子女去羅馬的那段期間，就是這麼做的，一連三個禮拜都沒管。這就是用能節稅的帳戶交易的一大好處。

問：我在哪裡可以了解選擇權？選擇權是什麼？

答：運用選擇權，就有機會用很少的錢，賺很多的錢，但投資本金也有可能虧損一空。儘管如此，還是有很多非常聰明的投資人運用選擇權，降低投資風險。我覺得選擇權投資要能獲利，首先就要遵守第一守則投資法，而且需要練習。在我的網站可以找到最好的選擇權課程與產品的相關連結（想了解選擇權較為嚴謹的定義，請參閱本書的名詞解釋，因為選擇權不在本書討論的範圍。）

問：那景氣循環股怎麼樣？符合第一守則的企業有任何一家是景氣循環股嗎？如果沒有，那麼工具顯示這些股票上漲的時候，我是不是還可以投資？

答：我們先來看看景氣循環股的定義。所謂景氣循環股，意思是股價會隨著經濟成長起伏的股票，尤其是在所屬產業的景氣循環期間。舉個例子，汽車製造商與航空器製造商，都會受到經濟影響（大家不會在景氣不好時買車子，同樣的道理，航空公司會在經濟繁榮時買新飛機），醫療企業通常不會受到景氣循環影響，因為無論景不景氣，該買藥的人就是會買藥。景氣循環產業的其他例子，包括鋼鐵、造紙、重型機械，以及家具。景氣循環產業很容易受到景氣循環以及價格變化影響。在另一方面，無論經濟興衰，企業的產品與服務仍然廣受市場歡迎，這樣的企業叫做「非景氣循環」企業。

第一守則的精髓，就是以五毛錢的價格，買進一塊錢的價值，就這麼

簡單，無論要買進的是哪種企業都一樣。要用第一守則投資法操作景氣循環股，說真的並不容易，因為景氣循環股顧名思義，遲早有陷入低迷的時候，誰也無法斷定會低迷多久。既然無法斷定，又怎能確定這家企業值一塊錢？沒辦法確定。不過有工具相助，你可以趁景氣低迷時，買進景氣循環股。只要掌握好買進的時機，就能大舉獲利。要善用工具，而且如果一連幾個月都沒有動靜，也不要毫無反應。

問：**我要多久才能找到我喜歡的幾家企業？**

答：這個要看你已經知道多少，你列入觀察名單的企業，每家大概需要研究四至十小時。大多數的第一守則投資人，已經很清楚自己想要持有怎樣的公司，因為我們一天到晚在尋找，也已經有自己的看法。例如我們可能喜歡全食超市更甚於勞爾夫超市（Ralphs），或是喜歡沃爾瑪更甚於凱馬特（Kmart）（或反之亦然）。當然你不會每一家公司都花四至十小時研究，但一旦範圍縮小到幾家企業，你就會花更多時間研究這幾家精選的企業。有了最好的工具，研究財務不用花多少時間，用免費的工具速度較慢，但那又怎樣？不需要著急。相信我，市場又不會跑掉！你要尋找的是能低價買進的好企業。尋找的過程是很好玩的，所以要慢慢享受。

問：**我要是負擔不起專業工具，還能去哪裡挖掘研究結果？**

答：我回答這個問題之前，先跟你打個比方：務農就只是在地上挖個洞，把種子放進去。有些農民還是用棍棒挖洞，有些則是用大型拖拉機挖洞。用拖拉機挖洞快多了，但……現在要講到重點了……你其實**不需要拖拉機**。有拖拉機是不是比較好？是。是不是比較快？是。是不是能做得更好？是。但你就算買不起拖拉機，也照樣能務農。投資也是一樣。用「棍棒」投資（把這個比方用到爛）就是去挖掘年報，仔細

研究。這樣很慢，真的超慢，但還是可行。只要仔細找，就會找到免費的網路工具（MSN 財經、雅虎財經、CNN Money），裡面有成千上萬檔股票的資料。在我寫這本書的時候，這些網站的搜尋工具普普通通，但你只要知道自己想研究哪一家公司，也願意自己搜尋資訊，那網際網路這條免費的資訊高速公路，就能提供你所需資訊的 70%。第一次搜尋，不要被海量的資訊嚇到。再說一次，等到你習慣用網際網路搜尋資訊，找到你需要的，再加以解讀，往後就難不倒你。誰知道呢？也許你在看這本書的時候，已經有更好的免費線上搜尋工具問世，更好用也更詳盡。

除此之外，你也需要強而有力的搜尋引擎，例如 Google，才能掌握企業的最新消息與管理動態。可以到我的網站，使用我的第一守則計算機。你還需要幾個重要指標：MACD、隨機指標，以及移動平均線，在財經網站或是你的經紀商的網站都能找到。

問：哪些是最好用的工具？

答：我向來喜歡比較各家工具，因為我會上臺介紹我投資的方法，當然也會介紹我用的工具。工具是會變的，所以與其說哪家的工具最好，不如請你看看我的網站，我在網站上會不斷更新最好的工具。從我的網站也可以連結專業的工具網站，還會告訴你哪些工具最適合哪些類型的投資。我在這裡先講幾個：Investors Business Daily、Zacks、晨星，以及 Success。

問：工具好不好，全看資料的品質。在那斯達克以及紐約證券交易所上市的每一家企業，都能在資料庫找到嗎？

答：要看是哪一個資料庫。專業資料庫涵蓋那斯達克以及紐約證券交易所的每一家上市公司，另外還有多倫多交易所、蒙特婁交易所，以及店

頭市場的股票。但這些資料庫是要收費的。MSN與雅虎的免費資料庫，涵蓋大約60%的企業。但是，喂，是免費的，也是不錯的起點。不要因為資料沒那麼多就不去使用。

問：最好的免費財經資料網站有哪些？
答：MSN財經與雅虎財經，MSN個股資訊最好，雅虎是產業資訊較佳。

問：我有很多債務怎麼辦？
答：多年前身為特種部隊的一員，帶給我的一大優勢，是我現在不會太在意生活中的小問題。你只要中過槍，就會覺得其他的都是小問題。所以你說你債臺高築，我能告訴你的第一件事情，就是不要想得太嚴重。不妨學學特種部隊的軍人遇到壞事的想法：又沒人死掉，我們還很健康，還沒被淘汰。

但是想法還是要務實，債務帶來的壓力還是揮之不去。這就像在跑步機上，跑得再快也是原地踏步。所以要解決問題，需要更好的訓練，也要改變作法。

首先是訓練：多看看蘇西・奧曼（Suze Orman）、威廉・丹科（William Danko），以及大衛・巴哈（David Bach）等人的著作，就會知道如何在還債的同時，還能開始累積財富。

依據你吸收的知識，擬定一個計畫，貫徹執行。要牢記目標，一兩年後（也許是五年後，多久其實無所謂）你就會無債一身輕，也就會有錢可以投資。

你在還債的同時，也會累積你所能累積的最重要的東西：投資經驗。無論你有無負債，我都會給你下列建議：如果你才剛開始按照第一守則投資，那你最好先以30萬美元進行紙上交易，直到熟悉了投資的訣竅。（我在第十四章討論過紙上交易，說穿了就是假裝你在真正的

市場買賣，用筆記本記錄你的虧損與獲利。使用網路上的市場「模擬器」，就更能進行紙上交易，追蹤投資績效。之所以設定 30 萬美元的投資金額，是因為你要是真的有 30 萬美元，那一年賺個 15% 的報酬，也夠退休了。從我的網站開始練習，上面有一些適合初學者的工具與資訊。）你可能需要兩個月，也可能需要兩年的時間練習。那都沒關係，因為你會累積經驗。而且你同時也在償債。

問：經常買賣股票，會需要繳很多稅嗎？

答：如果你使用的是許多種 IRA 以及退休計畫，那就不需要繳稅。你透過 IRA，要買賣幾次都行，而且不需要付資本利得稅。如果你任職於小型企業，或者是自營作業者，那你每年都可存數千美元到 IRA 帳戶。這是很大的優勢。如果你有錢投資，只是不能放進免稅帳戶，那還是要注意，千萬別眼睜睜看著投資部位虧損 50%，卻還是因為怕繳稅而不敢賣出。那也未免太蠢了吧？所以該繳稅就繳稅。就算你獲利 15%，完稅後每年還剩 10% 的獲利，也總比虧損好吧？（關於這個話題，詳見第十四章。我會告訴你買賣股票為何不需要考量能否節稅。）

問：五大數字最重要的是哪一個？原因是什麼？

答：最重要的是投入資本報酬率，因為能反映出企業營運的狀況。我認為第二重要的是淨值成長率，因為能代表標價的成長率（標價又稱內在價值、零售價）。淨值若是每年成長 24%，終究會反映在標價。但其實五大數字都很重要。

問：線上帳戶的手續費是多少？選擇手續費較高的經紀商，有任何好處嗎？選擇收費低廉的經紀商，有任何壞處嗎？

答：不限交易次數的手續費大約是 5 至 20 美元不等。包括嘉信在內的收費較高的經紀商，有活存帳戶與線上繳帳單功能，也許對你來說很值得。如果這些金融服務對你來說不重要，那就選擇平價的知名經紀商，布朗兄弟（已結束相關業務）、史考特證券（已遭併購）、富達、E-Trade，以及德美利（已遭併購）都不錯。

問：**我知道我必須留意我投資的企業的最新消息與數據，但我需要多關注世界大事，還有一般的新聞？該不該收看電視上（尤其是有線新聞）的財經節目？**

答：你確實需要吸收足夠的資訊，才能了解自己持有的企業。但我覺得除此之外，我寧願去單板滑雪，或是到山區騎馬，也不要看一堆人在電視上唧唧呱呱。我只是每天稍微看一下三項工具，留意法人的動向。相信我，法人對於這些企業的現況，以及企業會受哪些因素影響，知道的永遠比你我還多。所以你選好了要投資的企業，要留心大戶們買賣這隻股票的情況。看大戶們的動向，能知道的比看報章雜誌，或是看電視多太多了。大戶們要是瘋狂倒貨，你就該看看新聞了！

如果你要看電視上的那些人唧唧呱呱，那也要記得，你看的是一場表演。那些人投資不少錢，為了拉抬自己持有的股票，什麼話都可以說，什麼事都可以做，尤其是要出貨的時候。話雖如此，我還是很喜歡看吉姆‧克瑞莫的節目。他是個狂人，但也是個聰明的狂人。不妨看看他在節目上推薦的企業。

問：**什麼時候該買進指數型或是產業型基金？**

答：你可以把指數型基金當成股票買賣。這種基金叫做指數股票型基金，或是 ETF。買進指數型基金的好處，並不在於找到一家符合全數四個 M 標準的理想企業，而是持有這個指數或是產業的每一檔股票（也就

是「好的壞的照單全收」)。最大的問題是指數型基金的漲幅，頂多就是指數的成分股的平均值，而一家符合全數四個 M 標準的理想企業，漲幅並沒有上限。舉個例子，過去五年來，食品零售與批發業的指數的漲幅是 0%，全食超市的漲幅則是 600%。這很重要。但話又說回來，如果你懶得學第一守則投資法，那退而求其次的選擇，就是長期投資指數型基金。

問：我任職的公司提供 401k 方案，但提撥的金額並不會跟我自己提撥的金額一樣多，而且我們也不能選擇投資個股（只能投資共同基金）。我應不應該不要再提撥公司的 401k，轉而投入其他帳戶？該投入什麼樣的帳戶？

答：我不怎麼喜歡 401k，因為這種帳戶都是認為你沒有能力自己投資，所以強迫你把錢交給共同基金經理人，未來二十年的報酬率都是零。儘管如此，公司提撥的金額要是跟你提撥的金額一樣，那還是很划算。如果有機會，那就加入公司的 SIMPLE IRA 計畫，可以存一大筆稅前的資金。但你的公司提撥的金額跟你提撥的不一樣，那就別參加了。去開一個 IRA 帳戶。（有關這個主題，詳見第十四章。你要依據你的收入等級，還有你能參加的退休帳戶，選擇最適合你的。IRA 有很多種，每一種的特色與限制都不同。會計師也能幫你挑選最適合你的。重點是你挑選的帳戶，應該要最能節稅，你也能在市場隨意買進你想買的，不受限制。你挑選的應該是「自主投資」的帳戶，也就是你能控制的帳戶。）

問：我有不少錢綁在 401k 帳戶，我想把這筆錢轉到我能自主投資，能買進個股的另一個帳戶（我的 401k 的選擇很少）。但我要是結清 401k，可能要受罰，我該怎麼做？

答：隨便聯絡一家線上經紀商，他們都會告訴你怎樣轉移才不會受罰。他們在這方面很有經驗。但有時候公司的規定不允許你這麼做，那你就只能投資401k的共同基金。如果是這樣，那就把每一檔能投資的基金放進觀察名單，再用工具長期觀察，在這些基金虧損時出場，轉入貨幣基金帳戶。你要是在2000至2005年間這樣做，那類似駿利美國20基金（Janus 20）這種淨值下跌40%的基金，就會帶給你一年15%的報酬率。

問：公司發放大筆股利，對於第一守則投資人來說是好事還是壞事？
答：不是好事也不是壞事，要看情況。我們希望企業能將多餘的現金，用於發展業務，只要投入資本報酬率不會下降就好。投入資本報酬率要是下降，我們就寧願領取股利，再自行投資到安全邊際較大的地方（有關股利的討論，見第五章）。

問：什麼時候最適合確認市場與交易情況？是早上、中午，還是收盤後？週末適合嗎？我要是在星期五找到可以買進的企業，是不是要等到星期一早上開盤，再「打電話」告知我在週末下的單？
答：等收盤再看就好。在收盤之前看只會擾亂自己的情緒，把自己搞瘋。放輕鬆。晚上也很好，不過其實任何時候都是最好的時機，只要固定抽出兩分鐘，持之以恆即可，即使是週末也無所謂。

問：是不是應該在投資組合加入債券平衡一下，等到股票表現平平的那幾年，第一守則投資人仍能從債券的漲勢得利？
答：請記得：我不在意你買進的是房地產、股票、私募企業、金幣、古董車，還是債券。第一守則投資法的重點不是「平衡投資」，而是花五毛錢買一塊錢。所以如果你確定債券很便宜那就買進。而且要記得，

無論股市的狀況如何，幾乎都能找到股價便宜的理想企業。

問：第一守則投資人手握現金，等待市場先生為理想的企業定出合理的價格，那手上的現金應該放在哪裡？貨幣市場基金？幾檔債券？還是存起來？

答：大多數的投資人，終究會在交易帳戶累積夠多的現金，也會拿到線上經紀商支付的短期貨幣市場基金利息。這個利息就很理想了。

問：要買進一家理想的企業，能不能以標價或略低於標價的價格購買？我找到一家理想的企業，可是股價只能說還算理想，能買進嗎？

答：查理‧蒙格（Charlie Munger）是華倫‧巴菲特的合夥人，也是一位精明的投資人。他曾說，與其以極好的價格買進很好的企業，不如以很好的價格買進極好的企業。但話又說回來，查理與華倫非常，非常擅長判斷企業的價值。你跟我就……呃，不是蒙格先生，也不是巴菲特先生。所以我們需要很大的安全邊際，萬一算錯標價，才不會輸得很慘。你買進的價格越是接近標價，你算錯標價的空間就越小，短期的獲利也就越小。建議你晚點再買進。你要是等不及，非要買進這家企業不可，那買進的價格至少也要比標價低20%，才有安全邊際。而且要密切觀察大戶們的動向。永遠要記得，只要多做些功課，總能找到其他價格更有吸引力的理想企業。

問：有些投資大師說，買進企業不看利率，是愚蠢的行為。我需要在意聯準會的動向，還有目前的利率嗎？

答：不用太在意，但不是因為我們覺得利率不重要。之所以不會太在意，是因為第一，我們要的是15%的報酬率，第二，我們有50%的超大安全邊際。這兩個數字已經包含利率的考量。

問：投資知名的大型企業，不是很難獲利嗎？最大的獲利，難道不是來自發掘不知名的新興企業嗎？

答：也許找到下一家蓄勢待發的戴爾，心靈上會很有成就感，但你買進難以預測的企業，付出的代價通常遠高於得到的利益。買進價格被嚴重低估的知名大型企業，還是安全得多，獲利也多得多，因為我們能斷定價格被嚴重低估。你要怎麼判斷一家新創企業的價值？即使是創投專家也不敢斷言。還是堅守已經建造廣大的護城河的企業就好。也許體會不到新創企業衝上月球的快感，卻可以享受不必為金錢煩惱的悠哉晚年。如果你跟我一樣克制不住衝動，非要投資幾家可能改變世界的企業，那記得只要配置一小部分的資金就好，而且要納入高風險企業投資組合（有關投資高風險企業的規則，見第十五章）。

問：我通常是使用現在的軟體，自行處理稅務，還挺方便的。但我以後開了新帳戶，按照第一守則投資，是不是就必須找個優秀的會計師，代為處理稅務？

答：你買進賣出的次數，應該不會那麼多。你可以自己作帳，至少直到你交易的數字變得很大，到時候你還是會找個會計師。相信我，到了那個等級，花錢請優秀的會計師幫忙，絕對是超值的選擇。

問：我的兄弟是理財分析師，覺得我自己理財實在太笨。我該跟他說什麼？

答：要圓滑一些。他就像五百年前幫全村讀字寫字的那些人，對你的感情再怎麼深厚，也還是對你說，你自己做這些，就違反了他所相信的每一個典範。而且他其實不希望你有財商素養，因為你有了財商素養，就不需要他了。你就對他說，你知道自己來很愚蠢，但你就是忍不住要自己來，也希望他日後能指點一二。然後就自己來，第一年就獲利

20%，而他推薦的共同基金則是完全沒獲利。把你的成績拿給他看，問他覺得 20% 的獲利理不理想。我有一個學生按照第一守則投資了一年，把他的成果拿給他那根本不相信第一守則的會計師看，問道：「你覺得我的成績怎麼樣？」會計師計算了一下，說道：「你去年賺了 36%。」我的這位學生傻傻地問道：「這樣算好嗎？」他的會計師如今也是第一守則投資人。

問：**我在幾個月前，以便宜的價格買進了一家很好的企業，獲利不少，但現在似乎陷入瓶頸。所有的指標都說該賣出，但我真的不想賣，因為我知道這家企業會重整旗鼓，再創高峰。能不能給我一點建議？**

答：由你自己決定。這家企業在你買進的時候，如果確實符合第一守則的所有標準，那你當然可以繼續持有。但繼續持有也是冒著判斷錯誤的風險。即使判斷正確，也有可能會經歷市場崩跌，或是股價重挫。關於現在市場上任何一檔股票，要記得我說過的話：即使是在你買進的時候，符合第一守則標準的優質企業，也有可能因為唯有基金經理人能控制的各種市場力量，而莫名其妙崩跌。為了不想積極調整投資部位，或是不想繳稅，卻要承受如此之大的風險，未免太不值得。基本原則：我覺得應該另找一家更好的，目前更為理想的企業，把已經沒那麼好的企業放進觀察名單。總有機會再買回來！

問：**你覺得商品企業怎麼樣？有些商品企業的財務，比擁有廣大護城河的企業更好，難道不是因為經營得較好？我如果要買進商品，比方說金屬，那直接買進金屬，豈不是比投資金屬公司更好？**

答：商品企業是沒有護城河的企業（亦即不可能符合第一守則所有標準，也就是四個 M 的標準）。沒有護城河的公司，無論財務狀況為何，長期而言是不可預測的，因為這樣的公司沒有能力持續漲價。去年的

玉米價格，跟 1948 年的完全一樣。誰也不知道到了 2015 年，玉米價格會是多少，但我敢說，可口可樂的漲幅至少會符合生活成本指數。如果你想問我對於商品投機的看法，那我只能跟你說，那是華倫‧巴菲特之類的高級投資人玩的遊戲。我自己略有涉獵，但那是高級投資。還是暫時停留在基礎階段就好。一年穩穩賺進至少 15% 的報酬，就能讓你很開心了。

但是（這個但是很**重要**），偶爾違反第一守則，也能有好結果，對吧？所以你要是想違反第一守則，買進商品，那我建議你買進會反映商品價格的商品 ETF。例如你可以買進 GLD（黃金 ETF），而不是黃金概念股。只要金價上漲，GLD 就會上漲。善用三項工具，也能掌握 ETF 的買賣時機。

問：那 REIT 呢？ REIT 是什麼？適合我投資嗎？

答：REIT 就是房地產投資信託，是無須購買實體房地產，即可投資房地產的方式。你買進的不是實體房地產，而是一家買進實體房地產（透過持有房地產或是抵押）的企業，而且這家企業就跟一般的股票一樣，也在交易所交易。

所以你可以把 REIT，當成任何一家企業評估。可以用第一守則的標準，檢視任何一檔 REIT，再告訴自己，要是能用 10 美元的價格，買進價值 20 美元的房地產，那就很划算。只是要跟投資其他企業一樣，要確認自己知道標價。而且符合全數四個 M 的標準嗎？與直接持有房地產相比，買進 REIT 有一大好處：房地產市場要是陷入盤整或是下跌，要賣出 REIT 很容易。只需八秒即可完成。你在佛羅里達州的大樓要是碰上買氣不佳的時候，恐怕得等上很久才能賣掉。何況你當初買進這戶大樓，還負擔一堆費用與額外的成本。

問：**那平均成本法呢？用平均成本法投資，無論市場景不景氣，長期來說不是都能獲利嗎？**

答：無論是共同基金還是股票，用平均成本法投資（也就是定期投資，例如每月投資同樣的金額，所以股價高的時候，買進的股數一定較少。股價低的時候，買進的股數一定較多），倘若市場或股票波動二十年，誰也不能保證能獲利，更不可能保證能有優渥的退休生活。我們身為第一守則投資人，堅持低價買進，又有三項工具能保障安全，所以不需要平均成本法。

還有問題要問嗎？可以到我的網站寫電子郵件給我，我會繼續刊登精選問題的回答！

| 第十七章 |

用守則強化 401k 績效

那些說規模不會影響投資績效的人,都是輸家。我創下的最高報酬率,是在 1950 年代。當年的我大敗道瓊工業指數。你們應該看看數字。但我當時投資的金額很小。金額小就能擁有很大的結構優勢。我覺得有 100 萬美元的資金,我就能幫你賺進 50% 的報酬。不對,應該說我很有把握才對。

我保證可以。

——華倫・巴菲特（1930-），摘自《商業週刊》,1999 年 6 月 25 日

　　研究第一守則的目的,是不要再把你辛苦賺來的血汗錢隨便賠掉。第一守則的精髓,是聰明投資。聰明投資就是不要做會虧損的投資。無論你是買進耐吉股票,創立一家小型洗衣店,或是買進一間傑克遜洞的大樓,對於嚴守第一守則投資法的投資人來說,基本策略都是一樣的:確認你要投資的是一家優質企業,耐心等待便宜的價格出現,確保自己不會虧損。

　　對於其他人來說,所謂的「其他人」就是一億美國人（每三人之中就有一人）,則是將大筆金錢鎖在共同基金。我上次確認,金額大約是 10 兆美元。投資共同基金,就不能自行選擇要投資哪些企業。我覺得共同基金大概是刻意設計成這樣,給你一種美好的想像,以為別人比你自己更擅長發掘值得投資的優質企業。但我希望經過我的解說,你已經知道事實並非如此。共同基金的規模太龐大,難以管理,任何一位基金經理人的知識與能力都不足以駕馭。彼得・林區曾說,管理一檔基金,就像身為麥可・喬丹,卻兩條腿各綁著一百磅（約四十五公斤）的重量打球。麥可・喬丹在籃球場上要是只能緩慢移動,就連你都能贏他。投資也是一樣的道理,

基金經理人拿著這麼一大筆錢投資，想打敗市場根本是天方夜譚。想一想，如果你手上有這麼多錢，必須買進你能找到的最好的兩百檔股票，你能打敗市場嗎？喂，你要是有兩百檔股票，那你就是市場。既然你就是市場，又要怎麼打敗市場？更何況基金經理人拿那麼多資金買進一檔股票，就代表他一買進，股價就上漲，這是好事。但他獲利之後開始賣出，持股都還沒賣完，股價就會下跌，這可就不是好事。過去二十年來，每二十五位基金經理人當中，只有一位的投資報酬率優於股市指數，由此可見問題有多嚴重。

但你知道嗎？基金經理人的績效有多差都無所謂。反正大多數的人自行投資以後，還是會把錢放在共同基金很久。之所以會這樣做，是因為兩個強而有力的理由：沒有信心，以及政府的租稅獎勵。

沒有信心

相信自己理財的能力，比受過訓練的基金經理人還強。培養這種信心並不是一蹴可及的。大多數人都很難相信，自己的理財績效，竟然能勝過學經歷兼備的專業人士。你看過將投資與腦手術相比的電視廣告（「嘿，你總不會給你自己的大腦動手術吧？」）你隨便找一個金融服務業的專業人士，都會聽到同一套說法：要是真有這麼簡單，每個人都會這麼做了，問題是又不是每個人都自己投資，所以不可能這麼簡單。這個邏輯有點複雜，彎彎繞繞的，可是誰會注意到呢？

而且你知道嗎？你不願意把放在共同基金的錢拿出來，其實並沒有錯。這可是你的退休基金，事關重大。你知道，你的績效要是沒勝過基金經理人，你就會非常後悔曾經以為可以自己來。但還是要樂觀一點。如果你只要勝過基金經理人，就會有信心自己投資，那好消息是，只要依循第一守則，再加上身為小散戶的優勢，打敗基金經理人幾乎是穩操勝算。

話雖如此,你一開始應該還是想慢慢來。慢慢來才是合理且理智的作法。任何人但凡腦袋清楚,都會先累積一些經驗,等到有了信心,才敢拿自己所有的退休基金去投資。而且你也得知道如何善用共同基金,尤其是萬一在退休前很重要的那幾年,股市再度崩跌,你該怎麼辦。

　　但在我們討論這個話題之前,你即使有信心打理自己全數的財富,可能也還是想投資共同基金幾年,因為還有另一個很好的理由。

美國政府的租稅獎勵

　　如果你可以加入類似401k的方案,只要提撥金額投資共同基金,聯邦政府就會給你扣除額,而且你提撥多少,公司都會提撥相同的金額,所以你認為不參加才是笨蛋(這個想法是正確的)。政府提供的租稅獎勵,吸引了數兆美元投入股市,這些資金幾乎全由基金經理人管理。美國華府的金融遊說團體會無所不用其極,確保自己即使半點有用的事情都沒做,金鵝還是會繼續給他們幾十億美元的手續費。所以聯邦政府應該會繼續鼓勵我們把錢投入這些帳戶。按照法律,這些帳戶必須投資共同基金。超過60%的退休基金,都放在共同基金,很有可能也包括你的退休金。所以你必須知道該怎麼保護這筆錢,才能安穩退休。

如果可以,就關閉舊的401k

　　管理你的共同基金的第一步,就是要盡可能多些選擇與彈性。401k的投資選項通常很少。自主投資的IRA的投資選項則是幾乎沒有限制,也可以選擇個股。所以你如果不會被罰補稅,也不會損失公司提撥的款項,那就應該關閉401k。如果你已經不在當初開設401k的公司任職,公司也不再提撥,那就該將401k帳戶裡的錢,轉到別的地方。你應該聯繫史考

特證券、E-Trade、嘉信，或是德美利之類的線上經紀商，說你想將舊的401k，轉入自主投資的 IRA 帳戶。他們每個禮拜都要處理成千上萬件類似的轉移，也會協助你完成非常簡單的手續。他們只需要提出書面申請，就能將你的 401k 改為 IRA。不需要繳稅，也不用繳罰款，費用大概只要 25 美元左右。方便得很。401k 與 IRA 遵守的是同一套稅務規則，所以美國國稅局不會在意你選擇哪一種，因為對政府來說都是一樣的。你就能擁有一個可以按照自己的意思投資的退休帳戶，想投資什麼都可以，任何一檔共同基金皆可投資。

遇到下列情況，就別轉移你的 401k……

如果你還在當初開設 401k 的公司任職，**而且**你的公司提撥的金額，至少達到你所提撥的金額的 50%，那就留著這個 401k。你要是還沒在你任職的公司開設，那就開設一個。你提撥到 401k 帳戶的金額，最高不要超過公司願意提撥的金額。例如公司若是願意提撥你的薪資的最多 3%，那你也應該提撥 3% 的薪資。那是公司免費給你的錢，所以當然要拿。不只是公司會免費提撥給你，你自己提撥的金額，有一部分也可免稅。

假設你的年收入是 5 萬美元。5 萬美元的 3%，就是每年 1500 美元。這 1500 美元，會按照你的最高課稅級距課稅。如果你的增量收入（超出某個最低標準之外的收入）要繳納 25% 的稅，那你的 1500 美元，要繳納 25% 的稅，也就是說聯邦政府要收取 25% 的稅，有可能是在每次發薪時預扣，也有可能是在報稅時徵收。1500 美元的 25%，就是 375 美元。但你若是將 1500 美元存入 401k，而不是留著，那聯邦政府就不會收取 375 美元。那 375 美元就免費送給你。可以從這個角度想：那 375 美元不是你的，而山姆大叔的，你擁有的是 1500 美元扣掉 375 美元，所剩下的錢：1125 美元。你投資你擁有的錢，也就是 1125 美元，聯邦政府付給你 375

美元。唉呀,立刻就賺到33%的報酬率。這可是**大豐收**啊!但還不只這樣,對不對?沒錯。聯邦政府要吐出375美元,你的401k除了你跟聯邦政府存入的錢之外,**還有**你的公司提撥的閃亮亮的1500美元。而且那1500塊同樣**免稅**。太好了。

> 法律規定401k方案必須提供提繳對象許多投資選項,但大多數的401k,只提供區區幾種共同基金。在我看來,401k管理單位以及企業有可能因此面臨訴訟。道瓊工業指數要是在近期內,回落至七千五百點,也連累共同基金的表現,陪審團可能會認為,401k的管理單位提供如此之少的共同基金選項,是怠忽職守。盡責的律師會指出,401k的每一檔共同基金,都跟市場一同下跌。但理性的陪審團則是會認定,一個方案的所有投資選項,在市場崩跌的時候全數下跌,就代表管理單位沒有依照法律,提供**該有**的選項。401k的管理單位為了自保,也許應該考慮開放提撥對象選擇自己想投資的股票以及共同基金。這並不是什麼激進的改革,而是現在的自主投資IRA就在做的事。政府為什麼認為你在IRA帳戶完全有能力自行投資,在401k帳戶就不能?

我們來看看報酬率:我們拿到聯邦政府給的375美元,已經有33%的報酬率,再加上公司提撥的免稅的1500美元,報酬就上升到1875美元。你當初投資的只有1125美元。哇喔。這樣的報酬率可不是開玩笑的。你投資1125美元,賺了1875美元。這樣就直接賺進166%的報酬。你一年在哪裡能賺到這麼高的報酬?在其他地方絕對找不到。所以就算不得不投資共同基金,也還是應該提撥。

但即使能免費拿到一大筆錢,如果(這個如果很重要)你自行投資能有15%的報酬率,那401k只有8%的報酬率,顯然並不合理。我們來看看未來二十年的報酬率,你就會明白,即使投入本金只有一半,更高的複

合報酬率的威力，也能為你創造驚人的財富。

案例一：沒有401k，沒有公司提撥，而是將1500美元，投入自行投資的IRA帳戶。假設你精通第一守則投資法，有能力實現15%的報酬率。IRA跟401k一樣免稅，所以1500美元當中，你投入1125美元，聯邦政府也投入375美元。仍然是33%的報酬率。很好。但在這個案例，沒有公司提撥的錢。沒有額外的1500美元可以拿。所以你有1500美元的投資本金。你也確實拿去投資。你一年獲利15%。二十年後，1500美元變成24550美元。

案例二：你加入401k，把1500美元存入401k。公司也提撥一樣的金額。在這個例子，你投資共同基金，得到市場報酬率。我們已經聽過很多次，長期的市場報酬率大約是8%。市場要是在未來二十年，每年平均成長8%，那二十年後你就會有13980美元。

現在你知道更高報酬率的威力了吧？所以我才這麼提倡第一守則投資法。拜託，2.4萬跟1.4萬可是差很大。

話說到這裡，應該建議你退出限制一大堆的401k帳戶，也別管公司提撥的錢了。相信我，我很想跟你這麼說，我覺得對於大多數的401k投資人，以及第一守則投資人來說，上述的情境很有可能成真。

儘管如此，在金融革命的這個階段，大多數人投資的時間都不夠長，還沒有信心自行打理所有的退休基金。久而久之你會累積足夠的信心，就能自行打理所有的退休基金，但這並不是一蹴可及的。想當個成功的投資人，無論投資什麼，都應該非常自在。你打理1萬美元會感到緊張，又憑什麼打理5萬美元？你可以輕鬆打理5萬美元，並不代表打理25萬美元也同樣自在。除非你一開始就很拿手，否則你就跟我們這些凡人一樣，要經歷練習的過程。首先要學會打理小額金錢，再逐步增加，久而久之就會精於打理所有的財富，也會感到驚訝，竟然有人把退休金交給陌生人投資，而陌生人要投資，還得受到一堆限制。但你在學習投資的期間，該拿自己其他的資金怎麼辦？要拿去投資共同基金。你只要按照我在這一章傳

授的方法，就能輕鬆管理這些基金。

找到一檔優質共同基金

我們來找一檔優質的共同基金。我知道許多人參加的方案，都只能選擇區區幾檔基金。你的選擇若是不多，那就應該按照我接下來的步驟，選擇最好的基金。你不需要再費心研究很多檔基金，因為你的選擇反正就只有十檔。你該做的，是按照我接下來教你的方法，分析這十檔基金。

我要前往共同基金網站「晨星」（Morningstar），開始尋找優質的共同基金。這個網站有很詳盡的共同基金研究資料。我要使用他們的優質篩選器，一年的費用是 145 美元。我在 MSN 財經網站可以免費篩選，但過程就複雜多了。

> 我在篩選的時候，會刻意汰除專門投資某個領域的基金，例如房地產、黃金、石油、全球型等等的基金，但其他的基金都會留著，包括大型股、中型股、小型股基金，以及混合基金。我之所以汰除其他基金，是因為這些基金都會受到景氣循環影響：有些在過去十年大漲，但未來十年不見得還能創下如此佳績，因為績效主要是受到商品影響，而不是選中成功的企業。

我們接下來要這麼做：我們要用晨星的搜尋引擎，搜尋所有基金，找出符合我們所有要求的基金。我們要找的基金，是長期績效優異，而且持有的股票，換成我們是基金經理人也會買進。換句話說，我們要找的是遵循第一守則的基金經理人。

我們先找出幾檔候選基金。我要找的不是「打敗標準普爾 500 指數」的基金，因為即使股市一年跌了 50%，而我的基金經理人只虧損 40%，我又有什麼好高興的呢？是，他是打敗了指數，但績效也太嚇人了。他還把我的退休金虧損了 40%。喔，他虧損那麼嚴重，竟然

還能在基金經理人拿到的 830 億美元的費用中，分得一杯羹。從 2000 年至今，共同基金投資人付了超過 6000 億美元的管理費用，就為了看到自己的退休帳戶七年來的複合報酬率是零。沒錯，6000 億美元換來的，是七年報酬率 0%。真是騙很大。

所以我要找的，不是能打敗指數的基金，而是無論股市如何上沖下洗，都能穩穩獲利 15% 的基金。無論市場是上漲、下跌，還是盤整，我都要 15% 的報酬。我不要集中投資商品、房地產、債券，或是國外股市的共同基金。我要的是由同一個人管理很久的基金，基金往後在此人的管理之下，應該能有穩定的績效。換句話說，我要的基金是由同一個人管理，而且是投資整體市場的基金。

所以我要的基金應該具備下列條件：

一、整體市場股票基金
二、不是專門投資哪個領域的基金
三、不是債券基金
四、不是國外股票基金
五、由同一個人至少管理五年的基金
六、過去三年的複合報酬率為 15%
七、而且過去五年複合報酬率為 15%
八、而且過去十年複合報酬率為 15%

要符合最後一項要求，就代表基金經理人無論景氣好壞，都必須展現良好的績效。畢竟在過去十年，先是滔天的牛市結束，接著是股市大崩盤，後來市場有一部分復甦。這十年正是考驗基金經理人無論景氣好壞，都能操作自如的好時機。

以下是搜尋參數。要注意的是要讓搜尋引擎排除投資專門領域、國外

市場、債券的基金，未免太麻煩，所以搜尋出來的結果會包括這些基金，我再自己從清單上刪去：

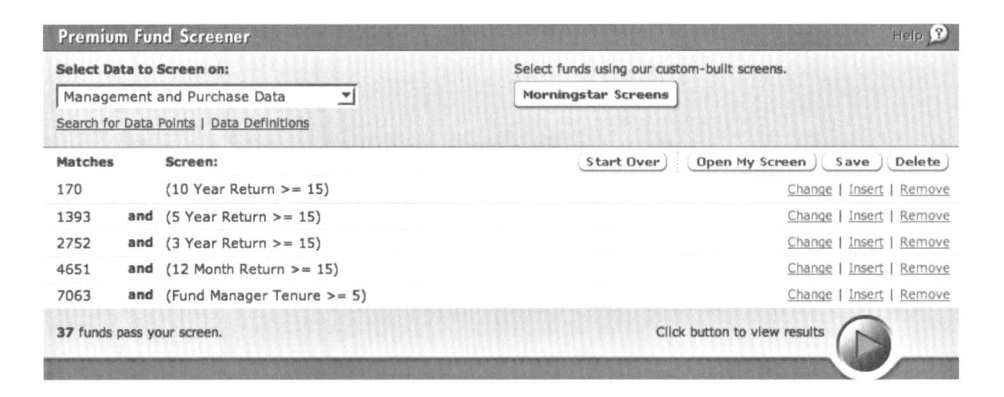

```
Premium Fund Screener                                            Help
Select Data to Screen on:          Select funds using our custom-built screens.
[Management and Purchase Data ▼]   [ Morningstar Screens ]
Search for Data Points | Data Definitions

                                   Start Over | Open My Screen | Save | Delete
Matches    Screen:
170        (10 Year Return >= 15)                    Change | Insert | Remove
1393   and (5 Year Return >= 15)                     Change | Insert | Remove
2752   and (3 Year Return >= 15)                     Change | Insert | Remove
4651   and (12 Month Return >= 15)                   Change | Insert | Remove
7063   and (Fund Manager Tenure >= 5)                Change | Insert | Remove

37 funds pass your screen.         Click button to view results  ▶
```

右頁圖就是搜尋結果。請注意我已經排除了所有投資專門領域、國外市場，以及債券的基金。

資料庫裡的一萬八千五百六十二檔各類型基金當中，有三檔符合我的要求。（我知道，右頁圖表裡只顯示了兩檔，但我不得不納入 BRUSX，也就是 Bridgeway。原因很簡單，因為他們近來表現極佳。我無法忽視十年 22% 的報酬率。）三檔基金。掐指一算，這還不到 1% 中的 2%。瞬間就縮小了範圍。

我整理了三檔基金的重要資訊：

BRUSX：停止申購	總資產：1.33 億美元
十年報酬率：700%	十年複合報酬率：22%
FBRVX；最低投資金額 2000 美元	總資產：15 億美元（資產淨值）
十年報酬率：500%	十年複合報酬率：18%
FRMCX：停止申購	總資產：5.28 億美元
十年報酬率：400%	十年複合報酬率：15%

「停止申購」（CLOSED）的意思是基金不接受新投資人申購，但仍在經營。基金經理人若是認為再吸收新資金，原先的投資人就無法繼續享有高報酬，就會停止申購。「總資產」指的是基金經理人投資的總金額。

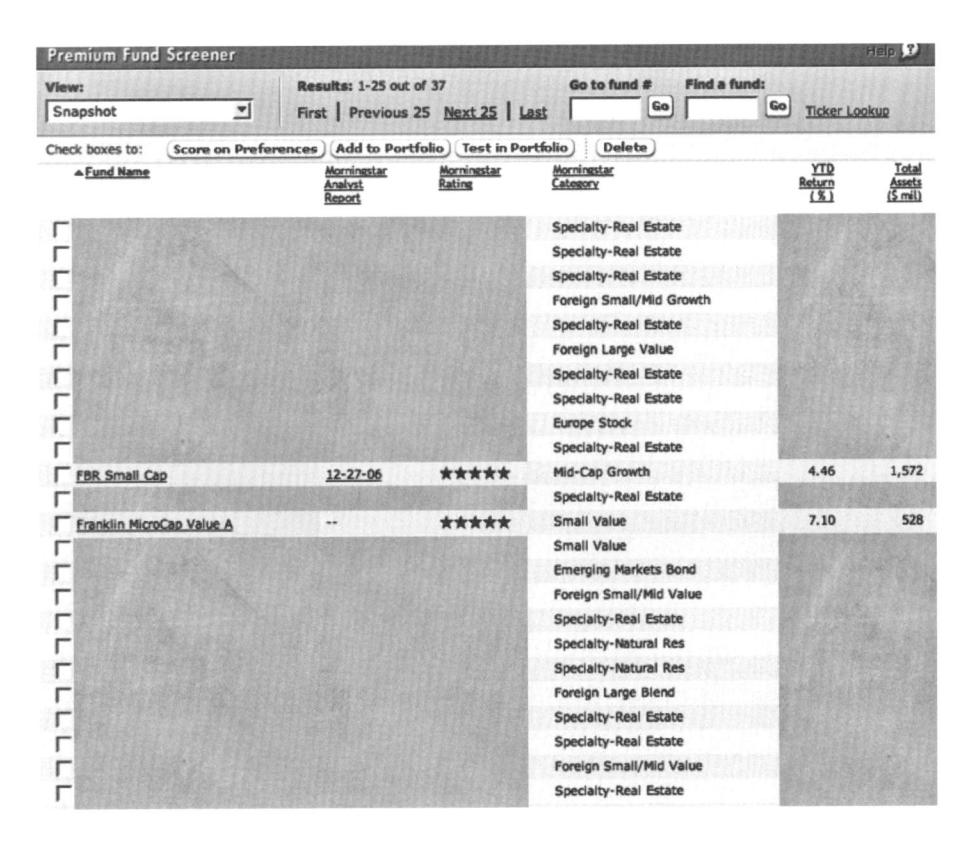

[基金截圖畫面]

基金的銷售，是根據買進股票的類型。以下是非常粗略的定義：

● 小型股：市價不到 10 億美元的股票。大約有 2800 檔。
● 中型股：市價介於 10 億美元與 5 億美元的股票。約有 1350 檔。
● 大型股：市價超過 50 億美元的股票。約有 835 檔。
● 價值型投資組合：本益比低（低於 15）的股票。
● 成長型投資組合：本益比高（高於 15）的股票。
● 混合型投資組合：兼具成長型與價值型股票。

基金也是依據這些定義，發展出小型股成長型等等的類型。

我也應該在此指出，我們篩選出的基金類型，包括小型股成長型、中

型股成長型，以及微型股成長型。如果一檔微型股價值型基金，以及一檔小型股成長型基金，過去十年來在整個市場的報酬率都是15%，甚至更高，那成長型股票與價值型股票就沒有什麼區別了，對吧？價值型基金看來是實現了成長型基金的報酬，對吧？這讓我想到：巴菲特曾說，「價值型」股票與「成長型」股票其實沒有區別，因為投資股票能否獲利，並不是看能否選中成長迅速的企業，而是找到優質企業，以理想的價格買進。這家企業若能持續成長，即使速度緩慢，你又能低價買進，那就會有不小的獲利。這家企業若能迅速成長，而你又低價買進，那獲利就會非常豐厚。獲利並不是靠要穩定不要成長，而是選擇穩定與價值。我們要找的，是一個無論投資什麼類型，都能做到這一點的基金經理人。

下面有一張 BRUSX 的圖表，你看「基金」（Fund）的那條線，就能看出投資一萬美元在 BRUSX，十年來的績效。看「指數」那條線，就能看出標準普爾 500 指數的表現。「同類型」的那條線，則是同類型基金其他基金經理人的表現。我就不再附上另外兩檔基金的圖表，因為你看 BRUSX 就能知道大概。我也希望你聚焦在 BRUSX 上，因為我們稍後要討論它。

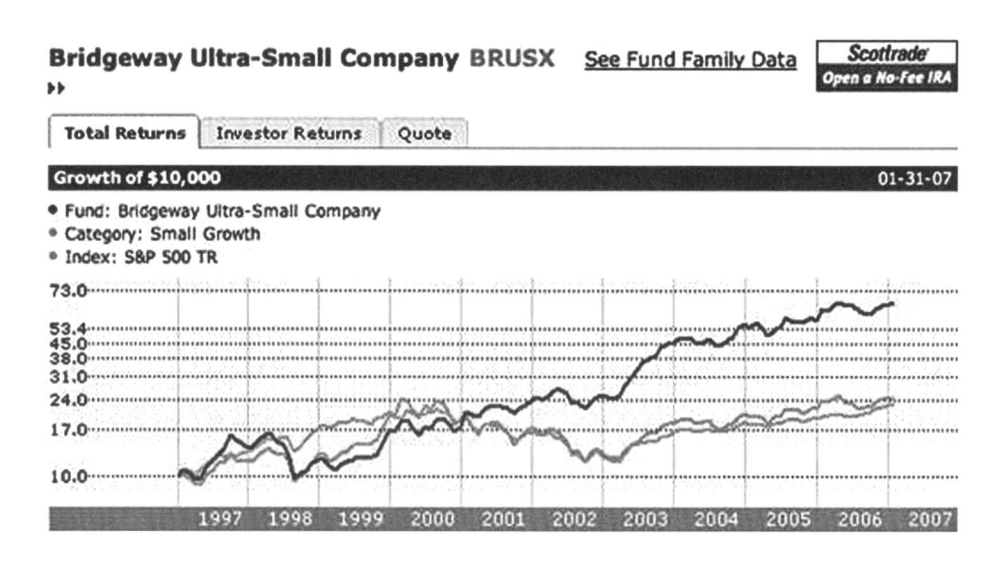

Bridgeway，簡稱 BRUSX，也是這些基金當中表現最好的，報酬率為 700%。請注意它的總資產只有 1.33 億美元。與一般的基金相比，這樣的總資產非常之少。基金的資產越多，長期而言就越難有穩定的報酬。Bridgeway 的主要經理人約翰・蒙哥馬利（John Montgomery）不願意再吸收更多資金，因為他知道，資金越多，越難賺到 20% 的超高複合報酬率。

富蘭克林微型股基金也停止申購。所以你若想投資基金，只剩下 FBRVX 一種選擇。這檔基金目前的資產是 15 億美元，而且還在成長（因為還在接受新投資人申購），所以我認為未來的報酬率，恐怕不太可能超過 15%。

我搜尋的結果，只找到三檔基金，但你也可以以較低的報酬率搜尋，找出更多檔長期報酬不俗的基金。我找出的基金，並不是唯一值得投資的基金，只是要強調一個重點，我就交給巴菲特先生重申：

金額小就能擁有很大的結構優勢。我覺得有 100 萬美元的資金，我就能幫你賺進 50% 的報酬。不對，應該說我很有把握才對。我保證可以。

陳述完畢。

> 你有沒有發現，布希總統拯救瀕臨破產的社會安全體系的辦法，是要我們把一部分的社會安全基金，放進類似 401k 的帳戶？在我們的集體理財意識裡，投資共同基金的觀念根深蒂固，所以根本沒人提起，他的計畫等於是強迫我們投資共同基金。竟然沒人想過，我們可能比較喜歡自己投資。倒是有人提起，共同基金可能不會有類似保證獲利 4% 的穩固收益。我們現在的社會安全投資帳戶的報酬率，就是 4%。贊成布希總統的方案的人認為，股市從來沒有相隔 N 年（隨便輸入你最喜歡的年數，十五至二十二年都可以）不上漲。我先前說過，這項說法不正確，但政

治人物什麼時候管過正不正確了？反對者則是表示，這麼久都是零報酬率很難讓人接受，現在的嬰兒潮世代更不會接受。最後反對者勝出，雖說理由是正當的，但結果卻對大家不利。真正對大家有利的作法，應該是大家能夠利用社會安全資金，自行妥善投資，而不是被迫參加報酬率4%的方案，多數的人退休後只能過著幾近清貧的日子。聰明的投資人，能善用這筆錢打造優渥的退休生活。但不必太期待這種美夢會成真。

使用工具分析基金

如果你沒有晨星的工具，也可以用 MSN 進行下一步。在 MSN 財經網站上，前往「基金」（Fund）。輸入第一隻入選的共同基金的代號：BRUSX。點選「前二十五大持股」的標籤，就會看到這檔基金的前二十五大持股明細，以基金投入資金的百分比排列。第一大持股，就是基金截至上一季的季末，投資比例最高的股票。在這個例子（截至我查詢的日期），第一大持股是 EZPW，基金經理人將超過 6% 的基金資金，投資在這一檔股票。從 EZPW 開始，以第一守則的四個 M 標準分析。快速概略分析就好。我在 Investools 分析，因為無論是在 MSN、雅虎還是其他地方，都不可能快速完成。我知道不是每個人都有這套工具，所以要稍微麻煩一些，只要按照下列步驟，完成四個 M 的分析即可。這樣需時較久，但還是比我們在十年前所用的方法快多了。

以下是我使用 Investools，粗略分析四個 M 的步驟：

一、輸入股票代號。

二、在「第二階段」（Phase II）選單之下，點選「財務」（Financials），瀏覽這家企業的業務領域。再到網頁最下方，稍微看看過去五年的本益比。你要找的是這家企業幾乎每年都能達成的本益比，拿

這個數字當成「過往本益比」。

三、在「基本面」（Fundamentals）的選單之下，點選「每季盈餘」（Quarterly Earnings），確認最新的成長率高於前四季。

四、在「財務」選單下，點選「趨勢」（Trend），看看這家企業是不是鈔票滿滿，而且成長率數字是否穩定。

五、在「財務」選單下，點選「估價」，看看成長率有沒有問題，本益比與成長率的兩倍，以及與「過往本益比」相比是否妥適，也看看標價，再與實際的股價相比。

六、列出前十大持股，稍加研究（一）你對於這十家企業的想法，以及（二）這些企業是否有安全邊際，目前的股價是否接近標價，股價是否過高。

前十大持股都要一一分析。

> 但管理基金的聰明投資人要是離開怎麼辦？這是個好問題。傑出的基金經理人會在離職時關閉基金，或是交給跟在自己身邊的學徒，或是他們認為管理經驗足以延續以往的高報酬的經理人。華倫‧巴菲特在1969年關閉巴菲特基金（Buffett Fund），因為他不想在他認為沒有理想投資機會的時候，被基金投資人逼著買這買那。他給投資人三種選擇：買波克夏海瑟威的股票。贖回基金，高興把錢花在哪裡就花在哪裡。如果還想投資基金，巴菲特先生推薦他們投資比爾‧魯安（Bill Ruane）管理的新基金，名為紅杉基金（Sequoia Fund）。巴菲特正是為了這個原因，才鼓勵魯安成立這檔基金。魯安曾經是班傑明‧葛拉漢以及巴菲特的學生，巴菲特知道，魯安能延續同樣的投資理念，也就是逢低買進理想的企業。二十年後，魯安也為投資人創造了20%的報酬率。
> 我們無法斷定新的基金經理人，能像舊的一樣成功，但也可以先看看基

金的新持股,跟以前的持股是不是一樣好。用第一守則分析,如果你覺得基金並沒有逢低買進,這些持股也不理想,那就贖回。

我大概用了十五分鐘,分析 BRUSX 的前十大持股,結果如下:

EZPW	體質良好	符合標價
EGY	有些掙扎	符合安全邊際價格
NGPS	體質良好	符合安全邊際價格
IVAC	體質良好	符合安全邊際價格
XPRSA	理想	符合安全邊際價格
CLDN	體質良好	符合安全邊際價格
GROW	理想	符合安全邊際價格
PWEI	相當強勢	符合安全邊際價格
MTRX	復甦中	符合標價
CPY	詭異	價格過高

如此分析就能很快了解基金經理人的思考方式,是不是和精明的投資人一樣。換句話說,基金經理人是否在乎投資的企業是否理想,他又能否逢低買進?從這十檔股票看來,他找到了一些值得投資的企業,其中很多家應該都相當不錯。他也都逢低買進。我覺得這是因為十檔當中有七檔即使在他買進之後,股價仍然遠低於標價。我看了也覺得即使是**現在**的股價與標價相同的那兩檔,當初他大概也是以遠低於標價的價格買進,是他買進之後才上漲到標價。清單上唯一不符合兩項標準的股票,是 CPY。目前我只能說這位先生是個不錯的基金經理人,也許他放入一家高風險企業,是想追求一點刺激。也許他知道一些數字沒有反映出來的 CPY 的內幕。最重要的是,這位先生十年來,在極其低迷的市場,持續創造高於 15%

的報酬率，而且從他選的股票可以看出，他並不是只憑運氣獲利。我覺得他的投資報酬率能這麼高，是因為他依循正確投資的基本原則：逢低買進理想的企業。我覺得這位先生是遵守第一守則的基金經理人。我的401k要是有這一檔基金，我把我的錢交給這位基金經理人，也能放心。

你知道了我的分析法，也可以用同樣的方式，分析清單上的其他基金。你應該會發現，大多數的基金經理人確實在意企業是否優質，以及買進的價格。你也可以用這種方法，看看你的401k或IRA帳戶的基金是否一樣理想。你應該會發現，大多數的基金經理人，以過高的價格幫你買進企業。我替一位朋友以這種方式迅速分析了一下，發現她的基金經理人前一個月替她買進的一百檔股票當中，大約有九十檔價格過高，而其餘的十檔，又多半是不可預測的企業。

萬一基金下跌怎麼辦？

他們會不會突然搞砸，害我們虧損？我們是下注在騎師身上，意思就是這一切全看基金經理人。如果我們運氣好，碰上非常優秀的基金經理人，那這位經理人突然表現失常的機率應該很低。你對基金經理人越有信心，就越容易度過任何一個共同基金都會出現的低潮期。但很多人只能跟自己並不看好的基金經理人合作。他們不但有可能讓你虧損，也已經證明了自己連打敗指數的能力都沒有，更不可能替你賺進15%的報酬。

所以現在我要告訴你，如果想投資共同基金，該如何使用工具保護自己。我接下來傳授給你的方法，如果你與一位優秀的基金經理人合作，那恐怕會少賺一些，因為你會買進賣出，而不是買了以後就一直放著。在一檔基金買進賣出，會有一些損耗，會損失一些基金經理人創造的獲利，在你賣出之後等待買回的那段時間，也會錯過一段漲勢。但要是挑到不好的基金經理人，啊呀，那可就完全不一樣了，你的報酬率會高出許多。

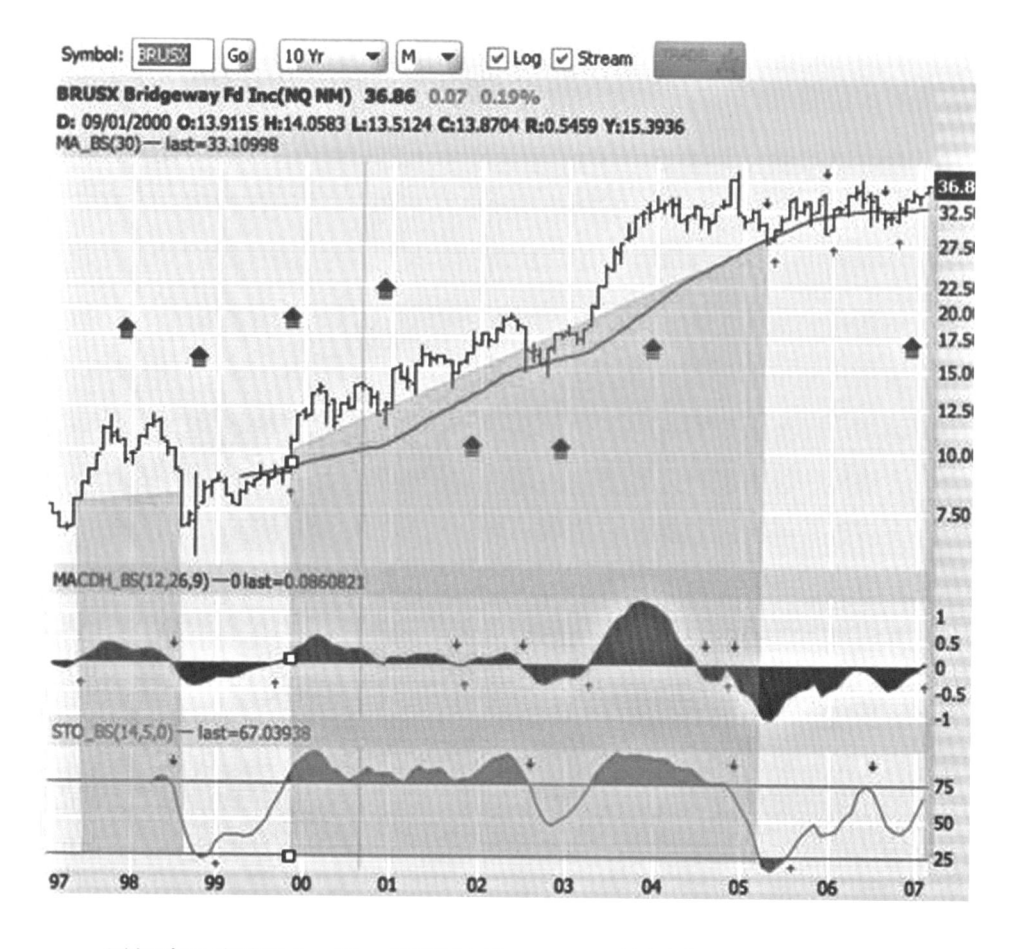

這裡有兩個例子。第一個例子是 BRUSX 的圖表。我分析的方式，跟用三項工具分析股票一樣，只是有兩個地方會調整，以放慢速度。首先我要使用 MACD（12, 26, 9），減緩進出場的頻率。第二，我要把圖表的時間範圍調整為十年，而不是一年。我使用十年的圖表，MSN 就會自動將每日數據調整成每週數據，買進與賣出的速度就能放得更慢。（我在書中使用的是 Investools 的圖表，比 MSN 更能看清楚買進與賣出的點。還請各位海涵，大家還是可以使用 MSN，只是稍微麻煩一點。）

我們之所以需要一套「放慢版」的工具，是因為投資共同基金，不能跟投資股票一樣迅速殺進殺出，至少在大多數的 401k 計畫都不能。通常

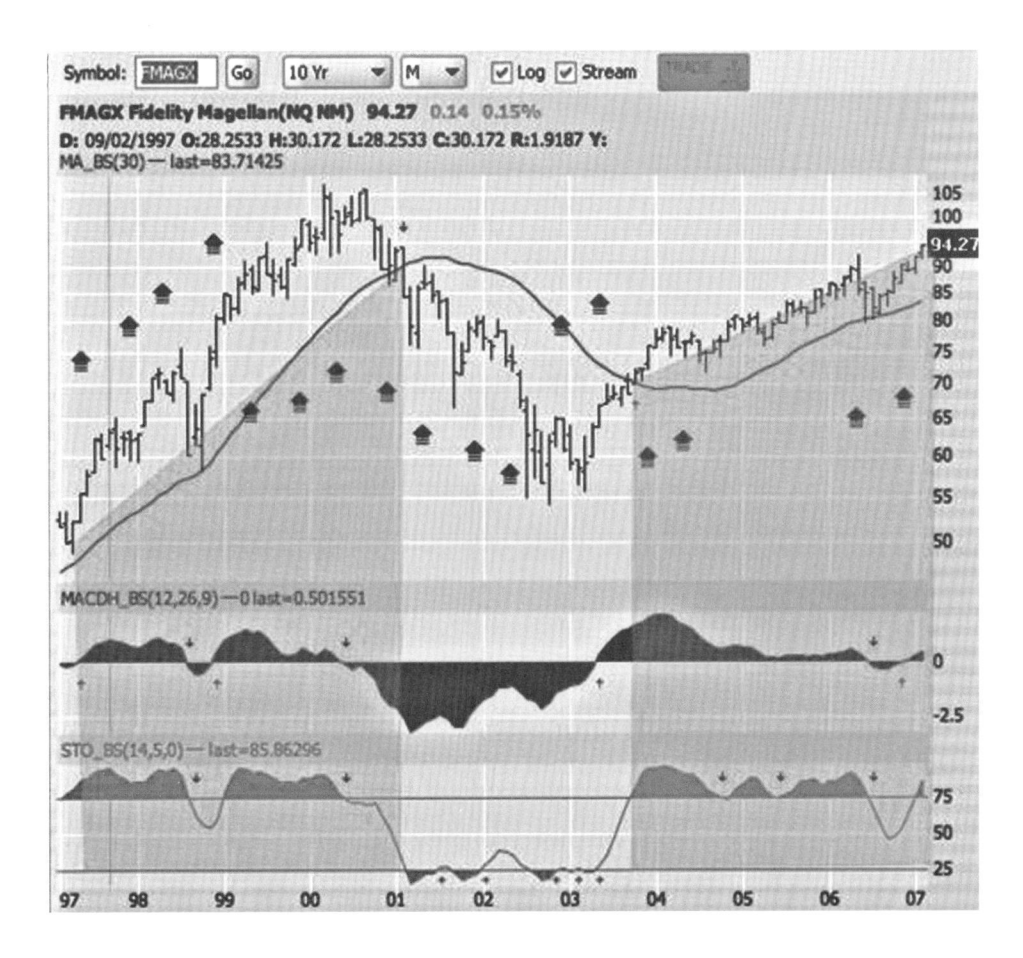

你投資基金，只能每月或每季賣出一次，否則就要繳罰款。所以我們不需要現在叫我們買進、一星期後又叫我們賣出的工具。從下方可看出，「放慢版」工具發出買賣訊號的次數少很多。基金經理人不希望你頻繁買賣，退休計畫的主管單位也不希望。而你使用放慢版的工具，進出場的頻率也會放慢，就可以在需要時賣出，不會違反退休計畫或基金的規則。

在這個例子，我們在十年來看見三個叫我們買進的向上箭頭，以及三個叫我們賣出的向下箭頭，就會買進三次，買出三次。六次交易的結果，是複合報酬率15%。15%是很理想的報酬率，但你會發現，我們要是十年前以7.70美元買進，放到現在是36.86美元，那十年的複合報酬率就會是

17%。十年相差2%其實還好，但二十年的差距就很大。5萬美元以報酬率15%累計，二十年下來是81.8萬美元。但如果是以17%累計，那二十年下來就是115.5萬美元。從這個例子可以看出，若要投資共同基金，想追求最高報酬，最好的辦法是選一位傑出的基金經理人，而且**不要殺進殺出**。

第二個例子是富達麥哲倫基金（Fidelity Magellan，見前頁圖）。這是一檔大型股混合型基金。你可能已經發現，我們的清單上沒有一檔大型股基金。這是因為大型股基金規模實在太大，幾乎只能投資超大型的企業，否則就會變成拿下整間企業。我給你看這一檔基金，因為我覺得很多人的401k裡，大概只有一堆大型股基金可以選擇。在這種情形，使用工具能大幅提升報酬率。你看前頁的圖，這檔基金在牛市期間上漲，後來暴跌，現在的價值與2000年相差10%以內。那些在2000年掏錢投資這檔基金的可憐人，七年後還是無法打平。這也太爛了。但他們當初只要使用幾項好用的工具，就能避開一大段的崩盤，在基金開始上漲的時候回歸。

投資富達麥哲倫的淨損益，是複合報酬率10%，也就是投資5萬美元，二十年後會變成33.6萬美元。我們要是十年前以50美元買進，放到現在是94美元，十年的複合報酬率會是7%。5萬美元以7%累計，二十年後會是19.3萬美元。這兩個都不算太高，但報酬率多出3%，錢就幾乎多了一倍。

你交易得更頻繁，就能提高報酬率。要提高交易頻率，就把圖表的時間範圍改為五年。你會看到箭頭更常出現，數量更多，你的報酬率也會更高。這裡就交給你自行回測了。

總結

顯然大多數人都會長期投資共同基金，因為有公司會提撥的401k帳戶，不然就是現在可以投資的資金很多，但並不想自行打理那麼多資金。

因此縱然你逐漸熟悉第一守則投資法，但想實現最高的報酬，最好的辦法還是選一位依照第一守則投資的基金經理人，長期請他替你投資。次佳的辦法，則是按照放慢版的工具買進賣出。

當然最好的辦法，還是學會以第一守則投資，賺到足以能享受優渥退休生活的財富。到了這個境界，無論發生什麼事，你的共同基金投資都只是無關緊要的外快而已。

致謝

本書源自於班傑明‧葛拉漢、華倫‧巴菲特，以及要求保持匿名的狼先生。葛拉漢探索新天地，巴菲特開創了一條簡單易行、也是許多人依循的道路：找到一家理想的企業，逢低買進。但要不是狼先生，我也許永遠不會想踏上這條路。過了十三年的睡袋人生，除非改變某些想法，否則我是不可能致富的。要不是有狼先生教導，也許現在的我還以為富有是件壞事。他先是讓我明白，勞斯萊斯只是部車子，不是墮落的象徵；之後讓我懂得，即使腦袋不聰明也能賺到錢，只要照著投資大師多年來的方法做就好。

狼先生指點我走上正確的道路，但真正驅使我付諸行動的，是我的長女丹妮爾出生。而我之所以繼續追求財富，是因為次女愛蓮娜出生。說來真是神奇，兩個生命的誕生，讓我不再沉溺於過去，而是開始思考未來，她們的未來。她們始終是我人生中最大的快樂泉源。現在她們學會了投資，將來無論嫁給什麼樣的傻蛋，都用不著我操煩。

也要感謝洛伊夫婦（Peter & Tamara Lowe），還有布萊恩‧佛特（Brian Forte）讓我登上大舞臺，把我的故事說給無數人聽。在我認識的人當中，就屬他們最能指點我如何經營成功人生。沒有他們的支持鼓勵，各位就不會看到這本書。

特別感謝《心靈雞湯》（*Chicken Soup*）作者瑪西‧許莫芙（Marci Shimoff）二十年來的友誼。感謝她鼓勵我寫作，介紹我認識全世界最棒的作家經紀人邦妮‧索洛（Bonnie Solow）。

邦妮與我在她家漂亮的花園見面，她的狗狗璐璐（Lulu）喜歡我，所

以我們一起玩了一會兒。邦妮當時即將啟程前往阿拉斯加州，跟一群嚮導一起探索一條河流。當下我就知道自己來對地方了。我的想法完全正確。從那天起，她全心投入催生這本書，言語不足以形容我的感激。她也是推廣第一守則投資法的主力，帶給我這初次寫作的作者難得會有的經驗。

這次出書的重要環節，是找到合適的出版社。邦妮把我拉到紐約市，介紹我認識出版業優秀的人才，也為這本書找到好歸宿：蘭登書屋（Random House）的王冠出版集團（Crown Publishers）。我一見到珍妮・佛洛斯特（Jenny Frost）還有她人才濟濟的團隊，簡直是一拍即合。她的團隊有瑞克・霍根（Rick Horgan）、朱利安・帕維亞（Julian Pavia）、菲利浦・派翠克（Philip Patrick）、史蒂夫・羅斯（Steve Ross）、蒂娜・康斯特堡（Tina Constable）、塔拉・吉爾布萊德（Tara Gilbride）、吉兒・福萊克斯曼（Jill Flaxman），以及布萊恩・貝菲格利奧（Brian Belfiglio）。他們立刻看出這本書的潛力。各位能看見這本書，是因為他們是一群推動改革的勇者，願意接受一位想推廣全新投資方法、且初次寫作的作者。

也要深深感謝珊蒂・門德森（Sandi Mendelson），還有她帶領的最優秀的公關團隊，給我的種種貼心協助。

本書能成形要感謝兩位功臣，瑞克・霍根與克莉絲汀・洛柏（Kristin Loberg）。在紐約，瑞克首先看上這本書，在王冠出版社大力推薦，之後編輯再編輯，指導再編輯，最終打造出一本你只要逐步照做，按部就班，就能投資獲利的書。我的合作伙伴、編輯兼好友克莉絲汀・洛柏，忍受我不堪入目的英文寫作，以無比的耐心交出一份又一份草稿。她真了不起。

說到了不起的人，也要感謝長年與我合作的戴夫・克瑞格（Dave Craig）、鮑勃・基特爾（Bob Kittell）、米契・修翰（Mitch Huhem），以及比爾・威瑟斯彭（Bill Witherspoon）這些年來教我這麼多。感謝伊莎貝拉・丹哈蒂（Isabella DenHartigh）與瑪莉・湯恩（Mary Town）的關懷

與鼓勵。

最後,感謝母親教我全力以赴,感謝父親教我正派做人,也感謝上帝賜給我一路走來的一切。

名詞解釋

讀者請注意：下列名詞只是你按照第一守則，開始自行打理投資時，會看到的投資與金融術語的一小部分。這些並不是所有的術語，只是讓你更容易了解這本書的重點。

想了解更多術語，可以參考圖書館、書店，或是網際網路上的金融辭典。

美國證券交易所（AMEX）：美國交易量第三大的證券交易所，僅次於紐約證券交易所以及那斯達克。位於紐約市，經手美國 10% 的證券交易。

年報：在大多數企業的網站上都能找到。企業每年向股東發表年報，說明企業的業務範圍與營運績效。年報也包含非常重要的執行長寫給股東的信。另外一種每年發布的報告，叫做 10K。上市公司必須發布 10k 報告，公開過去十二個月的財務數據。

套利：同時買進與賣出股票，藉由價差獲利，通常是因為這一檔股票在不同的交易所交易。舉個例子，你在美國買進一檔美國股票，在另一個這檔股票也上市的外國交易所，賣出這檔股票，但賣出的價格與買進的價格不同，因為匯率尚未調整。巴菲特先生有時會針對要收購的企業，進行套利交易。他利用的是市場價格與收購價格的差異。

賣出報價：賣方開出的價格。

資產：在一家企業，所謂資產就是企業擁有，也具有現金價值的東西。（但凡有價值，可以交易的東西，都算是資產。）所謂無形資產，是具有現金價值，但除非企業經營得成功，否則可能一點價值也沒有的資產。通常企業是透過併購另一家企業，取得無形資產。併購的價格若是超出被併購企業的淨值，那超出的部分通常稱為「商譽」（goodwill）。按照一般公認會計原則（GAAP），商譽也是一種資產。

熊市：下跌的市場。

買進報價：買方願意出的價格。

債券：一種債務投資，就像你把錢借給美國政府，美國政府明確訂出借款的期限與利率。政府發給你一張憑證，也就是債券，上面載明會付給你的利率（票面利率），以及還款的時間（到期日）。這些通常被稱為政府公債。

帳面價值：一家企業的淨資產價值，計算方式為總資產減去無形資產（專利、商譽）以及負債。是一家企業在停業時會有的價值。

經紀商：持有許可，能為客戶交易股票的機構。

牛市：上漲的市場。

資本：錢。

資本利得稅：針對資產價值增加所徵收的稅。所謂資產價值增加，就是你買進資產的價格，與賣出資產的價格的差異。（資本利得要在資產賣出後才實現。）資本利得可以是短期（一年或更短），也可以是長期（超過一年）。長期資本利得稅的稅率，通常低於一般所得稅。所以如果你在買進股票的六個月後賣出，而且有獲利，你的資本利得稅率，會高於你在買進股票的一年又一天後賣出（假設你仍有獲利）。

商品：在交易所或現貨市場交易的散貨。例如穀物、燕麥、咖啡、水果、黃金、石油、牛肉、銀，以及天然氣。「商品企業」則是指生產任誰都能生產的產品的企業，因此這樣的企業沒有護城河。比方說你若是擁有一處草莓園，那鄰近的草莓園要跟你競爭，應該很容易。你的草莓園的草莓，跟你鄰居的草莓園的草莓應該差異不大。商品企業要打造護城河，還要加以保護，是既困難又燒錢。

股利：企業依據盈餘，發給股東的現金、股票或財產。股利通常是以每股計算。通常是穩定的企業，對於長期持有的股東的「感謝信」（穩定的企業的股價，通常不會漲得很快）。

平均成本法（DCA）：定期買進一檔股票的某個股數，因此無論每股價格是多少，你都會以一筆金額買進這檔股票的某個股數。這種作法據說能避開在錯誤的時機，大額投資一檔股票的風險。股價較低時，你買進的股數較多，股價較高時，你買進的股數

較少。在長期盤整的市場，即使採用平均成本法，報酬率依然為零。不過我們身為第一守則投資人，已經知道自己願意買進的價格，所以沒有必要採用平均成本法。

道瓊工業平均指數：在紐約證券交易所以及那斯達克交易的三十檔重要股票的價格加權平均。道瓊工業平均指數成分股包括奇異、迪士尼、麥當勞，以及可口可樂。由查爾斯・道（Charles Dow）於 1896 年發明。

盈餘：一家企業在某段時間的淨所得或獲利（通常是稅後）。每股盈餘（EPS）是企業分配給股東持有的每一股的獲利。每股盈餘代表企業的獲利能力。「稀釋每股盈餘」的意思是包括所有潛在的流通股，例如股票選擇權。稀釋每股盈餘才能真正反映企業的盈餘。每股盈餘的計算方法，是將盈餘除以股東買進的股數。稀釋每股盈餘的計算方法，是將盈餘除以股東買進的股數以及潛在股東以選擇權持有的股數。

equity（股票、淨值）：（一）股票，或任何代表所有權的證券（複數的「equities」就是指股票）。（二）資產負債表上的淨值，意思是所有權人（股東）投入的資金，加上留存的盈餘（或虧損）。所以淨值說穿了，就是持有的資產在清償所有負債之後所剩的價值。第一守則投資人最在意的是淨值成長率。淨值成長率代表盈餘有所成長，企業的價值也會因此增長。

ETF：交易所交易基金。是一種追蹤指數的證券，像指數型基金一樣含有一籃子股票，但像股票一樣在交易所交易，因此隨著投資人買進賣出，價格也會有所波動。

交易所：證券、商品、選擇權、期貨交易的市場，例如紐約證券交易所、那斯達克，以及美國證券交易所。

四個 M：意義、護城河、管理，以及安全邊際。

基金經理人：負責將一檔基金的資金拿去投資的人。

基本面分析：研究一家企業的財務資訊，藉此評估這家企業。

一般公認會計原則（GAAP）：合格會計師為企業製作財務報表，必須依循的一套準則。

避險基金：一種特別的基金，投資人

數通常會有限制，而且通常不受管制。避險基金的目的，是要為投資人創造最大報酬，因此避險基金除了「安全」的股票之外，也持有高風險股票。避險基金的經理人，通常會採用複雜的投資策略，包括選擇權、賣空，以及槓桿。

指數：一種虛構的證券（股票與債券）投資組合，代表某個市場，或是市場的一部分。標準普爾500指數是全球最知名的指數，也是最常使用的股市基準指數。嚴格說來，你不能投資指數，而是要投資盡量緊密追蹤指數的證券，例如指數型基金或ETF。

指數型基金：一種投資組合，權重配置與證券交易所指數，例如標準普爾500指數完全相同，以追求與指數相同的績效。

內線交易：能夠接觸到與某家企業相關的未公開資訊（內部訊息）的人士，買賣這家企業的股票的行為。內線交易通常是企業內部的高層、主管、經理所為。美國證券交易委員會規定，企業內部人士必須申報所有交易行為。

內在價值：依據企業未來的盈餘現金流量，所計算的這家企業的目前價值。我稱之為企業的標價。

IRA：個人退休帳戶。有多種選擇，例如SEP、SIMPLE，以及ROTH。詳細諮詢請洽詢你的線上經紀商。

大型股：擁有大型市值，也就是市值介於100億美元至2000億美元之間的股票。

最新成交價：股票最新的賣出價。

限價單：指示經紀商不得以高出某金額的價格，買進一檔股票。所有賣方的要價若是都高於這個金額，下單就不會執行。

管理階層：經營企業的一群人。第一守則所謂的管理階層就是執行長。

保證金：經紀商提供的貸款，金額是股票買進價格的50%（因此「融資買進」）。

市值：（投資人賣出與持有的）所有流通股數的總價值。一家企業「市值」的計算方法，是將所有流通的股數乘以目前的市價。

市價單：指示經紀商以目前的市價，或是如果已經收盤，那就以隔天開盤時的市價，買進或賣出一檔股票。我經常使用市價單。我在晚上，也就是

收盤以後下達市價買單或賣單，等到開盤，我下的單就會執行。限價單也可用同樣的方式處理。

意義：對於一家企業足夠了解，足以擁有這家企業。也包括以身為所有權人為榮的自豪感。

中型股：擁有中型市值，也就是市值介於20億美元至100億美元之間的股票。

護城河：「護城河」一詞由華倫‧巴菲特首創，意思是一家企業超越同業的競爭優勢。

貨幣市場帳戶：一種儲蓄帳戶，利率有競爭力（實質利率），存戶通常必須符合最低餘額限制，才能擁有最高的利率，或是必須存滿一段時間。你在等待市場先生低價出售一家理想企業的期間，可以先將一部分的現金，存入貨幣市場帳戶。這種帳戶又稱「MMDA」，意思是「貨幣市場需求帳戶」或「貨幣市場存款帳戶」。

獨占權：一家企業稱霸整個產業，可能控制了某種產品或服務的一半以上的市場。微軟、太平洋瓦電公司皆屬此類。

安全邊際價格：遠低於標價或內在價值的價格。通常比標價低50%。

共同基金：一種金融實體，一群投資人可以集結資金投資市場，通常要追求預設的投資目標。基金經理人必須將眾位投資人集結的資金，通常有數十億美元，用於買進證券（通常是股票或債券）。投資共同基金，就是申購共同基金的單位，也成為基金的股東。絕大多數的共同基金並沒有打敗市場，也無法超越標準普爾500指數之類的綜合指數。

那斯達克：成立於1971年的以電子交易的交易所，向來是許多高科技股的上市之地，例如微軟（MSFT）、英特爾（INTC）、戴爾（DELL）、思科（CSCO）。在那斯達克交易的股票，股票代號通常有四個字母（在紐約證券交易所交易的股票，股票代號則是三個字母）。

紐約證券交易所（NYSE）：位於紐約市華爾街，其實是一家公司，由董事會經營，負責辦理證券上市、制訂政策，管理交易所以及各成員的活動。紐約證券交易所是由交易員（真人）進行交易。那斯達克以及其他許

多交易所則是以電腦作業。

選擇權：在某段時間之內，以某個價格買進或賣出一項資產，例如股票的權利。通常是高級投資人才會使用的投資工具。

訂單：你與你的經紀商之間的合約，明訂你想買進或賣出什麼。

本益比（P/E）：價格與盈餘的比率（每股市場價值除以每股盈餘）。本益比有時又以「倍數」的形式呈現，因為能看出投資人願意花多少錢換取每1元的盈餘。某公司的本益比是10，就代表投資人願意花10美元，換取每1美元的盈餘。一般而言，高本益比代表分析師認為這家企業往後的盈餘會更高。比較企業的本益比，最好比較同一個產業的企業的本益比，或是比較同一家企業過往與現在的本益比。整個股市的本益比，也就是「市場本益比」，向來是在16左右。

投資組合持股明細：你已經買進，可能想賣出的企業的明細。第一守則投資人會依照投資組合持股明細，追蹤安全邊際價格以及工具。

季報：通常稱為10Q。上市公司必須在季報中，公開揭露過去三個月的財務數據。

即時：最新資訊。

REIT（房地產投資信託）：一種證券，像股票一樣在各大交易所賣出，直接投資房地產，投資的方式是持有房地產或是抵押。你買進房地產投資信託，不必買進實體房地產，就能投資房地產。

投資報酬率：你投資所獲得的報酬率。儲蓄帳戶的投資報酬率，是每年2%。投資報酬率就是你投資所拿回的總額，減去投資本金，再除以投資本金。我賣檸檬水拿到120美元，投資本金是100美元。要計算投資報酬率，我將120美元減去100美元，得出20美元。20美元除以100美元等於20%。

第一守則：不能虧損。華倫·巴菲特說是他的老師班傑明·葛拉漢傳授給他的。第一守則的精髓，是買進企業，而不是買進股票，而且堅持要以理想的價格，買進理想的企業。如此投資就有把握，也能降低風險。換句話說，就是以五毛錢的價格買進一塊錢的價值。

第二守則：見第一守則。

羅素 2000 指數（Russell 2000）：在羅素 3000 指數（Russell 3000 Index）成分股當中，收錄其中兩千家市值最小之企業的指數。羅素 3000 指數是由美國三千隻市值最大的股票組成。羅素 2000 指數是美國小型股的基準指數。

標準普爾 500 指數：依據某些標準，例如市場規模、流動性，以及產業別代表性，所選出的五百檔股票所組成的指數。標準普爾 500 指數的設置目的，是作為美國股票的主要指標，並反映大型股的風險與報酬屬性。標準普爾 500 指數，是美國整體股市最常用的基準指數。道瓊工業平均指數只含有三十家企業，所以很多人認為標準普爾 500 指數更能代表美國市場。在大多數人的心目中，標準普爾 500 指數就代表市場。標準普爾（Standard and Poor's）是一家金融服務公司，主業是評估股票與地方政府債券的風險。這家公司也自行開發、追蹤指數，例如標準普爾 500 指數，也發表各類財經與投資報告。

產業基金：一種共同基金，投資經濟體的某種產業或板塊。

滾動資訊區：在市場交易的時段，你打開全國廣播公司商業頻道（CNBC），在螢幕最下方看見的，不斷滾動更新的股票代號與股價。

美國政府公債：美國政府發行的一種債券（債務投資），有固定利率，期限為一至十年。美國政府公債可以直接向美國政府購買，也可以透過銀行購買。

走勢：交易數據所顯示的走向。

觀察名單：觀察名單上的企業，是你尚未買進，但可能會想買進的。第一守則投資人會依照觀察名單上的企業，追蹤安全邊際價格與工具。

Zacks：一家位於芝加哥的企業，提供分析工具與財經資訊給法人投資人及散戶投資人。你可能會參考 Microsoft Money、路透（Reuters）、Quicken，以及美國銀行（Bank of America）的財經資料，這些管道的資料都是源自 Zacks。

alchemist 004

投資守則第一條
有錢人都在用的聰明買進法，找對「護城河」的價值投資策略！
RULE #1: The Simple Strategy for Successful Investing in Only 15 Minutes a Week!

作　　者	菲爾・湯恩
譯　　者	龐元媛
總 編 輯	曹慧
副總編輯	邱昌昊
責任編輯	邱昌昊
封面設計	萬勝安
內文設計	Pluto Design
行銷企畫	黃馨慧、林芳如

出　　版　奇光出版／遠足文化事業股份有限公司
　　　　　E-MAIL：lumieres@bookrep.com.tw
　　　　　粉絲團：facebook.com/lumierespublishing
發　　行　遠足文化事業股份有限公司（讀書共和國出版集團）
　　　　　www.bookrep.com.tw
　　　　　231 新北市新店區民權路 108-2 號 9 樓
　　　　　電話：（02）2218-1417
　　　　　郵撥帳號：19504465　戶名：遠足文化事業股份有限公司
法律顧問　華洋法律事務所　蘇文生律師
印　　製　通南彩色印刷股份有限公司
定　　價　480 元
初版一刷　2025 年 5 月
Ｉ Ｓ Ｂ Ｎ　978-626-7685-05-1　書號：1LAL0004
　　　　　978-626-7685-07-5（EPUB）
　　　　　978-626-7685-08-2（PDF）

RULE #1: The Simple Strategy for Successful Investing in Only 15 Minutes a Week!
Copyright © 2006 by Phil Town
All rights reserved including the right of reproduction in whole or in part in any form.
This edition published by arrangement with Crown Currency, an imprint of the Crown Publishing Group, a division of Penguin Random House LLC through Andrew Nurnberg Associates International Limited.
Complex Chinese Copyright © 2025 by Lumiéres Publishing, a division of Walkers Cultural Enterprises Ltd.

有著作權・侵害必究・缺頁或裝訂錯誤請寄回本社更換。｜歡迎團體訂購，另有優惠，請洽業務部（02）2218-1417#1124、1135｜特別聲明：有關本書中的言論內容，不代表本公司／出版集團之立場與意見，文責由作者自行承擔

國家圖書館出版品預行編目資料

投資守則第一條：有錢人都在用的聰明買進法，找對「護城河」的價值投資策略！／菲爾・湯恩（Phil Town）作；龐元媛譯. -- 初版. -- 新北市：奇光出版，遠足文化事業股份有限公司，2025.05
　　面；　　公分. -- (alchemist；4)
譯自：Rule #1: the simple strategy for successful investing in only 15 minutes a week!
ISBN 978-626-7685-05-1（平裝）
1.CST: 投資 2.CST: 投資分析 3.CST: 投資技術
563.5　　　　　　　　　　　　　　　　　　　114003350

線上讀者回函

用對方法富足資產‧聽好故事富足人生

alchemist